퇴마일기 2

공구 지음

다솜출판사

차례

민원 / 5
결혼 / 15
하나님 / 30
작문 하는 방법 / 42
북도발 / 56
북도발 안 일어나기 기도문 / 68
인류 모두가 지옥 안 가기 / 78
인류 모두가 지옥 안 가기 기도문 / 155
왜 사는가 / 172
전도 / 179
인류 모두가 천국 가기 기도문 / 186
죽음은 뭔가 / 188
미래의 인류가 기계들에게 안 당하기 기도문 / 242
모든 생명체들이 탈 없이 죽는 기도문 / 244
죽음 / 246
천국 / 249
또 결혼 예기 / 251
모든 커플들 결혼 잘 되기 기도문 / 285
후기 / 286

민원

•
•
•

　부산에서 예기 치 않게 귀가 할 차비가 없게 되신 분들의 귀가 할 차비를, 부산시가 공짜로 드리는 은혜를 베풀어야 됨니다. 즉 이에 지하철비면, 그것을 공짜로 드리고, 또 그 귀가 중간에, 그 지하철비 외에, 시내 버스를 타고 갈 일이 있으면, 그 차비도 공짜로 드리고, 즉 그래서 무사히 그 분의 집으로 귀가를 시켜 드려야 됨니다. 즉 이 지하철비 하고, 또 그 귀가 하는데서 그 중간에 버스 타고 갈 일이 있으면, 그 버스를 타고 집에 갈 수 도 있게 해서, 그 분의 집에 까지 무사히 귀가를 시키는데, 이에 드는 대중교통비 일체를, 우리 부산 광역시가, 무료로 해 드려도 되는데, 즉 그 지하철비를 무료로 드리는 것은, 즉 그 지하철역 고객센타에서, 즉 거기서 본인의 집 까지 가는데 드는, 즉 그런 대중교통비 일체를, 드려야 되고, 또 그 가까운 파출소에서도 그런 식으로 지급을 하고, 그리고 이 외에 시청에, 즉 무슨 과, 무슨 과, 그런데서, 그런 일 담당 부서에서도 드릴 수 있는데, 그러나 그런 시청 그런데서, 공짜 차비를 드릴 것 같으면, 즉 이런 서비슬 받으실 분은, 돈이 무일푼인 분이신데, 여기서 그런 분이 계신 곳과, 그곳 시청과의 거리가, 항상 가까 울 수 있다고만 못 보니까, 즉 그런 거리가, 걸어서 2, 3시간 이상이 걸리는, 그런 먼 거릴 수 있으니, 그래서 시청, 이런 일 담당 과에서만, 공짜 차비를 지급 함은 안 좋을 것 같고요. 그래서 찾아 오시기 좋게, 각 부산 지하철 역 내에 지하철 고객 센타나, 아니면 부산시 각 동 파출소에서, 그런 비용을 지급 함이 좋을 것 같습니다. 그리고 이 지급 시간은, 즉 24시간 동안 언제든지 함이 낮겠고, 즉 이런 서비슬 받아 갈 분들이, 언제든지 이런 서비슬 받아 갈 수 있게 하는데, 이에 그 운영 시간이, 즉 24시간이 무리인것 같으면, 이에 1시에서 4시간 까지 정도는, 즉 이런 일 마치는 시간을 둬도 되고, 안 둬도 되는데, 그런데 하루 중 이런 마치는 운영 공백 시간을 둔다면, 즉 5시간 부터 10몇 시간, 즉 이렇게는, 이런 서비슬 받을 분이, 이 서비슬 받으려는 데서, 너무 오래 기다리는 경우가 있으니, 그래서 앞에 예기 처럼, 즉 24시간 동안, 이런 서비슬 제공 하는게, 그 시간이 너무 무리다 싶으면, 하루 24시간 중, 1시간에서 4시간 까지, 그런 공백 시간을 둬도 괜찮을 것 같고요. 이는 왜냐면? 즉 이런 서비스를 받을 분이, 최대 4시간 까지는, 그 기다림에, 너무 무리가 없으니까요. 즉 여기서 이런 서비스를 대한민국 각 지역들 중, 하는 곳도 있을건데, 여기서 우리 부산 광역시에서, 이런 제도를 법으로 통과 시켜서, 이에 이런 제도가 부산에 있으면 좋겠습니다. 큼! 만약에 부산 시민 경우는, 즉 걸어서 2시간 이상 거리의 타 동네를 갔다가, 그러다 예기치 않게, 귀가할 차비가 무일푼이 되는 경우가 있는데, 즉 여기서 그런 본인 수중에, 그 본인의 은행에 돈이 없고, 또 여기서 그 분 주위에, 이 점에 대해 도와 주실 분이 아무도 없다면, 그런 분은, 즉 그런 서비스를 받아야 되고, 또는 타지역 분이 우리 부산에 오셨다가 그 와중에, 예기치 않게 본인 지방 집으로 돌아 갈 차비가 무일푼이 됐다면, 여기서 그 분 주위에 아는 분들 중, 마땅히 그를 도와 줄 분이 아무도 없다면, 여기서 이런 분도 그 본인의 지방, 그 집으로 귀가 할 고속버스 비나, 기차비나, 이런 것들을 공짜로 지급을 하고, 또 그 분의 지방에 가서도, 또 그 지역 안에서 그 본인 집으로 귀가 할 수 있는 대중 교통비 일체를 계산 해서, 무료로 지급 해야 됩니다. 즉 여기서 이런 공짜 차비를 현금으로 드리면, 틀림 없이 허위로, 이 공짜 차비를 받아 갈 목적에 사람들이, 꼭 있으니, 여기서 이런 경우엔, 즉 그런 부당 행위자가 적발이 되고, 그것이 판명 나면, 그런 처벌을 시켜서 그런 일을 강제로 못 하게 하는 것 보다는, 즉 그런 일이, 아예 일어 날 수 없게, 무슨 조취를 취해 놓는게 낮겠는데요. 이에 부산 시내에 귀가 차비 경우는, 딱 그 귀가 할 차비만 드리는데, 이에 무슨 차표를 드리는데, 그 표는, 1회용이고, 또 그 표를 돈으로 바꾸지 못 하게 되 있는 걸 드리는데, 이에 지하철 경우는, 그 집 까지 갈, 그 1회의 지하철 이용권 표를 드리고, 여기서 이 서비스 이용자인 부산 시민이, 즉 이런 대중교통 이용 중, 시내 버스를 꼭 타야 된다면, 그 시내 버스비, 그것도 앞에 예기 식의 그런 표로 드리고. 즉 그 부산 시민이, 그런 먼 거리의 타 동네를 갔다가, 예기 치 않게 돈이 무일푼이 되고, 그 와중에 그 분 주위 아는 분들 중, 누구 1명 그를 도와 줄 분이 없다면, 즉 이럴 때 우리 부산이, 그런 어려운 분에게 은혜를 베풀어 드려야 됩니다. 여기서 진짜 목 마를 때, 누군가가 물 1모금을 줌이, 이런 어려울 때 그 도움 받은 은혜는, 그걸 받아 간 그 사람으로선 평생 그 일을 잊지 못 하는 법입니다. 또 타지역 사람이, 아까 예기 처럼, 우리 부산에 오셨다가, 즉 이런 서비슬 받을 문제가 발생 했다면, 그러면 그런 경우는, 즉 그 분에게, 그 분이 돌아 가실 차비를 현금으로 드리면 안 될 꺼고, 이는 왜냐면? 즉 그 받아 간 돈을, 다른데 쓰시던가, 아니면 허위로 돈을 받아 가는 분도 있으니까요. 즉 이런 분 경우는 우리 부산시에서 그런 분도 귀가할 차비를 드리는데, 이에 지하철비, 시내 버스비, 시외 버스비, 기차비, 이런 일체의 교통비를, 돈으로 환수 할 수 없는, 즉 그런 각 각의 대중 교통만 이용 할 수 있는, 어떤 이용권 표를 드리는게 낮겠습니다. 또 그런 그 분이 가는 그 이동 거리가, 5시간 이상 이렇게 길다면, 여기서 그 분이 그 중간에 배가 고프실 테니까, 이에 빵과 음료수도 추가로, 적당히 드리는 것도 괜찮을 것 같고. 여기서 제가 앞에 이런 경험이 있는데요. 즉 이는 한 번은 부산에서 통영에 갔다가, 거기 집에서 하루 있다가, 그 집에서 식사도 하고, 그리고 어머니 한테, 부산으로 돌아 올 차빌 얻을 꺼라 보고, 이에 부산으로 돌아 갈 차비를 안 가지고 갔습니다. 그런데 예상 밖에, 그 집에서 차비를 못 얻고, 그리고 그 집에 못 있을 상황이라, 이에 제 짐을 챙겨서, 그 집을 나와, 어디서 하루 노숙을 했습니다. 여기서 이런 와중에 제 생각에, 즉 다음날 날이 밝으면, 제가 거래 하는 은행에 가서, 돌아 갈 차비를 구하던가, 아니면 제가 아는 부산 어느 기관에서, 제가 부산으로 돌아 갈 차비를 빌리는 도움을 받자는 생각이었습니다. 그리고 다음날 제 거래 은행에 가 보니까, 마침 주민등록증이 없어서, 돌아 갈 차비를 못 구했고, 여기서 이런 와중에, 혹시 돌아 갈 버스비를 어디서 빌려 가려고, 그 근처 파출소에 들어 가 그 중, 나이 많은 순경에게.

"제가 집이 부산인데요. 여기 왔다가 돌아 갈 차비가 없게 됐는데, 이에 돌아 갈 차비를 빌려 주신다면, 제가 꼭 갚아 드리겠습니다!"

"요 앞에, 쫌 가다 보모 어디에 무슨 기관이 있는데, 거기 찾아가서, 제가 집이 부산인데, 차비가 없으니까, 차비 주라쿠모 차비 줍니다!"

그 순경이.

'아, 그런 갑다!'

대충 알고.

그 파출소 나와서, 방금 그 순경 말씀대로 그 곳을 찾아 가는데, 이에 한 30m 그 파출소와 떨어진 거릴 걷다가.

'!'

'아, 그 때 그 분이었구나! 인사 함 드리러 가 보자!'

다시 그 파출소로 그 분 만나러 돌아갔다.

방금 그 순경 분이, 내나 그 지역, 거기 경찰서 대형 깜빵에서, 그 때 그 경찰서 서장으로 계셨던 분이신데, 즉 저의 과거에 무슨 일로, 거기 재판 과정에 수감 됐을 때, 그 때가 요즘 17년에서 한 16년 정도 전인데, 그 땐 젊으셨던데, 방금은 흰 머리카락이, 희끗 희끗, 나이가 드신 모습이었다. 그 분이 수용자들에게, 친절하신 분이시던데.

다시 그 분 대면에, 앞에 그 이야길 해 보니, 그 분도 나를 알아보신다. 그로 서로 잠깐 인사 하고, 다시 그 차비 얻으러, 그 기관을 찾아 가고, 그리고 그 기관을 찾아 가 보니, 거기서는 시청에 복지과로 가랍니다. 그래서 거길 1시간 좀 넘게 힘들게 걸어서, 그 곳을 찾아 가서, 저의 이런 사정 예길하고, 돌아갈 차비를 요구 하니, 어떤 남자 분이 저에게 어떤 서류 작성 받고, 곧 그 분 따라 어떤 승용차로 그 지역 주차장 까지 동행 와서, 그 주차장에서 그 분이 부산 가는 차표를 사 주시는데, 여기서 저의 질문에 그 분 대답이, 즉 부산 내에서는, 제 집 까지의 귀가할 차비는, 거기 지하철 역에서, 따로 예길 하랍니다. 그리고 그 고속 버스로 부산으로 왔고, 또 부산에 와서는, 그 근처 지하철 역 가서, 거기에 고객 센타 가니, 거기 검은 안경 쓰신, 젊은 남자 직원 1분이 보이던데, 그 분에게 다가가,

"제가 어느 지역에서 여기로 돌아 올 차비가 없어, 그로 그 지역 시청 복지과에서, 여기 까지 오는 차비를 얻어 왔는데, 여기서 그 지역에서는, 부산 내에서의 차비는 부산역에 가서 말 하랍니다. 이에 집에 갈 차비 좀 주십시요!"

"이것 타고 가이소!"

그 분이 잠시 눈알을 뺑글 뺑글 돌리시더니, 뭘 1개 꺼내 주신다.

"집에 까지 2정거장 역이고, 1번 더 갈아 타야 되는데요?"

"그 안에서 갈아 타모 됩니다!"

"아, 예, 고맙습니다!"

그 분 예기가 대충 그런갑다 하고 나왔습니다. 그 분에게 받은 걸 보니, 지하철 표 1장입니다. 그 표로 그 역에서 집 까지 무사히 돌아 왔습니다.

민원 9

큼!
여기 까지, 각 지역의 이게, 법으로 정 해진지 알았습니다. 큼!
* * *
그리고 1달 후.
부산 지역 어느 기관인데, 즉 앞에 한번은 그 기관에 어느 여자 분께서, 저에게 도움을 주셔, 그로 그 도움과, 또 저의 노력으로, 이로 제 형편이 좀 풀려서, 또 제가 노총각이라, 혹시 거기 기관에 그 여자 분과의 은근한 결혼 일 때문에, 즉 하룬 낮에 거기 방문을 갔습니다. 그런데 그 날, 거기 가는 지하철 비 밖에 없고, 돌아 올 지하철 비가 없었습니다. 그 시간대가, 오후 12시 경이었습니다.
"앞에 도와 주셔서 고맙습니다!"
내가 그 여자 분에게.
그리고 거기 직원, 남, 녀 분들에게 좋게 인사를 드리고, 그리고 살 눈치를 살피다가, 거기 어느 남자 직원 분에게 돌아 갈 지하철 비를 빌려 달라 예길 하니,
"여긴 차비 빌려 주고 그린 안 합니다!"
그리고 혹시나 앞에 도움 주셨던 거기 사무원 아가씨 분이 차비를 빌려 드리면, 이 개기로 그 분과의 일이 될지도 모르겠다, 이런 기대도 있고 해서, 다시 그 여자 분에게 차비를 빌려 달라고 예길 꺼내 봤습니다.
"여긴 차비 빌려 주고 그린 안 합니다!"
실망하고.
그리고 그 분들과 대충 인사하고 나왔습니다. 여기서 그 동네에서 제가 사는 동네 까지, 한참을 걸어 가야 되는 상황이라, 이에 그 동네 지하철 역 고객 센타를 믿었습니다. 그리고 그 동네 지하철역 고객 센타, 거기 들어 가니, 거기 입구 문 옆 카운타에, 지하철역 제복을 입은 안경 쓴 젊은 남자 분이 1분 앉아 있던데, 그 분에게.

"제가 여기서 집에 까지 걸어서 먼 거리고, 그리고 차비가 없게 됐는데, 이에 집에 돌아 갈 표를 주시면 고맙겠습니다!"

여기서 그 상대 분이 모르겠다는 표정으로, 귀가 지하철 표를 줄 수 없단 식으로 뭐라 예기 하고, 나가라고 합니다. 이에 그 분이 아닌것 같아서, 이에 귀가 표를 달라고 항의 하니, 이에 그 분이 계속 모르겠단 표정을 지으며, 안 된다고 나가라고 합니다. 이에 제 처지가 꽉 막히고, 방금 그 분이 아니것 같아서, 거기 안에 직원 분들 중, 나이 많은 분에게 가서, 내나 앞에 그 남자 직원에게 항의 한 내용을, 그 분에게 했습니다.

"그런 예기는, 요 근처 경찰 지구대가 있는데, 거기 가서 예기 하세요!"

여기서 그 분은, 괜히 어떤 놈 하나가 와서, 행패 부린단 식으로 말씀 합니다. 저는 그 분 말을 믿고, 그 지구대 찾아 헤맷습니다.

'그 지구대가 어딧는지?'

그런데 그 지하철 역 지구대가, 아무리 돌아 다니며 찾아도 안 보이고, 이에 그 주위에 각 각 몇 분에게 그 지구대 위칠 물으니, 잘 안 가르쳐 줍니다.

'!'

여기서 저도 집에 가서 해야 될 일도 있고 한데, 이에 저도 시간이 급한데, 여기서 그 지구대를 찾아, 그 지하철 역을, 한 20분 돌아 다니다가, 그런 중간에 거기 고객 센타에 2번 정도 다시 가서, 거기 지구대 위치를 묻다가, 여기서 마지막으로 항의 하러 그 고객센타 갔을 때,

이번에는 거기 카운타에 다른 남자 직원 분이 앉아 있던데 그 분에게.

"당신들, 원랜 시민이 도중에 집에 돌아 갈 차비가 없으면 주게 되 있을건데, 당신들 위에 보고 합니다!" ·

"예, 해 보십시요!"

"당신들, 욕 듣나, 안 듣나, 함 봅시다!"

민원 11

"그래, 해 보십시오!"
 그 카운타 보시던 남자 분이, 왠지 모르게? 약간 몸의 떨림이 느껴 집니다.
 저는 여기 까지 그들이 해야 될 의무를 그들이 안 하고, 괜히 무고한 시민을 골탕 먹이는 줄 알았습니다. 여기서 제가 휴대 전화를 안 가지고 다니고, 집에 놔두고 다니는데요. 이에 제가 가지고 있던 공중전화 카드로, 어디 공중전화에서 그 전화를 사용 하려는데, 이에 그 공중 전화 할 데가 없어서, 이에 아까 인사차 방문 갔던, 그 기관에 다시 찾아 갔습니다. 이에 이왕이면 제가 노총각이라, 혹시 그 앞에 그 처녀 분과 인연이 될까? 이런 기대도 있어서. 그래서 그 기관에 가서, 그 기관 전화를 이용해, 이 문제를 알아 보는데, 여기서 이 문제 제기가, 즉 부산 시민이, 부산 지역 내에서 먼 타 동네로 갔고, 여기서 예기치 않게 돈이 무일푼이 됐다, 여기서 그 분 주위에, 아무도 그 분을 도울 분이 없다, 여기서 우리 부산시가 그런 분을 도우는게 법으로 정해져 있는가, 아닌가? 이를 알아 보는데, 여기서 이에 부산 어느 지하철 역 사무소 부터 해서, 여러 부산 기관들, 한 4군데 정도를 물어 물어, 이 문제를 알아 보니까, 결국 시청 어느 과에서 답이 나온게, 즉 부산시 법이, 부산 시민이 먼 타 동네에 갔다가, 예기치 않게 귀가 할 차비가 없게 되고, 여기서 그런 시민들의 귀가 차비를, 부산 지역 어느 기관에도, 안 주는 법이랍니다. 그래서 아까 그 지하철 역 고객센타 직원들의 주장이 맞았습니다. 이 전화 상담들 한다고 한 10분 하고.
 '아, 이제 집에 까지, 한 2시간 걸어 가야 되겠구나!'
 "집에 갈 차비, 좀 빌려 주십시오!"
 혹시 아까 얘기 했다 거절 당한, 거기 사무실 여 직원 분에게, 그 분이 이 지하철비를 빌려 주면, 나중 그 분과 일이 되겠다 싶어, 내나 그 아가씨 분에게 다시 시도로.
 "여기 기관은 차비 빌려 드리고 그린 안 합니다!"

또 실망하고.

대충 그 기관 나와서.

이젠 집 까지 걸어 가야 됩니다. 거기 방문 했던 동네가, ㅇㅇㅇ이고, 제가 사는 동네가 ㅇㅇㅇ 인데요. 제가 부산에 이사 온지가 1년도 안 됐기 때문에, 이에 부산 지리를 몰라서, 이에 물어 물어, 집 근처 까지 걸어 왔습니다. 그리고 그 곳 공중전화로, 그 일을 더 알아 보니, 즉 원래 부산시가, 즉 부산 시민이 먼 타 동네에 갔다가, 도중에 예기치 않게 귀가할 차비가 없어진 어려운 부산 시민을, 부산시가 전혀 도우지 않는 다는 걸 알았습니다. 또 객지 분이, 우리 부산에 오셨다가, 또 예기치 않게 귀가할 차비가 없게 됐다, 즉 이런 분들도, 부산 어느 기관에도, 그 분의 지방으로의 귀가 차비를, 아예 안 준답니다. 즉 제 경우는 노총각이라, 이에 이런 상황에서, 즉 사회의 안 좋은 것 당함이 덜 하지만, 만약에 젊은 여자 분이, 방금 처럼의 그런 일을 만난다면, 여기서 그 분에겐, 이 사회의 안 좋은 것들에 노출이 되고, 이에 그런 그 분의 신변이 위험 하고, 여기서 그런 분의 입장이라면 얼마나 꽉 막히겠습니까? 여기서 먼 타 동네에 갔다가, 예기치 않게 귀가할 차비가 없게 된 그런 어려운 분들에게, 우리 부산이 조금의 금전적인 도움을 주신다면, 그걸 받아 가신 분에겐, 얼마나 은혜가 되겠습니까? 또 부산도, 그런 일을 함은, 물론 작은 베풂이지만, 얼마나 부산으로선 좋은 일을 한 겁니까? 그리고 앞에 설명 드린, 즉 그런 어려움에 처한 부산 시민이, 즉 부산시의 그런 도움으로 본인 집으로 무사히 귀가를 한다면, 이 도움을 받은 그 분의 입장엔, 이 도움이 얼마나 큰 도움이겠으며, 또 그 분으로선, 그날 얼마나 다행 한 일입니까? 또 이런 식으로 귀가 차비를 베풂은, 큰 돈이 드는 것도 아니니까요. 또 한가지, 부산이 하면 좋은 문제가, 즉 타 지방 분이 우리 부산에 오셨다가, 그 분이 본인의 지방으로 돌아 갈 차비가, 예기치 않게 없어졌다면, 여기서 우리 부산이 그런 어려운 분들에게, 은혜를 베풀어 드리면 어떻겠습니까? 즉 앞에 설명 드린, 즉 제가 타 지역에 갔다가 예기치 않게, 그 지역에서 부산으로 돌아 올 차비가 없어서, 앞에 그 지역의 도움을 받아서, 무사히 부산으로 돌아 왔듯이, 즉 그런 그 지역의 작은 은혜가, 그 받아 간 사람에겐, 아주 죽다가 살아난 큰 도움입니다. 그래서 우리 부산도, 그 통영 지역처럼, 그런 제도를 도입 함이 어떻겠습니까? 즉 그런 어려운 일은, 누구나 당 할 수 있습니다. 여기서 앞에 제가 도움을 받았다는 그 통영에는, 그런 제도가 그 지역에 규정이 되 있나? 모르겠습니다. 여기서 우리 부산이, 앞에 드린 설명들 처럼, 즉 그런 사항들을, 이 부산 지역에 지방 법으로 도입이 되서, 이에 그런 부산 시민들도 그렇고, 또 그런 타 지역 분들도, 무사히 집에 귀가를 할 수 있게, 특히나 정이 많다는 우리 부산이, 그런 어려움이 처한 분들에게, 도움을 줄 수 있길 바랍니다!

결혼

　결혼을 하는 목적은, 즉 이를 해서, 서로 섹스를 하는, 그런 남 녀가 같이 사는 재미도 있을꺼고, 그리고 그 다음 그들 자녀들의 출산, 즉 이런 식으로, 그들의 한 가족을 이룸이 목적이다. 여기서 결혼을 하면, 즉 그들 끼린만의 섹스는, 즉 그들 주위 분들이 이를 인정 하고, 그로 그런 그들을 은밀한 성생활을 관섭을 안 한단다. 큼! 즉 여기서 결혼해서 그 들끼리의 섹스, 즉 이에 그들의 사랑, 이 그들 끼리만의 즐기는 문제들와 그들이 먹고 살아 가야 되는 돈 문제는, 따로란다. 큼! 즉 여기서 의, 식, 주, 이것이 해결이 되어야 된다. 즉 사람은 먹어야 살고, 또 본인들 각자가 하는 일에서, 뭘 사용을 해야 되고, 또는 집세, 수돗세, 전기세, 가스값, 등 등. 즉 여기서 물론 그들이 신혼 때, 그들이 같이 사는 건 재밌고 좋을건데, 그러나 앞에 그 좋았던 만큼의 그 끝이 안 좋을 건데,

　"결혼을 해서 경제력이 안 되, 길에 나앉게 된다면, 냉엄한 현실 앞에서 가슴을 치게 될 것이다!"

　또는

　"세상은 평소 본인이 생각 해 온 것 보다, 더 냉정하고, 인정이 없고, 인내심이 없다."

　결혼에 목숨을 걸어라 본문들 중.

　여기서 그 결혼 조언 책을 보면, 즉 결혼이란, 그 결혼 전에 막혀 왔던 여러 일들이 다 풀리는 게 아닌, 즉 냉엄한 삶의 현실이라는데, 즉 결혼

이란 돈 전쟁터란다.

"니들 부부생활 생활 잘 해라!"

또는

"그래도 세상 열심히 살아가라!"

여기서 경제력이 안 되, 그들 일가족이 길에 나앉게 된다면, 그 때 그런 그들 주위의 분들이 그런 그들을, 가만 놔두는 게 아니란 것이다. 즉 여기서 그들의 경제력이 유지가 안 되, 돈에 밀려 길에 나 앉는 상황이라면, 또 여기서 그 부부들 밑에 딸린 식구가 많을 수 록, 더 비참 하단 것이다. 그 땐 세상이 술을 안 먹었어도 코가 삐뚤어 지는데, 큼! 원래 세상이란, 즉 사람들 각자의 이익에 따라, 냉정하고, 인정없고, 인내심이 없게 돌아간다. 여기서 이 앞에 설명드린, 그 책에서 하는 얘기가, 즉 그 부부들 중, 어느 1분 이상은, 필히 일정한 수입원이 있어야 된단다. 여기서 속담에, 즉 부지런 하면 반드시 부자가 된다고 한다. 여기서 돈이 돈을 번다는데, 여기서 내나 같은 1억이라도, 즉 그런 돈 유지를 잘 시키는 분이 있는 반면, 그런 돈을, 잘 유지를 못 시키는 분이 있다. 이 예가, 즉 정신 장애 보호 1종이나, 기초생활 수급 연금을 받는 분들이, 즉 매달 70만원 정도씩 나온다. 여기서 그 돈을 받아 가, 그런 돈을 보통, 술로 10일 만에 다 날리는, 그런 분들이 종 종 있다. 여기서 이 앞에 정신병원 안에 입원이 되있어 보면, 즉 거기 입원 된 환자들, 90% 이상이, 정신 장애 보호 1종으로, 이로 사회에 있는 경우, 한 70만원 정도 연금을 받는데, 여기서 그런 정신병원 입원 중엔 그 연금이 안 나오고, 그 대신 거기 입원비가 공짜가 된다. 그래서 그런 병원비가 무료가 됐기 때문에, 그로 그런 환자 보호자 측에선, 대부분들이 거기 정신병원에 그 환자를 가두고, 평생을 안 빼 주는 경우가 많다. 그리고 그런 연금 받는 환자들 중엔, 한 30% 정도가, 1년이나 입원해 있다가, 그의 보호자의 의해 퇴원을 하는데, 그런데 그 이후 보통, 3, 4개월, 길면 6개월이나, 1

년, 이렇게 밖에 있다가 재입원을 하시는데, 보통 그 입원 될 때 그들의 모습들이, 완전 거지가 되서 잡혀 온 모습들을 보곤 했는데, 여기서 그 분들이 하시는 말로는, 즉 그들 각자가, 사회에 있을 때, 그 보호 1종 연금을 받았단다. 여기서 그런 돈을 술로 10일 만에 다 날렸다 하고, 그런 어떤 분 경우는, 지하철 계단에서 동냥을 했다는데, 여기서 그 분 앞에 동냥 그릇을 놔두고 그것 하는게, 맨정신으론 도저히 부끄러우니까, 이에 술에 만취가 되서, 그 술 기운에 동냥을 했다 하기도 하고.

'과연 나도 사회에서 그런 연금으로 살게 되면, 나도 그 돈으로 저 사람들처럼 되는 것 아닌가? 사회가 그렇게 살기 힘든 덴가?'

여기서 그런 그들을 보면서, 그들을 이해를 못 했는데, 그 때가 현제 17년에서 10년도 넘었을 껀데, 요즘은 나도 기초수급 연금으로 매달 그런 돈으로 살게 되는데, 여기서 나도 그런 돈으로 사횔 살아 보니까, 즉 그런 돈으로 얼마든지, 사횔 살아 가지더라구요. 즉 나도 그 돈으로, 술, 담배, 이성과 섹스, 놀러 다니기, 활동 안 하기, 등 등, 즉 그렇게만 한다면, 앞에 설명드린 그분들 처럼, 그렇게 될 것도 같습니다. 여기서 앞에 설명 드린 그런 분들이 왜? 그렇게 됐냐면, 즉 그 본인들 각자가 못 나서 그렇습니다. 즉 이는, 남이 그렇게 만든게 아니라, 본인들 각자가 자멸을 한 겁니다. 즉 여기서 같은 돈이라도, 그걸 쓰는 사람에 따라, 그 돈 쓰임이, 각 각 달라집니다. 즉 이를 풀어 보면, 즉 A 라는 보통 사회를 원만히 살아 가시는 그런 1분과, 반면 앞에 설명 드린 그런 70만원 정도의 연금을 받아, 10일 만에 술로 다 날린다는 그런 1분을 B라 하고, 여기서 이들 각 각에게 똑 같이 100만원씩을 드렸다면, 여기서 그 돈 각각이 어떻게 쓰여지겠는가? 여기서 A라는 분은, 즉 그 분이 사횔 살아 가는데서, 어려움이 없게, 그 본인 일 원만히 풀고, 또 본인 발전도 할 것이다. 물론 여기서 나쁜 쪽으로 씀에 절제가 필요하다. 반면 앞에 설명 드린 그 B라는 분에게도 100만원이 주어 졌다면, 여기서 그 돈이 어떻게 쓰이겠는가? 그건 즉 앞에 70만원 정도를, 10일 만에 술로 다 날리듯이, 그와 같은 같은 식으로 다 날릴 것이다. 여기서 그 금액이 100만원이니, 여기서 아까 70만원 보다 30만원이 더 많으니, 여기서 그 30만원이, 4일 정도는 더 갈 것 같다. 그래서 돈이란 건, 즉 같은 돈이라도, 그 돈을 잘 쓰는 분이 있는 반면, 못 쓰는 분이 있다. 여기서 돈은, 즉 하나님께서 그 사람에게 주시는 것이다. 그래서 사람이란, 즉 그 개인의 능력이 아무리 있어도, 그 본인의 힘으론 돈이 도저히 안 들어오고, 무조건 하나님께서 그 사람에게 돈을 주셔야, 그 본인이 이 세상을 살아가는데서, 실제적인 돈이 생긴다. 큼! 전에 불교 믿을 때, 어느 스님의 수행 자전 소설 책을 보니, 즉 그 내용 중, 숭산 스님이라고, 즉 그 분이 하신 말씀이, 즉 돈이란, 그 본인이 하는 그 일을 보고 어디에선가 들어 오고, 또 그렇게 들어 온 돈을 본인이 하는 그 일에 쓰고, 즉 그런 식으로 돈이 들어 온단다. 큼! 여기서 속담에, 즉 돈 버는 일이 이 세상에서 최고 어려운 일이란다. 그리고 또 속담에, 즉 돈 받아 간 그 자리는, 본인이 죽는 자리란다. 그 만큼 돈 버는 일이 어려운 일이란 것이다. 또 속담에, 즉 작은 돈은 사람의 힘으로 구해지는데, 반면 큰 돈은 사람의 힘으로 구함이 불가능 하고, 그 돈은 하늘이 내린단다. 여기서 앞에 설명 드린, 그 결혼의 대한 조언 책에서 보면, 즉 남 녀 각자 결혼에, 그 본인의 무슨 자격증 1개 이상을 보유하고 있게 좋단다. 이는 왜냐면? 즉 그 자격증으로 들어 간 직장 경우는, 즉 거기 다니기가 안정적이고, 또 수입도 그렇게 들어온다고 한다. 그래서 미혼 때 결혼에 대비해, 자격증 1개 이상을 따 놓는게 좋겠다. 그리고 큼! 속담에, 즉 여자란 시집을 가면 밖에 벌이 하러 안 나다니고, 남편이 밖에서 벌어 주는 것 가지고, 집에서 살림 하고, 애들 관리 하고, 이런 식에 집에 들어 앉아 있는게, 여자로서는 편한 팔자라고 한다. 또 속담에, 즉 여자 분이 밖에서 벌어 오는 돈은, 그 가계에 큰 도움은 안 된단다. 큼! 즉 여기서 그 결혼 조언 책에선, 즉 결혼을 함에 있어, 남 녀 그 2분 중 어느 1분 이상이, 즉 그 자본 1천만원 정도가 있고, 또 그 가정을 유지 할 수 있는, 돈줄이 있어야 된단다. 큼! 여기서 몽골의 결혼 풍습을 보면, 즉 그 나라는, 신랑이 신부를 돈을 주고 사 간다. 그 비용이, 그 나라 돈으로 1천만원 정도. 즉 여기서 그 나라는 결혼을 해서 살러 오는 여자 분을, 사람으로 보기 보단, 그 집 안에서 사용하는 물건으로 본단다. 그리고 그 나라는, 보통 남자가 20대 초반 정도부터 결혼을 하는데, 이에 청소년들이 그 일 전에, 그 결혼 자금을 미리 모아 둔다고 한다. 여기서 그 신랑 측에선, 아무리 외모가 잘 나거나, 재주가 있어도, 그 결혼할 돈 천 만원 이상이 없으면, 도저히 결혼이 안 된단 것이다. 또 보면 그 팔려 가려는 신부, 그들 각자가, 본인이 신랑 측에게 얼마에 팔려 갈 것인가? 그 가격을 본인들 각자가 정할 수 있는데, 여기서 일부의 신부가, 그 중 못 팔려 가고, 오랫동안 남아 있는 분들도 있는데, 그런 그들은, 즉 그들 각자의 그 팔려 가는 가격이 비싸니까 그렇단다. 여기서 결혼에, 돈도 돈이고, 자격증도 자격증이지만, 그 보다 중요한 건, 즉 그 본인 스스로가, 잘 살고자 하는 그런 의지, 성실, 부지런 함, 등 등, 인 것 같다.

"야, 니들도 결혼을 했구나! 그래 앞으로 열심히 살아라, 깨가 쏟아지게!"

여기서 원수, 마귀들이, 그 부부들을 호시탐탐 노리는데, 여기서 마귀들에게 들린 분이든, 안 들린 분이든지, 또는 그 마귀들을 아는 분이나, 모르는 분이나, 즉 마귀들이 그 부부들의 파멸을 노린다. 그리고 한국에선 귀신들 중, 처녀 귀신이 아주 많단다. 그리고 몽골엔, 여자 귀신이, 아주 많단다. 이 반면에, 즉 한국과 몽골, 그들 각 나라에, 그런 여자 귀신들 상대적으로, 총각, 남자 귀신들이, 적은 모양이다. 여기서 한국에 처녀 귀신이 많은 이유가, 아마도 처녀로 살다가 죽은 그런 영혼들이, 그 시집 못 가다 죽은게, 이 세상에 큰 미련이 남는 모양이다. 또 몽골에 여자 귀신이 많은 건, 즉 여자로 살다가 죽은 그 영혼들이, 남자들에게

결혼 19

미련이 많이 남는 모양이다. 그리고 속담에, 즉 결혼 대상감으론, 즉 남자 분은 가문이 있고, 유식한 분이 좋고, 반면 여자 분은 가난 하고, 유식한 분이 좋다고 한다. 즉 그런데 여자 분 측에선, 가난한 분이 부자인 분 보다 더 낮다는데, 이는 즉 여자로선 고생을 아는 분이 더 낮다 이건 모양이다. 즉 원래가 고생을 이긴 분에게, 큰일을 맡겨 놓으면, 능히 해낸다 하거든. 또 안다는게, 아주 중요하다. 즉 무슨 일이든 그 일을 아는 분과, 모르는 분, 이 2 경우, 그 본인에게 펼쳐지는 그 세상이 각각 완전 다르다. 즉 여기서 모르면 갈 바를 못 잡고, 이리 저리 치이고, 고생하고, 그러다가 마약이나, 담배, 등 등, 그런 나쁜 중독 되는 것도 배우고 하는데, 그래서 사람은 배워야 된다. 즉 여기서 불교에서는, 일단 사람이 알면, 부처고, 성인이고, 그리고 본인의 병에서 벗어 난다는데, 여기서 일단 사람이 무슨 일에서의 그 일을 알면, 즉 거기에 따른, 그 사람의 행동이 나오는데, 즉 그런 그것이 그 사람의 인격이고, 성격이고, 또 그로 그 개인의 행동이 나온다. 즉 여기서 마귀들에 들리고, 이를 본인이 아는 것과, 모르는 것의 이 차이가, 아주 다르다. 즉 여기서 이 마귀들에 들리고 이를 모른다면, 여기서 그런 본인 자신이 뭔가 잘 못 됬는가만 알고, 본인이 이상한 줄만 안다. 즉 여기서 이상하게 본인이 하는 일마다, 일이 이상하고, 남들은 그렇치 않은데, 여기서 모든 일을 다 포기 하고, 활동을 안 하고, 거기다가 술, 담배에, 엉망이 되고, 여기서 그런 분들도, 그런 마귀들이 안 들렸던 때가 있었는데, 그런데 그 때완 달리 왠지? 모르게 이 세상이, 완전 이상한 것이다. 여기서 이와 관련 된 실제 2 사건들이 있는데, 그건 즉 어느 정신병원 안에서, 어느 남자 환자 분이, 그 본인의 양 눈알을, 본인 스스로 뽑아 버렸다. 이는 왜? 그랬냐면, 즉 본인의 눈에서, 그 상대방들에게 피해를 주는 광선이, 계속 나간다고다. 여기서 나중엔, 그 2눈알 뺀 것도 모자라, 그 눈알들 뺀 구멍 안을, 계속 파내야 된단다. 이는 왜냐면? 즉 그 구멍 안 들 쪽에서, 계속 남들에게 피해를 주는 그런 광선이 나오기 때문이란다. 또 한 사례는, 즉 어느날 낮에, 어떤 남자 분이, 손에 도끼를 들고, 지나가던 행인들 누구를 안 가리고 찍는, 그런 살륙을 하다가 경찰에 붙잡혀 갔는데, 즉 그 분 경우도, 괜히 이유 없이, 지나다니던 행인들에게 그랬는데, 여기서 이 2가지 사건들을 보면, 즉 그 분들 각자에겐, 마귀들에 들려 있었는데, 그런데 그걸 본인들 각자가, 전혀 모르고 있었고, 그로 이 세상이 이상하니까, 그로 자멸로, 엉망으로 지내다가, 그게 갈 수 록 심화가 되고, 그렇다고 본인이 자살은 못 하고, 그런게 쌓이고 쌓이다가, 결국 그런 행동을 한 것이다. 그런데 그 사람들이 본인에게 마귀들 들린 그것을 알았다면, 이에 일단 본인을 그 마귀들에게서 지킨다. 여기서 이 예가, 즉 본인에게 암이 왔고, 여기서 이 사실을 본인이 알면, 여기서 그 암과 싸운다. 이와 반대로, 그 걸린 암을 모르면, 여기서 그 암이 계속 진행이 되고, 나중엔 결국 말기 암으로 죽는다. 여기서 마귀들 들린 본인이 그걸 알면, 이에 본인이 그 마귀놈들과 싸운다. 즉 본인 자신을 지키기 위해서. 즉 여기서 그런 본인이 이 세상을 살아 가면서, 그 마귀들과 싸우는 것이다. 어떻게 하던 간에. 즉 그 마귀놈들로 부터 본인이 자멸을 안 하게. 그리고 범죄, 사이비 종교, 마약 중독, 담배 중독, 등 등, 즉 그런 나쁜 길들 중, 어느 1길 이상을, 본인이 그 길로 가면 본인에게 안 좋고, 본인이 죽는단 그걸 모르니, 그 길로 가 보는 것이다. 반면 그 죽는단 길을 본인이 알면, 그 길론 아무도 안 간다. 아까 결혼 예기로 다시 가 보자! 큼! 즉 여기서 사람들 각자가 다른데, 여기서 상대방 어떤 분은 본인과의 성격이 맞아, 서로 일이 잘 풀리고, 반면 어떤 분은 본인과 성격이 안 맞아, 서로 일이 잘 안 풀리고, 즉 이런 식으로 개개인 본인에게 그 상대가 각각, 본인에게 맞는 분이 있고, 반면 안 맞는 분이 있다. 큼! 요즘 17년을 보면, 즉 결혼을 하려는 남 녀들이, 특히 서로 분수에 맞는걸 많이들 따지는가? 요즘은 부유층들은 그들끼리, 반면 빈곤층들은, 또 그들끼리 결혼이 된다고 한다.

"너, 자신을 알라!"

소크라테스는 이런 말을 남겼습니다.

즉 여기서 소크라테스 그 분이, 하도 사람들에게 이런 말씀을 하고 돌아 다니니까, 이에 어떤 혹자가,

"그렇다면 당신은 당신 자신을 아십니까?"

"모릅니다! 그러나 저는, 제가 제 자신을 모른다는걸 압니다!"

소크라테스.

스크라테스 그 분의 가르침은, 즉 사람이란, 본인 자신도 본인을 모른다는데, 그래서 본인도 모르는 자기 자신을, 남들 누가 알겠습니까? 그래서 사람이 사람을 안다는게, 말이 안 되는 모양이네요. 그래서 결국은, 사람이 사람을 알 수 없는 모양입니다. 그리고 속담에, 즉 겉은 부자인데, 그 속은 가난한 분, 반면 겉은 거지인데, 그 속은 부자인 분. 이 2가지 빈부의 사람들이 있다는데요. 그리고 속담에, 즉 빈 깡통이 소리만 요란하다고, 이 뜻은, 즉 안이 없으면, 겉은 있는 것처럼 꾸민다고, 그래서 겉이 화려한 분 일 수 록, 그런 본인의 안이 가난하니까, 그래서 겉으로 있는 것처럼 꾸미는 것도 같습니다. 즉 그래서 남들에게 그런 그가 가난하다는 무시를 안 당 하려고. 그리고 속담에, 즉 상대를 알려면, 그런 그와 같이, 어떤 일을 해 봐야 그 사람을 알 수 있다고 합니다. 즉 여기서 그런 그 분과 같이 일을 해 보지 않으면, 그 대상이 본인의 부모 자식이라도, 그 상대를 모르는 것 같습니다.

"마음에 드는 사람이 있는가? 그럼 내일로 미루지 말고, 오늘 고백 하라!"

결혼에 목숨을 걸어라 본문 중.

즉 미혼자들이 결혼에 성공을 하기 위해서, 그 일에 공격적인 분이, 그 일을 쉽게 이룬답니다. 즉 마음에 드는 결혼 상대자가 있는데, 여기

서 그 상대 분에게, 본인의 주가를 올린다고, 그 상대 분에게 잘 보이기만 하다가, 그 결혼의 기회를 놓친 담이다. 그리고 인터넷 TV에, 어느 결혼 전문가의 예기로는, 즉 노처녀, 노총각이 되신 분들이, 그렇게 된 원인이? 즉 그들 각자가 무슨 조건이 안 되고, 못난 것 보다는, 즉 그런 그들은, 그들에게 온 결혼 기회를, 놓치고 놓치고 한 분들이란다. 즉 여기서 기회란 건, 그걸 만나면 그걸 잡으려는 노력이 있어야 된다고 합니다. 즉 여기서 그런 기회를 만났는데,

'에이, 뭐?'

그런데 당장은 그 기회 주어짐에서, 그 기회가 하찮게 보이고, 또 당일 그걸 잡기도 귀찮으니까, 그 기회를 손 놔 버리고, 그리곤 돌아서서 미심쩍게 그 일을 다시 돌아 보다가, 다시 등을 돌리고, 그러다가 그 시 일이, 하루 이상 넘어 가서는,

'아! 놓쳤구나!'

이미 놓친 그 일을 알게 되고, 그 때 그 놓친 기회를 다시 잡으려 해도, 2번 다신 안 올 수 있는게 기회란 것이다. 여기서 기회를 만나면, 계산은 다 놔두고, 일단 그것 부터 잡고 봐야 된다. 즉 여기서 그것 부터 잡고 나서, 그 다음 계산을 해야 된다. 즉 여기서 그 기회를 잡아 놓으면, 즉 인생에서 얻어 지는게, 아주 클 수 가 있다. 즉 이 예가, 삼국지의 제갈 공명, 그 분이 결정적인 큰 기회를 몇 번 놓쳤는데, 왜? 그렇느냐면, 즉 공명 그 분은 무슨 일을 꾸밈에서, 즉 본인의 계산에 맞춰 일을 진행시키는데, 거기서 가다가, 절호의 기회를 몇 번 만난거다. 그런데 여기서 그 분이 그 기회를 잡을까, 말까? 하다가, 여기서 본인의 계산대로 하는, 그런 판단의 고집을 부림에서 그렇다고 한다. 그래서 촉 나라가 삼국 중, 제일 작았다고 한다. 큼! 즉 여기서 이 예들 중 하나가, 즉 적벽대전에서, 조조의 100만 대군이, 그 조조의 적장인, 오의 주유와 촉의 공명, 그들의 연합군에게 완전 속아, 그들의 화공 1방에, 그 조조의 100

만이란 대군이, 강물 위에 거의 수장이 되고, 그리고 조조와 그를 보호하던 얼마 안 되는 주요 군사들만이, 겨우 그 자리를 빠져 나갔는데, 그 조조가 도망 갈 때, 그들이 얼마 안 됐고, 또 그들이 많이들 피곤하고, 상해 있어서, 그 때 공명이 군사들을 몰아 조조를 죽였으면, 그와 동시에 위나라는 망했고, 그로 촉나라와 오나라와의 2대립이었는데,

'별 자리를 계산해 보니, 아직 조조가 죽을 때가 아니구나! 조조를 죽이지 마라!'

공명.

그 때 공명은, 큰 기회를 놓친 거였다. 큼! 여기서 결혼에서, 즉 본인이 그 상대방에게 결혼 하쟌 그 고백을, 직통이나, 아니면 간접적으로 해서, 그 상대가 이를 알게 되면, 여기서 그 상대는 그 문제에 대해 생각을 해 본답니다. 큼! 그리고 그 결혼 조언 책에선, 즉 동정 결혼과 나이에 쫓긴 결혼은 하지 마랍니다. 이는 왜냐면? 즉 동정 결혼 경우는, 즉 그 상대방의 경제적 궁핍, 신체적, 정신적 장애, 등 등, 즉 그런 결점 1가지 이상을 도와 주는 과정에서, 그것이 애정으로 발전이 되서 하는 결혼인데, 여기서 그런 식에 결혼이 된 경우는, 즉 그런 생활이 초반에는 그들 나름대로 아름다운데, 그런데 그것이 어느 기간이 지나고 나면, 그 동정 받던 결혼 상대자의 결점이 안 고쳐지는 경우가 많고, 그래서 그런가? 그런 그 분이 폭력적으로 변하는데, 처음에는 잔소릴 하다가, 나중엔 언어와 신체적 폭력으로 나온 답니다.

'내가 저런 사람을 두고 어떻게 가겠는가?'

즉 이런 경우는, 이혼이 어렵 답니다. 이는 왜냐면? 즉 그런 본인이 그 상대를 계속 동정해서 랍니다.

"동정은 동정으로 끝 내야지, 그것이 결혼으로 이어지면 안 된다!"

결혼의 목숨을 걸어라 본문 중.

즉 여기서 그 분의 말씀으론, 즉 동정 결혼은 그들 부부가 불행하게

사는 경우가 많다네요. 즉 그리고 나이에 쫓긴 결혼을 본다면, 즉 본인이 나이가 많게 되서, 여기서 그 나이에 쫓긴다고, 그 상대를 제대로 안 알아보고, 아무에게나 가는, 즉 그런 준비 안 된 결혼도, 못 산다고 합니다. 그래서 즉 아무리 나이에 쫓기더라도, 내나 젊은 분들 처럼 시간을 두고 그 상대를 알아 볼 건 알아보고, 그리고 본인도 준비 갖출건 하고, 해서 가랍니다. 큼! 그리고 마귀놈 1개 이상이 잘 들릴 때가, 10대 청소년 때입니다. 즉 여기서 마귀놈들이 주로 약자에게 들어오는데, 그래서 10대 때가 약자라는 예기가 됩니다. 이는 아마도, 그 10대 때가, 신체적, 정신적으로, 성욕이 가장 왕성 할 땐데, 그러나 결혼을 못 하니까 그런 모양입니다. 이 결혼도, 그 처음 시작점을, 수학 공부 하듯, 맨 밑 기초 부터 시작을 해야 됩니다. 이는 즉 수학을 초등 1학년 1학기, 맨 기초 부터, 1개씩 1개씩 이루어 가는 것과도 같습니다. 즉 이는 맨 밑 바닥 부터 시작을 해서, 나중에 단계가 높아진 부자로 살 꺼니까, 즉 그렇게 이룬 그 일이 망하지 않습니다. 즉 그래서 일을 이뤄도 제대로 이루쟌 겁니다. 즉 나중에 부자가 된 것이, 쉽게 망하지 말쟌 겁니다. 즉 여기서 본인이 집을 가진다면, 그 집 가짐에서의 기초를 쌓자는 겁니다. 즉 여기서 집을 구함에, 처음 월세 부터 뚫고, 다음 전세 뚫고, 다음 본인들 집을 뚫고, 또는 장사를 한다, 그러면 그 가게 자리도, 처음엔 월세부터 뚫고, 다음 전세 뚫고, 다음 그들 가게를 뚫어야죠? 큼! 또 수입도, 즉 처음부터 200만원, 300만원, 벌여 들이는게 아니라, 즉 이 처음은 본인들 각자 정하기 나름이지만, 여기서 그 처음을, 즉 60만원 부터 뚫고, 그 다음 70만원 뚫고, 그 다음 80만원 뚫고, 그 다음 90만원 뚫고, 그 다음 100만원 뚫고, 그 다음 110만원 뚫고, 그 다음 120만원 뚫고, 즉 이런 식으로 맨 밑 바닥 부터 살다가, 위로 1단계씩 차례로 올라 가쟌 겁니다. 역시 그 밑 바닥 그 때가 고생 스럽고 힘듧니다. 그런데 그런 식으로 밑에서 부터 위로 이루어 놓은 그 자린, 망하지 않습니다. 이는 즉 수학을 중학 3학년 까지 앎에서, 그 맨 밑 기초 부터 알아 올라와서, 그 중학 3학년까지 안 것과 같습니다. 즉 여기서 그 앎이, 그 본인이 죽을 때 까지 안 잊어 먹습니다. 즉 그런 식으로 밑에 기초가 된 중학 3학년 까지 의 앎은 진짜 앎입니다. 큼! 즉 여기서 남 녀 각자 분이, 무슨 대학을 나왔다, 또는 무슨 대학원을 나왔다, 즉 이런 건 그 사람이 그런 학교 나온 것에 대해, 그 분이 그 일을 아는 것, 그리고 그 일을 실전에 쓸 줄 아는 것, 즉 그것을 보는 거지, 즉 그 분을 높여 볼 거라고, 무슨 대학 간판, 대학원 간판, 그런 건 밖에 벌이 하는 데서는 쓰이긴 합니다. 큼! 그러나 방금 말씀 드린 그런 간판보단 실력이 더 중요 합니다. 즉 이 예로, 지금 이 글 적어 띄우는 이 싸이트 일을 보면, 즉 아무리 고급 대학을 나오고, 또 아무리 고급 자격증이 있어도, 또 아무리 집이 부자라도, 즉 여기서 이 글을 쓸 줄 모르면, 결국 이 싸이트에서 짤립니다. 반면 앞에 설명드린 그런 간판이 아무것도 없어도, 이 싸이트에서 글을 쓸 줄 알고, 또 그 글을 써 띄우는 일을 성실히 해 가면, 일단 이 글 싸이트에서 자리 유지는 할 수 있습니다. 즉 나중에 돈이 생길랑가? 그건 몰라도요. 그래서 이 글 싸이트에 글 써 띄우는 일을 보면, 즉 실력만이 쓰입니다. 즉 앞에 설명드린 그런 간판은 형식으로써 필요가 없는 겁니다. 즉 여기서 결혼에, 그 자금이, 즉 몇 천만원, 그런 돈은 분수에 안 맞고, 그래서 그 결혼자금을 1000만원 정도로 시작을 해야 됩니다. 여기서 재물이란, 그걸 잘 못 쓰면, 그 재물이 본인에게, 큰 화를 부를 수 있습니다. 여기서 신혼 초기에, 그런 과분한 재산이 있고, 또 그런 재산으로 벌려 놓은 그 결혼 생활은, 나중에 그 집안이 망하는 큰 화를 부릅니다. 즉 이 비유가, 수학 공부를 예로 들어, 즉 그 공부를 함에 있어, 본인이 중학 3학년 수학, 그 수준을 알아야겠다, 여기서 그 단계를 알려면, 그 맨 밑 과정 부터 1과씩 1과씩, 알고 올라와야 되는데, 그런데 그 밑에 관문들을 건너 뛰고, 바로 중학교 3학년 걸 공부 하는 것과, 즉 신혼 초에 그런 과분한 재물이나, 똑같은 겁니다. 그러면 이 2경우는 망하겠죠? 그래서 결혼 초기에 그 1천만원의 시작이 차라리 일이 되고, 나중에 그 된 일이 안 망한 단말입니다. 즉 여기서 이 결혼 문제 외에도, 즉 무슨 일이나, 본인의 그 과분한 돈은, 본인을 망하게 할 것입니다. 여기서 그런 돈은, 첨에는 삐까 뻔쩍 좋은데요. 이 예가, 즉 중학 3학년 그 수학을 공부 함에 있어, 그 밑에 초등 수학 1학년 1학기부터 시작을 안 함과, 신혼 초기, 그 결혼 시작 점에서, 그 결혼 생활 기초부터인, 1천만원 부터 시작 하는게 아니라, 과분하게 5천만원으로 시작 했다 치고, 즉 이로써 1천만원을 모르고, 다음 2천만원을 모르고, 다음 3천만원을 모르고, 다음 4천만원을 모르고, 다음 5천만원을 모르는데, 여기서 그 5천만원 이하를 모릅니다. 그래서 그 결혼 들어 감에 분수를 알고, 또 그 분수를 지켜 가쟌 겁니다. 또 그 분수를 지키려면, 그 시작점을 처음으로 부터 잡는게 아주 중요 합니다. 큼! 즉 그 분수에 맞는 그런 작은 재물로 부터 해서, 그 결혼 시작점을 찍는게 좋습니다. 즉 젊어 고생은 사서도 한다고, 즉 일부러 라도 그런 작은 재물로 결혼 생활을 시작 해야, 그 결혼 생활 속에서의 일들이, 비로서 진행이 되는 거고, 또 그렇게 이루어 놓은 그 일은, 망하지 않습니다. 즉 여기서 과분한 그 결혼 자금이, 많으면 많을 수 록, 그 신혼부부들이, 그 돈으로 잘 살고, 행복스럽게 사는게 아니라, 오히려 그런 과분한 재물 일 수 록, 그런 그들의 결혼 생활이 큼! 의외로 일이 안 되고, 나중에 그들의 그 결혼 생활이 망하는, 큰 화를 부릅니다. 큼! 그리고 불교란 종교를 보면, 즉 거기 종교는 신도들은 결혼이 되는데, 반면 태고종 빼고 스님들 일체, 결혼 금집니다. 즉 그들은 그 결혼을 안 하는 삶이, 청정하고, 깨닫기가 좋고, 최고의 삶의 길이다 해서인데, 그래서 그 종교를 믿는 남 녀 분들 중, 그런 스님이 되시려는 분이 있는데, 여기서 그 분들은 독신주의를 추구 합니다. 여기서 제 경우, 과거 불교를 따른지 10년 정도 됐었는데요. 큼! 그로 그런 스님이 된다고, 즉

그런 생각에 독신주의를 고집했었는데, 그 독신주의 때 여자 분들을 보는 시각이,

　'여자란, 즉 남 녀가 합해서 애 낳고 같이 사는, 그런 대상이 아니라, 그냥 단순히 성욕을 풀기 위한 그런 대상이다!'

　그런 식으로 결혼을, 아예 안 한단 생각이었고, 그러던 중, 저에게도 결혼의 기회가 2번, 먼저 그 상대방에게 그런 제의가 들어 온걸 다 쫓아 냈죠. 왜냐면? 제가 불교를 따르는 스님 된다는 그 생각에. 여기서 요즘 그 때를 돌아 보면, 그 때 후회가 막심 합니다. 그 때 요즘같이 기독교를 믿었으면, 아마도 그 기회를 안 놓쳤을 건데 하는. 제 경우는, 요즘은 기독교를 믿고, 그로 결혼을 한다고 상대 여자를 구해 보니까, 그 상대 여자 분 벽이, 아주 높습니다. 막상 구 할라 하니까 또 없네요. 또 불교는, 성욕을 해결 안 하고, 그냥 억제를 하더라구요. 즉 어느 노스님께 드린 제 질문에, 그 분께서 하신 말씀이, 즉 자위행위도 사음이라 해서, 죄라고 하시더라구요. 즉 그래서 일체의 성욕 해결이 다 죄란 거죠. 그래서 이 점은 그 때에도 이해가 안 갔습니다. 그래서 그 때 그 종교를 따르면서, 이 세상이 힘들더라구요. 그래도 당시는 그 종교만이, 유일한 좋은 길인 줄만 알았죠. 그래서 불교를 보면, 즉 그 종교를 따르고 수행 한다는 어떤 남자 분이, 즉 본인의 성욕 해결을 하는 그런 행동은 죄다, 그래서 그런 죄를 안 짓기 위해, 본인의 성기를 스스로 짤랐다는, 그런 사건 보도가 어디 신문에 난걸, 접한적이 2번 정도 있습니다. 그리고 불교, 그 쪽 책 그런 데는, 즉 이는 실제 상황은 아닌, 가상인데요. 그건 즉 그들 종교가 추구를 하는 부처를 이루기 위해, 그로 그 성욕을 해결 하는 죄를 안 짓기 위해, 본인의 성기를 스스로 잘랐다는, 그런 내용의 글도 2번 정도 접했습니다. 즉 불교를 믿던 그 당시엔 기독교를 모르고, 불교만을 알아서, 그로 그 불교만이 최곤 줄 알았고, 여기서 그 당시 그 종교를 따르던 제 자신이 힘들었습니다. 그리고 그 종교 믿음에, 그 중 이해

안 가고 겁이 나는 점이, 즉 기도를 하는데, 부처님 불상 앞에, 절을 그렇게 많이 하더라구요. 보통 49배, 108배, 많게는 3000배 까지. 즉 저도 그 종교 공부에, 그런 49배를 매일 하면, 그 돌아오는 49배 할 때 가, 은근히 겁이 납니다. 그 첫 째가, 즉 하루 하루의 체력 소모에, 힘들어서요. 즉 108배도 매일 같이 성실히 해 봤는데, 그 108배 할 때가, 또 은근히 겁이 나더라구요.

'학, 학! 이건 기도가 아니고! 학, 학! 헬스장 가서! 학, 학! 헬스 하는 것과! 같구나!'

즉 108배를 하면, 그걸 다 하는데 1시간 정도 걸립니다. 즉 그 절 한지 20배 정도부터 숨이 차고, 땀이 뻘 뻘 나고, 거기서 계속 되는 절에, 체력이 딸리고, 땀이 비오듯 하고, 그래도 그 108배를, 결국 끝 내곤 합니다. 그 당시 불교를 따른다고, 제 공부와, 또 그런 절을 성실히 하면서도, 그런 절을 왜? 하는지 모르겠더라구요. 즉 절을 해도, 1배나, 3배나 하고 마는게, 서로가 편한 예의죠? 즉 예의란건 서로가 편하자고 있는 것 아닙니까? 아무리 신이라지만, 3000배 그렇게 절을 받아서, 그 신이 기분이 좋겠습니까? 그 하는 사람도 힘들고요. 불가에서 우스겟말로, 즉 절에서 절을 많이 하니, 절이란다는 말이 있습니다. 요즘이 17년도인데, 즉 요즘은 결혼 일에서, 남자 분이 그 상대 여자 분을 먼저 건듦을, 겁을 낸 답니다. 그래서 그 결혼 일에서, 남자 분이 여자 분을 먼저 건드는게 없고, 반면 여자 분이 남자분을 먼저 건드려 결혼이 된답니다. 또 보면 속담에, 즉 어느 1가지 일을 잘 하는 사람은, 다른 일들도 잘 한 답니다. 즉 그러면 그 반면, 즉 무슨 특별히 할 줄 아는 일이 없는 분은, 다른 일들도 다 못 한다는 예기가 되겠죠? 즉 여기서 그런 기술자가 된, 그 사람의 과정은, 즉 그 분의 과거에, 그 일을 이루기 위한, 부지런 함과 노력이 있어 왔었다는 증명이 되죠? 또 그 기술이, 그 분의 인격이고, 또 성격이고, 아무래도 그런 분이 낫겠죠?

결혼 29

하나님

·
·
·

하나님께선 영이시라고 합니다. 그리고 기독교 단체에선, 즉 하나님께서 이 지구상에 계시 답니다. 여기서 이를 안 믿는 분들이 있고, 믿는 분들이 계십니다. 그런데 신기한게, 그 하나님은, 또 어떤 신이 창조를 하셨느냐? 즉 그 하나님을 창조 하신 그 신은 또 누구인가? 이 하나님이란 신은, 과연 어디서 나오셨느냐? 이 답은 뭐냐? 그 하나님은 저절로 생기셨냐? 이 하나님의 부모님들은, 도대체 누구인가? 이런 의문점의 답이 없습니다. 즉 기독교 불신자들이 왜? 기독교를 불신 하느냐면, 그건 즉 그 하나님이 신이시라면, 그 신은 도대체 어디서 왔느냐? 이 답이 없지? 그러니까 이 세상에 신이 없다. 즉 여기서 모든 생명들은, 어딘가에서 왔다지만, 그 하나님은 어디서 왔느냐? 이 답이 없으니, 그래서 결국은 신이 있단 건 말이 안 된다. 그래서 이 세상의 모든 생명체들은 살다가 죽고, 또 다시 태어나는 건, 저절로 되는 거다. 여기서 불교는 즉 신이 없다는 관점으로서 기독교를 봅니다. 즉 이 세상에 신이 있단 건, 모순이란 검니다. 즉 그래서 신이란? 즉 자기 자신이다, 즉 이런 관점입니다.

어디서 강의 수료를 목적으로, 그 강의 참석을 하게 되서, 거기 강의 참석을, 주 중으로 1회 씩 하는 식으로 하던 하루는 낮에, 즉 유교 강의들을 차례가 왔고, 그로 그 강의를 듣는데, 여기서 그 강의자 분은, 나이가 중년에서 좀 더 되신 남자 분이시고, 한복, 이런 걸 입고 오셨던데요.

"이 세상에 하나님이 있다면, 그 신은 또 어디서 생겨 났겠습니까? 그래서 이 세상에 신이 없죠!"

'아, 저 분과 내 생각이 완전 다르구나!'

여기서 그 분의 강의 내용은, 즉 진짜 딴 짓하게 할 정도로, 그 강의가 지루 했습니다. 즉 어려운 용어가 많고, 또 어렵게 짜 맞추기 식의 이론 이었습니다. 여기서 그 분의 가르치는 그 내용은, 점쾌 보는, 그런 내용 입니다. 그 1시간이 지루 했습니다. 여기서 그 분을 보니, 즉 그 분은 본인의 뭔가 믿는게 있고, 즉 그런 식으로 사시는데요. 그 강의가 오후 12시 경에 마쳤고. 그리고 거기 강의 끝 나고, 거기 강의 초청한 곳에서, 거기 강의 관련자 일체들도, 점심 식사 서비스를 제공 하던데, 여기서 그 강사 분은 자존심이 상하시는가? 그 점심 식사 제공 하는 것을, 구지 안 드시고, 그냥 가시더라구요.

'그 분이 배가 고프실 텐데!'

이 일이 있기 한참 전, 즉 불교를 믿을 때, 하루는 불교에 관련 책을 읽던 중, 여기서 그 책은, 즉 어떤 스님이 쓰신 그 분의 자전 소설로서, 그 책은 1권 짜린데요. 그 책의 내용 중, 즉 태초에 하나님이 천지를 창조하실 때, 즉 아담과 하와가 에덴동산에 있었고, 여기서 선 악과가 그 에덴 동산에 있었고, 여기서 왜? 그 하나님이란 분이, 그 에덴 동산에 그 선 악과를 놔두고, 그 아담과 하와에게, 그 선 악 열매를 따 먹지 마라고 하셨는가? 이는 보통 상식 적으로, 즉 집에서 자식들을 키우는 부모가, 그 집안 어디에다 독약을 놔두고 그들의 자식들 보고,

"나의 사랑하는 자식들아, 이건 독약이다. 이를 먹으면 죽으리니, 이건 먹지 마라라!"

즉 이런 말을 그 자식들에게 하며, 그 집안 어디에 첨부터 그런 독약을 놔두는 집이, 없지 않느냐? 이는 그 부모들 본인을 위해서라도. 즉 여기서 혹시나 그 약을 누가 먹고, 그 약 먹은 그 사람이 한을 품고 죽는

사고가, 생길 수 있쟌 습니까? 그래서 기독교가 말이 안 되는 것들 중 하나가, 즉 방금 설명드린 그런 내용도 된다 이말입니다. 저도 기독교를 안 믿을 땐, 이 세상에 신이 있단 걸, 인정을 안 했습니다. 그래서 기독교에서 말하는 창세기, 즉 그런 이론이, 지어낸 이야기이고, 또 기독교를 믿는 분들은, 즉 그런 본인이 본인의 그 현실을 피해, 이 세상에 없는 신인 하나님을 억지로 만들어서, 그 하나님 만을 붙잡고, 울고 불고 짜고 하는, 즉 그런 이상한 종교다, 그래서 사람이, 즉 개인적으로, 울고 불고 짜고 남에게 사정 잘하는, 즉 이런 사람들이, 이 세상에 없는 신인 하나님을 만들어 억지로 신이 있다고 주장하는 그런 종교가 기독교다, 이렇게 봐 왔었는데요. 그래서 그 당시엔 신이 있다고 인정을 안 했고, 그래서 옳은 종교가 불교다, 즉 이 세상에 모든 사람이나, 동, 식물 일체가, 즉 태어나서 살다가 죽어서, 다시 자연으로 돌아가고, 여기서 그 자연 속에서 생명으로 다시 태어나고, 이로 재수가 좋으면 사람으로 다시 태어나고, 이게 맞는 줄 알았습니다. 즉 여기서 불교에서는 왜? 앎을 추구 하느냐면, 그건 즉 이 세상에 신이 없고, 그래서 즉 사람과, 동, 식물, 이런 일체의 생명체들이, 태어나 살다가 죽고, 또 다시 태어나는 것이, 그냥 저절로 되는 자연적 현상이다. 여기서 유식 하면, 그것이 그 사람의 인격 완성이고, 이로써 다시 사람으로 태어 날 수 있다, 그래서 사람은 살면서 유식을 추구 해야 된다. 즉 이것이 불교가 앎을 추구하는 주된 이유입니다. 즉 사람으로 다시 태어나쟌 겁니다. 또 그들이 현제 사람의 몸으로 사는 것도, 즉 전생에 착한 일을 많이 했었고, 또 지식이 많았다 이겁니다. 즉 그래서 그 불교는, 즉 현실에서의 그 선 악의 행위에서, 여기서 선을 많이 쌓고, 또 지식을 많이 쌓자, 그래서 살면서 복도 받고, 또 그들 사후에 다시 사람으로 태어 날 수 있으니까, 즉 불교가 이런 이론이고, 즉 이런 이론을 인과응보라고 합니다. 큼! 즉 여기서 그 인과응보란, 즉 현제의 선 악의 행위가, 미래에 반드시 그 갚음을 받는다

이 검니다. 여기서 착한 행동의 결과 그 이후엔, 선과가 열리는, 복이 오고, 반면 나쁜 행동의 결과 그 이후엔, 악과가 열리는, 벌을 받는다, 즉 이런 인과응보 식이, 즉 죽고 나서 다시 몸을 받을 때, 그 어떤 몸을 받아 다시 태어나는데, 여기서 그 본인의 그 살아 생전에, 그 선, 악의 각각의 행위들에 따라, 다시 새 몸 받음에서 그 영향이 크다. 즉 그 인과응보에 의해서 새로운 몸을 받아 태어나는 식입니다. 즉 여기서 살아생전에 선한 행위가 많으면, 즉 좋은 몸을 얻고, 반면 악한 행위가 많으면, 안 좋은 몸을 얻는다 이검니다. 즉 여기서 종교가, 크게 무신론과 유신론, 이 2가지가 있습니다. 여기서 무신론은, 즉 이 세상에 신이 없다, 이런 생각인데요. 즉 여기서 그 분들은, 하나님이 있다고 인정을 안 하는 검니다. 즉 그런 분들은, 그 하나님은 어디서 오셨느냐? 이 답이 없지 않느냐? 다들 이런 식으로 말씀들을 하시는데요. 이는 제가 봐도, 이 점은 이상한 점으로, 이해가 안 가는 점이긴 합니다. 즉 이 천지를 만드신 그 하나님, 그 분은 또 어디서 오셨느냐? 즉 그분의 부모님은, 도데체 누구냐? 이 답이 없습니다. 일단 저도 모르고, 이는 교회 가서 목사님들도 모를꺼고, 또 그 교회 다니시는 분들 중에, 아무도 모를 검니다. 큼! 또 기독교 공부를 아무리 해 오신 분들도, 그 하나님이 어디서 오셨느냐? 이 답은 모를 것 같습니다. 즉 무신론 종교들이 생긴 이유가? 즉 그 하나님께서 어디서 오셨느냐? 이 답이 없으니까, 여기서 신이 이 세상에 없다, 이런 결론으로써 생각해 낸 종교들이, 무신론 종교들입니다. 무신론 종교들을 보면, 이 지구상에 동, 식물, 일체의 몸 있는 생명체들이, 그냥 자연 속에서 태어 났다가, 그들이 죽어서는, 자연으로 돌아가고, 또 그런 생명체들이 다시 태어나는 식이다. 즉 앞에 그 무신론 종교 강사분, 그 분의 생각 처럼입니다. 즉 이에 제가 봐도, 즉 이 천지를 창조하신 그 하나님은, 어디서 오셨는지? 이 답은, 이 세상에 없는 것 같습니다. 큼! 즉 그 하나님은 어디서 오셨느냐? 이를 모름에서 무신론 종

교가 생겼고,

"그래도 이 지구엔 신이 있다!"

여기서 기독교가 생겼고, 또는 알라신을 믿는 그런 종교도 생겼고요. 즉 여기서 그 하나님이 어디서 오셨는가는 모릅니다. 즉 기독교에서는, 이 세상에 하나님이 계시다 하고, 여기서 또 모르는 점이, 즉 이 기독교에서 주장하는 그 하나님은 왜? 1분뿐인가 왜? 신들이 여러 신들로써 그런 신의 인구가 많은 게 아닌가? 이도 안 풀리는 문젭니다. 즉 여기서 하나님 1분만 계시단 기독교의 주장인데요.

"하나님 믿으세요! 하나님은 당신을 사랑 하십니다!"

또는

"하나님을 믿기만 하면, 무조건 천국에 갑니다!"

또는

"하나님을 안 믿으면, 무조건 지옥에 갑니다! 하나님을 믿으셔야 됩니다!"

즉 각 교회에 소속이 된, 거기 목사님이나, 거기 단체 분들의 설교를 들어 보면, 즉 일단은 그들의 주장은, 이 하나님이 이 세상에 계시다, 그래서 그 하나님을 믿겠단 그런 마음의 등록을 해야, 그 분이 돌아가실 때, 천국에 간다는데, 여기서 하나님을 안 믿으면 무조건 지옥에 가니까, 여기서 아무리 좋은 일 많이 해도 지옥에 가니까, 그래서 그 하나님을 믿는 등록을 해야 만이, 천국에 간다고들 하십니다. 즉 앞에 설명드린 제가 어디 돌아 다니면서, 교회 단체 그 분들께 들었다는, 즉 그런 설교들의 내용들론, 이 세상에 하나님이 계시단게, 설명이 안 됩니다. 그래서 그런 설교로는, 그 설교 듣는 상대방이, 이 세상에 신이 있다는걸, 알지 못 합니다. 큼!

"이 세상엔 신이 있다. 난 그 신을 믿고, 착하게 살다 죽겠다!"

여기서 신이 있다는 증명이, 즉 몸 있는 일체의 생명체의 몸 속엔, 체내 마약이 분비가 됩니다. 이 체내 마약이, 전혀 분비가 안 되면, 그 생명체는 죽는 모양입니다. 여기서 사람을 예로 들어, 즉 이 체내 마약이, 즉 그 사람이 착한 일을 했다, 그러면 그 행동 결과에 따라, 그 일 이후에 그 사람의 몸 속에서, 그 분이 살 수 있게 되는, 체내 마약의 분비로, 그 분의 몸이 건강해 지고, 또 그 사람 주위의 형편들도 그 분이 살 수 있게 되 진다고 합니다. 이 반면, 즉 어떤 분이 나쁜 일을 했다, 그러면 그 행동의 결과 그 일 이후에, 그 사람의 몸 속에서, 그 사람이 살지 못하게 되는 체내 마약이 분비가 되는데, 이로 그 사람이 건강하지 않고, 또 그 분의 형편도, 그 분이 살 수 없게 된다고 합니다. 즉 사람들 각자마다, 그 개인의 몸 속에서, 즉 그 분의 선, 악의 행동 결과에 따라, 그 분비 되는 체내 마약 성분이 각 각 다릅니다. 즉 이런 식의 사람들 개개인들 마다, 각자 그 선, 악의 행위의 그 결과에 따라서, 그 사람의 몸 속에서 나타나는 그런 결과가, 즉 어떤 신이 조종하는 것이냐, 아니면 그냥 자연적인 현상이냐? 이 2문젠데요. 즉 이 체내 마약, 이 현상의 결과로는, 이 지구상에 신이 있다, 없다? 이를 확실히 알진 못 합니다. 즉 1+1=2 다, 또는 2+3=5 다, 즉 이런 식으로, 이 지구상에 신이 있다는 답이, 확실히 안 나옵니다. 큼! 즉 이 지구상에 신이 있어서, 그로 사람들 개개인의 몸 속에서 나타나는, 그 체내 마약 현상이, 어떤 신이 조종을 하는 것이냐? 아니면 신이 하는게 아닌, 그냥 자동적으로 되는 것이냐? 즉 이는 우리가, 알람 시계에 알람을 맞춰 놓고, 이에 그 시간이 되면 그 알람 소리가 울듯이, 즉 그런 식으로 자동적으로 짜여진 각본 데로냐? 즉 낮이 지나면 밤이 오고, 또 밤이 지나면, 낮이 오듯이, 즉 가만 놔둬도 항상 지구가 돌아가듯이, 그런 식으로 자동적인 것이냐? 즉 여기서 신이 있느냐, 없느냐? 이 2가지 관점으로 나누어 지겠죠? 즉 여기서 저도 이 지구상에 신이 있다, 없다? 확실한 말씀은 못 드립니다. 큼! 즉 앞에 설명드린, 즉 사람의 삶 속에서, 그 분의 그 선과 악의 행동 결과에 따라 나타나는, 즉 선행 이후엔 살게 되는, 반면 악행 이후엔 죽게 되는, 즉 그런 체내 마약 분비가, 각 각 일어나는데, 이 체내 마약 현상을 발견해 내서, 이를 학계에 발표를 성공하고, 이로 그 학설을, 세계적으로 인정을 받은 그 과학자, 그 분이 이 세상에, 반드시 신이 있다고 강조를 했다고 합니다. 큼! 즉 이 이론이, 그 학계에 발표된 때가, 90년대 중반 때입니다. 즉 그 때 그 학설 광고가 신문에 난 걸 보니, 즉 지놈 개놈, 이 개놈에 X표 하고, 그래서 지놈 게놈 프로젝트, 이런 광고였습니다. 당시에 그 광고를 보고, 당연히 뭔지 싶었죠? 여기서 나중에 그 이론을 알고 보니, 즉 방금 설명드린, 체내 마약과 관련이 된 이론인데, 즉 이 이론은 일반 마약과도 관련이 됩니다. 큼! 그리고 이 지구상엔, 마귀들이 있습니다. 그리고 이 지구엔 환각 현상이 있는데, 여기서 그 환각 현상의 5감, 즉 환청, 환시, 환후, 환미, 환촉, 이런 현상들. 여기서 사람 중, 즉 악한 사람이 존재합니다. 그들을 기독교에서는 원수라고 이름 합니다. 여기서 기독교에서는, 즉 원수, 마귀들이란, 이 2가지의 악한 존재들이, 이 지구상에 있다고 합니다. 즉 여기서 마귀란, 일체의 귀신입니다. 즉 조상 귀신, 부모 귀신, 자식 귀신, 총각 귀신, 처녀 귀신, 연예인 귀신, 등 등, 즉 여기서 마귀들이 왜? 마귀들이 됐느냐면, 여기서 기독교의 관점은, 즉 이 마귀들이, 원랜 천국인가? 즉 그곳 하늘에 있는 천사들이었다는데, 여기서 그 나라에서 무슨 죄를 짓고, 이 지구로 쫓겨난 천사들이 마귀들이라고 합니다. 큼! 이와 다른 이론이? 즉 인터넷에 퇴마사들 글을 보면, 즉 먼저 그들은 이 마귀를 악귀라 이름 합니다. 즉 그들의 이론은? 즉 이 마귀들이, 앞에는 이 세상에서 사람이었는데, 그런데 그들이 살면서 죄를 많이 짓고, 그로 죽어서 된 그 영혼들이, 저승에 가면 지옥에 가는게 겁이나, 저승에 안 가고 이 지구에서 배회를 하는 영혼들이 마귀들이라고 합니다. 큼! 그리고 어느 종교에서는, 이 마귀들의 수명이 1000년 이랍니다. 이 마귀들은 몸이 없는 영혼인데요. 여기서 마귀들은 사람 외에, 짐승, 벌레, 식물들 중, 어느 1곳에 들어가 그들이 집을 삼아도 되는데, 그런데 구지 사람의 몸을 선호합니다. 이는 왜냐면? 즉 사람들 외에 다른 몸 있는 생명체들 각기는, 즉 단순히 먹고 자고만 하니까, 그로 재미가 없거든요. 그런데 사람에게 붙으면, 그 사람은 여러 가지 일이 있고, 또 그 사람의 개인 생활이나, 또 여러 생활이 있으니까, 여기서 마귀들의 타고난 습성대로, 즉 그런 그를 지옥에 보내는 게, 가치가 있고, 재미가 있거든요. 즉 여기서 마귀의 집 된 사람 몸에 마귀가 30개 까지 들어 갈 수 있습니다. 그러나 그 초과로는 못 들어가는데, 이는 왜냐면? 그 집이 좁아서 그로 그들이 생활하기가 불편해서 그렇습니다. 또 마귀들도, 남 녀가 있습니다. 또 생김새도 각 각입니다. 즉 사람들이 각자 다르게 생겼듯이. 여기서 마귀들이 붙어먹는 그 사람에게, 그들의 드러낸, 진짜 그들의 모습은, 눈뜨고 못 볼 형상이라고 합니다. 여기서 하나님이 계시단건, 확실히 모르는데, 그런데 이 마귀들은, 확실히 있습니다. 또 원수들은, 마귀들의 추종자, 또는 마귀들의 종, 이런 검니다. 즉 여기서 마귀들을 믿는 종교도 암암리에 있고, 그리고 마귀들을 믿고 따르는 자들도 있습니다. 제가 알기로도, 전에 한국의 TV 자주 나왔던 한국 인기 가수 중, 마귀들의 종교를 믿고 따른다는 사람이 1사람 있다고 알고 있습니다. 즉 여기서 하나님이 계시단 걸, 인정을 못 하는 분들이 계신데요. 여기서 이 원수라는 악인들이, 우리들 주위에 있다는 건, 다들 인정을 하실 검니다. 즉 여기서 이 마귀들이, 이 세상에 있다는 걸 설명 드리겠습니다. 즉 여기서 정신과에서 말하는 조현병 증상 중, 환각 현상이 있습니다. 이 환각 현상이, 5가지의 감각으로 분류가 됩니다. 그건 즉 환청, 환시, 환미, 환후, 환촉, 여기서 이 환각 증상 각 각이, 즉 이 환각 환자 그 분 주위엔 아무런 자극이 없는데, 그 본인에게만 그런 자극이 있습니다. 즉 여기서 그 환각 증상들 중, 환청 환자가 최고 많고, 그 다음으론 환시 환자가 많습니다. 그 나머지 환미,

환후, 환촉, 이 3가지 각 각의 환자들은 드뭅니다. 여기서 이 환청 환자 경우는, 즉 본인의 귀에서 사람의 목소리가 들립니다. 그 환청 목소리의 크기는, 즉 주위의 사람 목소리 크기와 같습니다. 여기서 그 환청 목소리들에 그 환각 환자가, 그 분 주위에서의 실제 사람들 목소리와 구분이 안 갈 정도입니다. 그 환청 목소리 1개 이상이 다들 다릅니다. 즉 남자, 여자, 이런, 저런 목소리. 즉 이 비유가? 즉 우리들 주위에 사람들을 보면, 즉 그들 각자 목소리가 다 다르듯입니다. 이 환청 목소리가, 바로 마귀들의 목소리입니다. 여기서 마귀들이, 즉 그놈들 붙어먹는 사람에게서, 환각 현상을 안 주고 잠복 하는 경우도 있습니다. 즉 이 때도, 그 마귀들 들린 현상이 나타나는데, 여기서 그런 경우가 환각 현상이 나타났을 때 보다, 더 위험 할 때인데, 이는 왜냐면? 즉 그 마귀들 집 된 그 사람이, 그 마귀들 들린 그 사실을 모르는 경우가 많기 때문입니다. 그리고 그 환각 증상들이, 어느 1가지 만으로만 오지, 2가지 이상으로는 안 옵니다. 즉 그리고 그 환각 현상들 중, 환시는, 즉 그 마귀들 들린 그 사람에게 마귀들의 모습을 보인 것입니다. 또 환청은 그 사람에게만 마귀들 소리가 들립니다. 또 환미는 그 마귀들이 그들 들린 사람에게, 어떤 맛을 준 겁니다. 또 환후는, 그 마귀들이 그들 들린 사람에게, 어떤 냄새를 준 겁니다. 또 환촉은 마귀들이 그들 들린 사람에게, 어떤 피부적인 느낌을 준 겁니다. 즉 이런 식으로 마귀들 들린 사람에게, 그 마귀들 들린 현상이 나타납니다. 그리고 이 마귀들은, 사람으로 되는 것이 불가능 합니다. 그리고 이들은, 이미 지옥의 명부에 그들의 이름이 올려져 있어서, 나중 때가 되면, 그들은 다 지옥으로 가야 됩니다. 이들은 사람들을 볼 때, 질투, 샘, 이런 게 강하고, 또 한 사람 씩, 지옥으로 보냅니다. 즉 여러 명, 한꺼번에겐 못 합니다. 그리고 이들의 성질이, 잔인하고, 정이 없고, 파괴적입니다. 즉 여기서 그들은 그 사람의 돈, 죽음, 이런 걸 안 노립니다. 결국 그 사람이 예수를 안 믿고 죽게 해 영원한 지옥으로 보냅니다.

"마귀들은 우는 사자와 같이, 항상 삼킬 자를 두루 찾아 다닌다!"

여기서 그 당한 사람이, 결국 지옥에 갔다, 즉 그 붙어먹는 마귀들에게 이것이 확인이 되면, 그 다음 그와 같은 식으로, 또 새로운 1사람을 찾아 다닙니다. 큼! 즉 여기서 이 마귀들은, 하나님의 반대 세력들입니다. 즉 여기서 이 기독교에서 말하는 원수, 마귀들이 있단 건 증명이 됐습니다. 즉 여기서 하나님이 이 지구에 계시단 증거는 없습니다. 그런데 앞에 설명드린 그 과학자가, 즉 이 지구상에 반드시 신이 존재 한다는 것은, 이는 즉 그분의 확신이지, 그 분이 그 신을 본 것이 아닙니다. 그리고 그 분이 신의 음성을 들은 것도 아닙니다. 즉 그 신은 하나님인데, 즉 그 분이 이 세상에 하나님이 있단 걸, 증명을 해 낸 건 아닙니다. 즉 앞에 그 말도 그 분도 믿음 일 뿐일 겁니다. 큼! 저도 하나님의 모습을 못 봤고, 또 하나님의 음성을 못 들었습니다. 그래서 하나님이, 이 지구상에 계시단 건 모르겠습니다. 그 하나님께선, 몸이 없는 영혼이라고 합니다. 그 하나님께선, 원수, 마귀들을 이기시고, 또 그 원수, 마귀들을 관리 하신 답니다. 즉 여기서 그 원수, 마귀들이, 사람들 각자 1명씩, 지옥으로 보내는데요. 또 여기서 그 하나님께선, 즉 이 세상 모든 만물들을 사랑하시고, 또 그들을 천국으로 이끌어 주십니다. 또 그들을, 원수, 마귀들에게서 보호해 주십니다. 또 하나님께선, 사람들이 하나님께, 뭘 해달라고 기도를 드리면, 그 하나님께선, 그 일이 이루어 지게 해 주십니다. 또 하나님을 죽을 때 까지 믿으면, 그 하나님 믿는 그 등록 된걸로, 그 하나님께서는 그 사람의 영혼을 하나님의 나라인 천국으로 가게, 인도해 주십니다. 그 하나님의 처음은 알 수 가 없습니다. 그리고 하나님께서 이 지구, 더 나아가 태양계, 더 나아가 끝없는 우주, 즉 이런 것들을 다 만드셨을 껀데요. 그런데 그건 그렇더라도, 그런 것들이 처음 언제 만들어 졌느냐? 이는 겁이 날 정도로 상상이 안 갑니다. 즉 그런 하나님의 기원을, 알 수 가 없습니다. 보면 기독교 성경에서 말하는, 즉 이 지구의 처음이, 에덴동산 이라는데, 그러나 여기서 그 지구의 처음이란, 그 에덴동산이란 곳이, 있었단 증거가 전혀 없습니다. 즉 글로 기록 된, 성경책 내용 뿐이죠? 또 그 기록이, 진짠지, 가짠지 못 믿죠? 즉 그 옛날, 이 지구의 시초라는, 그 에덴동산이 있었다는, 아무 증거가 없기에, 이에 그 에덴 동산이 있었단 건, 못 믿습니다. 즉 그래서 하나님의 처음도 모르고? 또 이 지구의 처음도, 알 수 없습니다. 또 성경책 기록들도, 그 글로써는 그 글 내용이, 사실인지, 지어낸 예긴지? 알 수 가 없습니다. 그래서 그 성경책, 3000, 4000 바닥 짜리, 그 안에 글들 내용들도 못 믿습니다. 즉 그 성경 글이, 이스라엘 역사라는데요. 그래서 그 글을 읽는 사람이, 그 글 내용을 생각하기 나름입니다. 예수님께선, 요즘 17년으로부터, 2000년 전, 즉 인류를 구원 하시기 위해서 오셨다던데, 큼! 그 때 그 예수님으로 인해, 이 기독교가 안 만들어졌다면, 요즘 이 세상이 어찌 됐을까요? 그런데 그 예수님은, 어디서 오셨는가를 알 수 있는데, 즉 그 탄생 장소와 그 시기, 이런걸요. 큼! 그리고 하나님께선 인류를 구원하는 일을 하신다 합니다. 즉 역시 원수, 마귀들과 반대 세력이고, 여기서 하나님께선, 그 하나님의 일에, 쓸만한 사람은, 그 사람을 쓰신다고 합니다. 즉 그 쓰이는 본인이, 알게, 모르게요. 또 하나님께선 모든 몸 있는 생명체들을 다 사랑하신 답니다. 여기서 사람들을 하나님 믿고 죽게해 영원한 천국으로 보내는데, 여기서 하나님을 안 믿고 죽으면 지옥 가는데, 여기서 그 천국에 갈 영혼과 지옥에 갈 영혼을, 어떤 존재들이 데리러 온다는데, 여기서 지옥으로 데리러 온 존재들은, 아주 힘이 있고, 무서운 형상 이랍니다. 여기서 그 영혼이 그런 그들을 못 이긴 답니다. 여기서 그런 그 영혼들의 특징은, 즉 당연히 그 곳에 안 가려고 도망을 갈 수 있으면, 그 자리에서 도망을 가려 합니다. 아니면 마지막으로 그 데리러 온 존재들과 한 판 싸워서 이기려는 것도 있을 겁니다. 그런데 그 데리러 온 존재들에게서, 도망을 가고, 반항을 하고, 이런게 안 될 검니다. 여기서 그들이 지옥 가자고 데리러 왔으면, 거기서 그들의 손에 의해, 할 수 없이, 그들 따라 지옥으로 가야 됩니다. 큼! 그리고 거기 지옥엔, 1번 들어 가 놓으면, 영원히 거길 못 나온 답니다. 즉 거기 지옥이, 교도소 처럼 갇혀 있다 언젠간 사회로 나와서, 어딘가로 갈 수 있는, 그런 곳이 아니 랍니다.

"하나님을 믿기만 하면, 무조건 천국에 갑니다!"

어느 장소에서, 어느 교회 단체의 신도 분들 중. 큼!

즉 하나님을 믿기만 하면, 무조건 천국으로 빠진다는 게, 그 분들 주장이고, 즉 여기서 천국에 가는 건, 착한 일을 한 것과는 아무 상관이 없 답니다.

작문 하는 방법

•
•
•

　요즘 라디오에서 새로운 소식을 들어 보면, 즉 요즘 대한민국의 남, 녀, 노, 소 분들이, 글짓기에 관심들이 많다고 합니다. 큼! 좋은 현상입니다. 그런데 요즘의 그 한국의 분위기가 왜? 그런가 모르겠습니다. 큼! 즉 여기서 작문은, 결과적으로 글을, 잘 써냈느냐, 못 써냈느냐? 이게 문제입니다. 큼! 즉 여기서 글은, 주로 돌아 가실 때를 대비 해서, 이 세상에 본인의 글을 남기실 목적으로 씁니다. 큼! 또 이 외에 직업적으로, 남들에게 본인의 글을 읽히는 일을 하는 전문 작가로, 글 일을 할 수 있습니다. 그로 돈도 벌 수 있는데요. 그런데 이 글로 해서 돈 뚫기가, 아주 어렵습니다. 큼! 그리고 즉 속담에, 즉 살아선 부귀가 최고고, 죽고 나선 글이 최고 랍니다. 즉 이 뜻은? 즉 살아 갈 땐, 부자로 어딜 가나 귀한 대접을 받아 가며 사는게 최고고, 반면 죽어서는 글이 최고 랍니다. 즉 여기서 죽고 나선 부귀가 이 세상에 안 남는데, 여기서 살아 갈 때 이 세상에 알려진 글은, 잘 써도 인정을 못 받는데, 큼! 그런데 그런 글이, 그 글쓴이가 죽고 나서는, 그 글이 이 세상에 남는 답니다. 큼! 즉 이런 식으로 이 세상에 남은 작품이 많습니다. 즉 여기서 이 세상에 이름을 남기신 분들이 왜? 그렇게 됬느냐면, 즉 그런 다들은, 즉 글과 각종 학문, 예술 작품을 이 세상에 남겨 놓고 죽어서 그렇습니다. 여기서 인생은 짧고 예술은 길다고, 즉 이는 앞에 그런 것들이, 다 예술인 모양입니다. 즉 여기서 속담에, 즉 호랑이는 죽어서 가죽을 남기고, 사람은 죽어서 이름을 남긴다, 즉 여기서 동, 식물들, 일체의 다들은 이 세상에 태어나 살다가 죽어서 그 시체만을 남기는데, 여기서 사람이 살다가 죽어선 아무것도 못 남기고, 명예만을 남깁니다. 즉 여기서 명예라는 국어사전에서의 정의가, 즉 남들에게 본인의 칭찬거리가 알려진 것이다. 즉 여기서 본인의 칭찬거리가, 뭐가 있겠습니까? 즉 나쁜 일이 아닌, 좋은 일을 한 거죠? 즉 여기서 본인이 혼자 있거나, 아니면 누구와 1인 이상과 있거나, 즉 본인이 어디서 어떻게 누구와 있든지, 여기서 문제는? 즉 본인의 선과 악의 행실인데요. 여기서 본인이 어떤 일을 한다면, 이는 그 본인이 알고, 그 다음 하나님도 아시고, 또 사람 1분 이상이 알고, 또 이를 옆에서 째려보는 마귀들도 알고. 그리고 명예란, 즉 본인이 유명인이든, 일반인이든, 즉 그게 문제가 아니라, 즉 문제는, 남들이, 알든, 모르든, 즉 본인의 이런 저런 행실인데, 여기서 좋은 일은, 남들에게 본인의 자랑거리가 되고, 반면 나쁜 일은 남들에게 욕이 됩니다. 즉 여기서 명예는, 사람들이 그 예기를, 잘 안 합니다. 여기서 본인의 흉 같은 건, 남들이 잘 소근 거립니다. 원래 사람의 심리가, 즉 남들의 좋은 말 보다는, 흉 보는 걸 더 좋아 합니다. 여기서 본인 스스로의 행실에 선과 악이 있는데요. 여기선 선행이, 명옙니다. 반면 악행은, 불명옙니다. 여기서 그 사람의 선행엔, 결국 그가 잘살게 되고, 반면 악행엔, 결국 그가 못 살게 되고, 여기서 명예란? 즉 그 사람의 좋은 행실이, 곧 명옙니다. 여기서 그런 그 사람의 명예를 따질 때, 즉 그 사람의 글 재주 있는게, 이게 과연 명예인지, 아닌지? 여기서 글 재주가 있는 그 자체로는 명예가 아닙니다. 즉 여기서 그 예를 들어 봅시다! 큼! 즉 우리가 어느 지역, 어느 동네에서, 10년을 살았다고 칩시다, 즉 여기서 그 동네의 길을 빠삭하게 알죠? 즉 여기서 그 동네 길을 잘 안다는건, 착한 일을 한게 아니죠? 즉 이는 단순히 그 사람이 그 일을 잘 안다는 거지, 이 반면에, 즉 어떤 사람이, 즉 어느 지역, 어느 동네에 이사 온지, 1달이 안 됐다고 칩시다,

그러면 그 동네 지리를 모르죠? 여기서 그 사람이 그 동네 지리를 모르는 것, 이는 단순히 그 사람이 그 일을 모른다는 거지, 여기서 이와 같이, 그 어떤 사람이 그 무슨 일을 모른다고 해서, 그 사람의 명예가, 없는 것도 아니고, 그렇다고 그것이 있는 것도 아닙니다. 즉 여기서 그 사람이 무슨 일을, 알든, 모르든, 이에 따라 그 일을 알면 잘 하고, 반면 그 일을 모르면 못 합니다. 여기서 착한 일을 하면, 이게 곧 명옙니다. 즉 여기서 그 착한 일과 연결이 된 다른 문제인, 즉 그 사람이 그 무슨 일을 알고, 모르고, 즉 여기서 명예가 있고, 없고가 나오는데요. 그리고 여기서 명예란? 즉 무조건 착한 일을 하면 따라 옵니다. 즉 여기서 그 본인이, 그 할 줄 아는 일이 있으면, 여기서 그 일에 착한 일을 가미 시키면, 여기서 그 일을 잘 하면 잘 할 수 록, 명예가 따릅니다. 반면 착한 일을 해야 되는데, 무슨 일을 못 하면, 여기서 그 착한 일은 잘 발휘가 안 됩니다. 여기서 원수란 그런 악인이 아니라면, 사람으로선 누구나 착한 일을 하려고 합니다. 그래서 명예를 얻으려고 합니다. 여기서 사람이 무슨 일을 잘 할 수 록, 그 사람의 선의가, 그가 잘하는 일과 함께 발휘가 잘 됩니다. 그래서 그 일을 잘 하는데서 선의를 가지면, 즉 그런 사람들은 그 일의 그 선행이 잘 되기 때문에, 그래서 그런 사람 일 수 록, 명예가 높습니다. 그리고 여기서 아무리 유명인이라도, 즉 선행을 안 하고 악행만 하면 그럴 수 록, 그런 그 분은 불명예가 따릅니다. 큼! 즉 여기서 악한 일을 하려는 사람이, 일을 잘 한다고 가정을 해 봅시다! 즉 여기서 그 악한 마음으로 일을 잘 할 수 록, 더 악해 지겠죠? 즉 여기서 더 더 욱 불명예가 따르겠죠? 즉 여기서 선한 맘으로 기술을 쓰면 쓸 수 록, 명예가 오르고, 반면 악의로 기술을 쓰면 쓸 수 록, 불명예가 따릅니다. 즉 그래서 아무리 글 재주가 있어도, 그 자체는 명예가 아니라, 여기서 그 본인의 선한 마음으로 글을 써 세상에 내야, 그 작가의 명예가 따릅니다. 여기서 악한 마음으로 글 재주가 있으면 있을 수 록, 불명예가 따릅니다.

문제는 글의 내용인데요. 즉 여기서 본인이 선한 마음으로 글을 잘 썻느냐, 아니면 선한 마음이라도 글 실력이 부족했느냐? 즉 여기서 글을 잘 써내느냐, 못 써내느냐? 여기에 집착을 해야 됩니다. 즉 여기서 평론, 소설의 기초가 일기입니다. 그리고 본인이 이런 저런 책을 읽다가 보면, 그 본인도 책을 출판한 작가가 되고 싶어집니다. 여기서 그런 꿈을 꾸는 게 좋습니다. 즉 본인도 살아 가면서 내용이 좋은 글을 이 세상에 내 놓고, 또 그런 그 글을 독자님들께 인정을 받는 꿈을 꾸고, 또 본인이 죽고 나서도 그 인정을 받는 글을 이 세상에 남기겠다는. 즉 그리고 작가 지망생들이 큰 착각을 하는 점이, 즉 책을 1권을 출판을 해 놓으면 명예와 함께 큰돈을 번다, 즉 이런 착각을 합니다. 그런데 그렇지 않습니다. 먼저 이 돈 문제를 확실히 알아야 됩니다. 먼저 여기서 작가의 수입 부터 알아 봅시다! 큼! 즉 종이책 출판은, 먼저 그런 본인의 책을 1권을 내는데, 본인의 돈, 100만원 이상을 출판사 측에 내야 됩니다. 여기서 그 돈 100만원 이상은, 즉 그 본인 책의 그 종이 값과, 그리고 그 출판사 측에서 본인의 책을 내 주는 수고비입니다. 즉 여기서 글 내용을 출판사 측에게 줍니다. 여기서 그 드리는 방법은, 즉 컴퓨터로 글 내용을 찍어서, 상대 출판사 측 컴퓨터에 글을 보냅니다. 그 다음 그 작가와 그 출판사 측에서, 서로 의논 해서, 글 내용을 꾸밉니다. 또 책 디자인도 꾸미고, 여기서 그 작가 맘대로 그 책의 가격을 먹일 수 있습니다. 여기서 그 책의 가격을 먹이면, 그 책 값에서 세금이 나갑니다. 여기서 그 책들을 시중에 판매 함에는, 즉 심의 과정을 1번 거쳐야 됩니다. 이 심의 과정이 통과가 되야, 그 책이 전국 서점에 판매가 됩니다. 여기서 그 책 판매량에 따라, 작가에게 돈이 들어 옵니다. 즉 이는 1권당 판매 되는 값의, 3%에서, 10%가, 작가의 돈이 됩니다. 즉 이 예로, 즉 그 책 값이 10,000원이다, 그러면 3%이면 300원, 10%이면 1000원, 즉 그런 책 1권 판매에서 이렇게 계산을 하면, 즉 그 책들이 1년에 1000권이 팔렸다, 그러면 3% 받는다 치고, 300 X 1000 = 300,000원, 즉 3십만원이, 그 작가에게 떨어 집니다. 여기서 1만권이 팔렸다, 그러면 10만원에서, 0이 하나 더 붙인, 3백만원이, 작가 앞으로 떨어 집니다. 보통 1년에 1만권 정도가 팔릴 검니다. 여기서 출판사 측에선, 즉 저자들 책 내 주고, 그 1사람당 100만원 이상씩, 그 돈 받아 장사하는 곳이기 때문에, 그로 책 내용을 떠나, 일단 그 책 출판할 돈, 100만원 이상이 있어야, 책을 출판할 수 있습니다. 여기서 종이책을 전국 서점에 출판하는데는, 심의 과정을 1번 거치는데, 여기서 10만원 정도 추가로 드는 모양이더라구요. 또 이 북팔 싸이트의 수입을 보면, 즉

1. 유료 읽히기.
2. 정식 연제관.
3. 전자책.
4. 종이책 출판.

이들이 있는데요. 즉 이 1. 유료 읽히기는, 즉 쿠폰이 1개 판매 되는 데서 그 작가에게 오는 수입인데, 요즘엔 그 1개당 그 작가에게 50원이 떨어 집니다. 이 얼마 전엔 40원이었는데, 10원이 올랐습니다. 즉 여기서 1. 유료 읽히기, 2. 정식 연제관, 3. 전자책, 4. 출판사 종이 책, 즉 이런 곳들에서 벌이가 될 가능성이 있습니다. 그리고 이 북팔 측에 총 보유된 작가가, 3000명에서 5000명이 있다는데요. 즉 그들 중, 정식 연제를 맡아 하는 작가가, 300명 정도가 된다 하고, 그리고 여기 이 북팔 싸이트에 정식 연제는, 그 계약 기간이, 1, 2년이고, 매달 100원씩 받습니다. 그리고 나머지 전자책, 출판사 종이책, 이들은, 이 싸이트 회사와 다른 인터넷 글 작가 싸이트에서, 이 북팔 측과 연결이 된 데서 합니다. 그런데 거기, 타 글 작가 싸이트 들의 수입은 모릅니다. 여기서 전국 서점에 종이책이나, 또는 이런 인터넷 북팔이란 글 싸이트 측에서나 수입을 뚫기가, 아주 어렵습니다. 그런데 이 글 싸이트 측에서 보면, 즉 유료 읽

히기는, 돈이 안 되고, 보면 정식 연제관, 전자책, 출판사 종이책, 이 3군데 중에서 돈이 나오는 모양입니다. 이 외에 전자책과 출판사 종이책 쪽의 수입은 모릅니다. 즉 이런 식의 글 일에서 여러 수입원들이 있는데요. 큼! 그래서 이를 알고, 앞으로 작가 활동을 함에 있어, 그런 작가 생활에서 돈 벌기가 어렵다는 것을 감안을 하셔야 됩니다. 즉 여기서 작가의 수입원을, 다른데서 들어 오는, 그런 돈줄을 만들어 놓으시고, 글을 취미 생활 식으로 해야 됩니다. 즉 글 일에서 성공을 하지 않는 이상은, 그 일에서 수입 뚫기가 아주 어려우니까요. 제 경우, 책을 각각, 1권씩 해서, 총 2권을 내 봤는데, 그리고 그 2번 다 심의 과정을 안 거치고, 개인 판매로 했습니다. 여기서 상대 출판사는, 작은 인쇄소 같은 그런 출판사였고, 거긴 누구의 소개로 알았고, 그 출판료는 처음에 100만원, 그리고 그 책 페이지가, 150페이지 정도로 했고, 그 책 가격이 6000원, 130권 정도 찍어 주더라구요. 여기서 그 책을 판매 해 보니까, 총 30권 정도 팔고, 나머지는 다 공짜로 드렸습니다. 그 책을 돈대로 다 판다면, 6000 X 130 = 180,000 + 600,000 + 780,000, 즉 78만원 나옵니다. 이러니까 그 출판료 100만원에서 손햅니다. 그래도 30권 정도 판매 한 게, 많이 판검니다. 30 X 6000 = 180,000, 즉 18만원 정도 돈이 생겼네요. 여기서 어떤 분은, 책을 내서 수고 했다고, 10만원 주시고, 또 어떤 분은 1권을 사 가시며 5만원 1장을 주시기도 하더라구요. 즉 여기서 그 주위의 그 책의 대한 평가가, 즉 그 책이 잘 된 편이라더라구요. 또 서울대 나오셨단 어떤 분은, 어디서 그 책을 읽으셨다던데, 그 책이 잘 됐다 하시며, 저를 한번 만나 봐야 된다 하셨다 하더라구요, 그런데 그 분은, 그런 말만 있지, 실제 못 만났고. 2번째는 70만원으로, 앞에 그 출판사와 합의를 봤고, 그리고 그 2번째 책은, 그 첫번째 내지 8개월 정도 지나서 했고, 그 2번째의 가격이, 7000원이고, 그 책 페이지가, 210페이지 정도고, 책 권수 분량이, 130권 정도 나왔습니다. 이 2번 책들은, 1

권도 판매를 안 하고, 다 도서관이나, 정신병원이나, 그리고 제 주위 아는 분들이나, 그런 곳들에 다 기증 했습니다. 여기서 배달료, 갖다 드리기료, 다 제 돈으로 했습니다. 그렇게 그 책들을 받은지, 몇 일 만에, 다 처리를 했습니다. 책은 내용이 생명인데, 그런데 그 출판사 측에, 글 내용을 주면, 그 출판사 측에서 컴퓨터로 찍어 주던데, 그런데 그 글 내용을 그대로 찍어주지 않고, 그 컴퓨터에 글 내용을 옮겨 찍는 분이, 그 글자를 찍으면서, 그 분 좋을 데로, 글 내용을 변형시켜서 찍는게 있습니다. 그렇게 되면 글 내용이 약간 바뀌면서, 안 좋아 집니다. 그래서 작가가 그렇게 하지고 마라 해도, 그 출판사 측에선 그렇게 안 한다면서, 계속 그렇게 하는게 있기 때문에, 그로 그런 출판사 측에게, 그 작가의 글 내용을, 그 책에 옮기는 그 작업을, 작가가 바로 하는게 낮습니다. 구지 그렇게 해야, 그 작가가 의도한 글의 내용이, 그 책에 그대로 담김니다. 여기서 이 글 내는 일은, 즉 본인의 시간 관리를 잘하는 사람이, 글을 잘 낸담니다. 즉 이 예가, 즉 제 경우는, 즉 학교 다닐 땐 죽어도 공부를 안 했기 때문에, 이에 학교 공부는 모르고요. 그리고 20, 30대에, 중, 고졸 검정고시나, 그 외에 자격증 몇 개를 취득을 해 봐서 아는데, 즉 그런 공부를 잘하는 사람이, 글을 잘 뽑아냅니다. 즉 여기서 방금 설명드린, 그런 공부를 잘 하는거는, 즉 본인 시간 관리를 본인 스스로가 잘 한다는 증거거든요. 즉 방금 설명드린 그런 공부라든지, 그리고 작문 일이라든지, 즉 그날 하루 중, 본인에게 주어진 그 일 처리 하기 거든요. 여기서 남에게 배우는 일은, 즉 그 선생 분에게서 맡은 일거리를 처리를 해 가는 일 일 거고, 또는 본인 혼자 하는 공부라면, 즉 본인이 스스로 본인에게 일거리 주고, 그리고 본인 스스로 그 일 처리를 해 가감니다. 즉 하루 하루, 그날 주어진 숙제를 하기입니다. 즉 여기서 글을 씀에, 그 글 실력이 본인이 알게, 모르게, 생기게 하는 게, 일기 쓰기입니다. 이 일기를 씀에서, 본인도 모르게 하루 하루, 날이 갈 수 록, 작문 재주가 생깁니다. 즉 여기서 처음에 일기를 어떻게 쓰느냐? 그건 즉 30분 정도 알람 시계에 알람을 맞춰 놓고 글을 씁니다. 여기서 어떻게 쓰시든지 간에, 그 30분 알람이 울 때 까지, 끝까지 글 일을 합니다. 이 처음 일기 쓰기 시작 점에서, 30분 정도가 좋을 겁니다. 즉 이런 식으로 하루 하루, 어느 정도 가다가 40분으로 늘리기, 또 그런 식으로 어느 정도 가다가, 50분 으로 늘리고, 또 그런 식으로 가다가 1시간으로 늘리기, 즉 어느 정도씩 분수껏 단계적 그런 과정을 쌓고요. 즉 그런 식으로 작문 시간대를, 조금씩 조금씩, 분수껏 늘림이 좋습니다. 즉 이런 식으로 일기를 매일 씀이, 중요합니다. 다음은 평소 독서를 많이 해야 됩니다. 즉 여기서 그 본인이 읽어야 될 방향의 책이 있습니다. 이 예가, 즉 종교적으로 보면, 즉 불교 신자와 기독교 신자, 즉 이런 각각의 분들이, 그들의 그 종교 분야의 책만을 읽습니다. 또는 본인의 직업적인 분야나, 또는 좋아하는 분야, 즉 그런 본인이 원하는 분야의 책을, 즉 본인의 지식 쌓음에도 그렇고, 또 본인의 작문력 쌓음에도 그렇고, 그래서 본인이 본인에게 필요한 책을, 많이 읽어야 됩니다. 여기서 종교가 있는 게 도움이 됩니다. 이에 한국 종교는, 크게 불교와 기독교로 나뉘는데요. 여기서 종교의 처음은 그 종교의 선택입니다. 보면 불교를 믿다가 기독교로 개종하신 분들이 꾀 있습니다. 저도 그렇고요. 그런데 기독교를 믿다가 불교로 개종하신 분은, 1분도 못 봤습니다. 즉 그런 분은 극히 드물거나, 아예 없는 모양입니다. 즉 제 경우는, 불교를 오래 믿다가, 기독교로 개종한 게, 즉 이 기독교를 믿음에서 앞에 불교 믿었던 것이 의도와 달리, 기독교를 믿는 기초가 됩니다. 여기서 종교를 가지고, 그 종교를 의지 함이 좋습니다. 또 여기서 본인을 알아 주는 사람이 1명 이상 있는게 좋은데요. 즉 여기서 기독교는 결혼을 해야되고, 즉 이런 식의 남자 분은 상대 여자 1분을 믿고, 반면 여자 분은, 상대 남자 1분을, 서로 믿고 서로 알아 준다는 게, 중요하긴 한데요. 여기서 배우자들 끼리는, 내나 같은 본인 일 겁니다. 여기서 그들 부부의 자식들도 남 일 겁니다. 여기서 그 외에, 일체 사람들은 다들 남들입니다. 그리고 작문을 함에, 적당한 크기의 공간인 방 안에서, 본인 혼자만 있는 곳에서 작문을 하는게 좋습니다. 여기서 작문할 장소가, 조용한 곳이 좋습니다. 아무래도 사람들과 있는 중, 작문을 한 참하던 중, 옆에서 누가 말을 걸어 오기라도 해서, 그 분에게 말대답 해 주고 나면, 글 나오던게 중간에 끊깁니다. 그래서 작문을 함에, 본인 혼자 있는 공간이 좋습니다. 여기서 그 옆에 누구와 같이 있는 공간에서 작문 중에, 옆에서 말 걸어 오지 못 하게, 그 주윗 분들에게 눈치를 주는, 그렇게 해 놓으면 거기 분들이, 알아서 안 건들더라구요. 저에겐 특히나 이 재수 없는 마귀놈들이 붙어 있어서, 여기서 이 놈들이, 제가 글 일을 하는걸, 그들의 목소리로 방해를 해, 그로 그 놈들의 목소리 방해를 안 받기 위해, TV나, 라디오 소리에 파 묻혀 글을 씁니다. 큼! 또 이 마귀들이, 저의 귓구멍으로 들어와, 정신 없게 글 일을 방해 하는 그 방해를 덜 받기 위해, 여기서 귀마개를 사용 합니다. 이걸 공부해 옴에, 그 중간부터 주위 누구에게서 알고부터 해 왔는데요. 여기서 이 귀마개의 사용 용도가, 작업 집중용 이거든요. 그리고 수면 때, 주위에 방핼 덜 받기 위해. 그리고 또 몸 움직이는 무슨 일을 할 때, 그 작업 집중력을 높이는 용도들로, 귀마개가 사용 됩니다. 그리고 밖에 나다닐 때 귀마개를 하고 다니고, 집에서는 보통 일을 할 때 일 집중용으로 귀마개를 쓰곤 합니다. 또 제가 작업을 하는 방엔, 빨강 전등을 켜 놓습니다. 이도 분수를 지켜 이룬 겁니다. 이는 왜냐면? 즉 원래 빨강색이, 병마와 악귀를 쫓는 답니다. 그래서 중국 국기나, 또 그 나라 사람들이 빨간 옷을 잘 입는 이유가 그런 겁니다. 제 경우는, 좀 어지르고 그걸 곧바로 치우고, 그렇겐 잘 안 하고요. 즉 어질러지면 그대로 놔두고, 그리고 글 일을 다 보고, 한꺼번에, 싹 치우는 식입니다. 또 제가 안경을 쓰는데, 여기서 안경알에 빨강색을 70% 넣어 사용 합니다. 이는 왜냐면? 즉 그 빨강색이 마귀들을 쫓으니까요. 그로 마귀들을 이기고, 재수도 좋아 지라고. 이 빨강 안경알도, 분수를 지켜 뚫어 놓은 일입니다. 여기서 작문을, 제일 편한 자세로 씀이 좋습니다. 저는 누워서, 미리 줄 그어둔 그런 준비된 원고를 벽에다 대고, 연필로 그 메모장에다 그 내용을 먼저 쓰고, 그 다음 그 원고 메모를 정리를 해서, 글 내용을 준비 해 두고, 그 다음 테블릿으로 찍을 때, 그 원고를 보고, 글을 찍습니다. 즉 전에 글을 찍을 땐, 앉는 상에서, 테블릿에다 글을 찍었는데요. 그런데 요즘은, 밑에 받침대 위에 테블릿을 올려 놓고, 서서 찍습니다. 이 일기 글의 장르는 에세이입니다. 여기서 이 일기를 쓸 줄 알아야, 다음 평론을 쓸 수 있고, 그리고 소설도 쓸 수 있습니다. 여기서 이 일기는, 즉 1개의 주제에, 육하원칙을 맞춥니다. 여기서 주제가 없으면 글을 못 씁니다. 이는 왜냐면? 즉 글의 내용이 없으니까요. 여기서 주제란, 즉 글 짓는 사람이 알고 있는, 무슨 이야깃 거립니다. 또는 그런 주제를, 영감, 필, 이런 걸로도 이름 합니다. 즉 이는 앞에 오래 전 부터 본인이 살아오면서 알고 있던 이야기도 있고, 아니면 새로 알게 되는 이야기도 있고, 여기서 사람이 일상을 살아가다 보면, 뭔가 본인이 알게 되는 게 옵니다. 그것을 주제라고 합니다. 여기서 그 주제를 구함에, 그 주제를 메모 해 놓는게 중요 합니다. 그래야 그 떠오른 주제를, 안 잊어 버리니까요. 만약 그 떠오른 주제를 메모 안 해 놓으면, 그 떠오른 주제를 잊어 버리고, 그리고 그렇게 잊어 버린 주제는, 언제 다시 생각날지 모릅니다. 여기서 그 주제에 따라, 정상적으로 글을 써 냄에 있어, 그 글의 내용이 긴 것이 있고, 짧은 것이 있습니다. 여기서 내용이 긴 주제는, 보통 책 1권 분량으로 나오고, 보통은 3, 4바닥 분량으로 나오고, 짧으면 1바닥 정도로 나옵니다. 그리고 그 떠 오르는 주제를 바로 메모 하는 것을, 즉 밖에 돌아 나다닐 때는, 즉 볼펜이나, 연필, 이런 것들과 메모장, 즉 그들을 항상 소지 하고 다니면서, 어느 순간 갑자기 떠 오른 주제를, 그 메모장에다, 대충 메모를 해 놓습니다. 그 다음 그런 메모들 중, 1개를 골라, 작문을 합니다. 여기서 글을 쓸 때 글 주제를, 1개로 써야 됩니다. 즉 2개 이상의 주제로, 1가지의 글을 써 내면, 2가지 이상의 이야기를 한꺼번에 하는 것과 같이, 정상적인 글이 안 나옵니다. 그리고 그 떠오르는 주제의 양을 살펴 봅시다! 큼! 즉 여기서 어려운, 그런 여러 각종 문젯점들을 만났을 때, 그 때가 알고 보면, 재밋고, 흥미 진진한, 그런 때입니다. 즉 그런 곤경에 처하면, 그 때 본인의 머릿 속에, 오만가지 잡생각들이 떠 오릅니다. 즉 안 풀리는 문젯거리들이 한 꺼번에 밀려 오는, 즉 머릿 속이 복잡해 집니다. 그런데 그 복잡한 생각들 하나 하나가, 다 주제입니다. 그것이 하루에, 100개 정도도 떠오릅니다. 즉 그 때 떠오르는 주제들이 많다는, 그건 풀어야 할 문제 꺼리가 많다는 예기고, 여기서 그 많은 주제들이, 그런 문젯점들 입니다. 여기서 그 문젯점들 중에, 풀리는 게 있고, 반면 못 푸는게 있고, 여기서 그런 문제 처리가 문젠데요. 즉 그런 문제들을, 1개씩, 1개씩, 풀어 내면 더 재밋습니다. 반면 조용히 지낼 때, 즉 어려움 없이 무사히 하루 하루 잘 지낼 때, 그럴 때는 주제가, 작게 떠 오릅니다. 보통 그럴 때 일주일에, 3, 4개 정도 떠 오르고, 작게는 일주일에 1개 떠 오릅니다. 큼! 보통 우리가 살아가면서, 돈도 있고, 이에 주위에서, 누가 감히 그런 본인을 건드는 사람이 없고, 즉 문제가 없을 때, 그런 땐 머릿 속에 주제가 안 떠 오릅니다. 이는 왜? 그런가면, 즉 문제 없는 삶일 때는, 말 그대로 풀어야 될 문제가 없는 것입니다. 그래서 그런 풀 문제 자체가 없으니, 그로 알게 될게 없어서 그렇습니다. 여기서 그럴 때가 알고 보면, 시시하고, 지루 하고, 재미가 없을 땜니다. 그리고 그 주제에다가, 육하원칙을 맞춰 씁니다. 여기서 그 육하원칙이란? 즉 누가, 언제, 어디서, 무엇을, 어떻게, 왜, 이 6가지의 이유들입니다. 여기서 그런 1개의 주제를 육하원칙에 맞춰 작문을 해 봅시다! 큼! 즉 여기서 주제는, 작문이라고 합시다! 즉 여기서 먼저 짚어 볼게, 즉 육하원칙의 작문 순서가 있는데, 즉 1. 누가, 2. 언제, 3. 어디서, 4. 무엇을, 5. 어떻게, 6. 왜, 이 각각에게 번호들을 먹여 나열 했습니다. 여기서 육하원칙의 작문 순서를, 즉 4. 무엇을, 1. 누가, 2. 언제, 3. 어디서, 5. 어떻게, 6. 왜, 이 순서로 하시는게 좋습니다. 즉 여기서 이 육하원칙 순서에 맞춰, 작문을 풀어 봅시다! 즉 여기서 주제는 작문입니다. 즉 4. 무엇으로 작문을 하느냐? 이런 식의 문구를 1개 만들어서, 그 문구에 본인의 아는 것, 그것을 맞춰서 글 내용을 빼 냅니다. 그리고 여기서 그 내용이 더 안 나오면, 그 다음, 방금 육하원칙 순서에서 2번째의, 즉 1. 누가 작문을 하느냐? 즉 이런 식의 문구를 1개 만들고, 그 다음 그런 문구에 맞춰서, 본인의 생각에서 글 내용을 뽑아 냅니다. 그리고 그 부분의 작문을 다 하고 나면, 그 다음은, 2. 언젭니다. 즉 언제 작문을 하느냐? 즉 이런 문구를 또 1개 만들고, 그 다음 같은 식으로 글을 뽑아 냅니다. 이 다음, 3. 어디서입니다. 즉 여기서 어디서 글을 쓰느냐? 즉 이런 문구를 1개 만들고, 그 다음 그 문구에 맞춰, 또 글을 뽑아 냅니다. 즉 여기서 그 내용이 더 안 나오면, 그 다음, 5. 어떻겝니다. 즉 어떻게 작문을 하느냐? 즉 이런 문구를 1개 만들고, 그 다음 또 글 내용을 뽑아 냅니다. 그리고 그 부분의 내용이 더 안 나오면, 그 다음은, 6. 왜로 넘어 갑니다. 즉 왜? 작문을 하느냐, 즉 이런 문구를 1개 만들고, 또 그 다음 그 문구에 맞춰, 내용을 뽑아 냅니다. 즉 여기서 그 마지막 부분에서, 아무리 생각을 해도 더 내용이 안 나오면, 여기서 이 작문이란 이야기가, 글로써 끝이 난 겁니다. 즉 이로써 하나의 작문이란 이야기가, 글로써 완성이 된 겁니다. 즉 이런 식으로 완성된 글이, 일기입니다. 제가 아직은, 평론, 소설은, 안 써 봤지만, 여기서 평론과 소설 쓰는 방법을, 제가 아는걸, 독자님들과 같이 풀어 본다면, 즉 평론 글 쓰기 방법을, 즉 인터넷 속에서 찾아 보니, 그건 즉 1개의 주제에, 세부적인 몇 가지 주제로 나눠서, 그리고 그런 여러 가지 주제들, 그 각각 1가지 씩의 주제에다, 앞에 설명드린 그런 육하원칙에 맞춘, 그런 일기 글의 모음이, 평론이 랍니다. 여기서 글의 종류 중에서, 평론이 최고로 무서운 글이 랍니다. 여기서 평론으로 누굴 죽이는 내용을 써 놓으면, 이런 점에 글 종류들 중에서, 최고 무서운 글이 랍니다. 이제 소설 쓰기를 알아봅시다! 큼! 여기서 소설은, 즉 그 주제에 따라, 여러 가지가 있습니다. 그 종류들을 보면, 즉 본인 인생의 예기를 주제로 잡으면 자전 소설, 또 옛 중국에서 무술 하는 걸 주제로 잡으면 무협소설, 그리고 현대의 건달들 예길 주제로 잡으면 현대 무협, 또 남 녀 간의 사랑 예길 주제로 잡으면 로맨스 소설, 또 옛 시대의 이야길 주제로 잡으면 역사 소설, 등 등 입니다. 즉 소설은, 기승전결이 된 글입니다. 여기서 기승전결이란, 즉 서론, 본론, 결론 입니다. 즉 처음, 중간, 끝입니다. 여기서 그 내용을 어떻게 뽑아 내느냐? 그건 즉 먼저 전체적인 주제를 1개 정합니다. 여기서 그 주제가, 작문이라고 합시다! 여기서 즉 서론, 본론, 결론을, 그 작문이란 주제에 맞춰, 글을 뽑는데요. 즉 앞에 설명드린 일기 글 쓰기에서의 육하원칙의 그 6가지들 각각 1개 씩을, 즉 작문이란 주제에 맞춰, 글을 뽑아 냈듯이, 그 글 내용을 뽑아 냅니다. 즉 여기서 처음의 작문은, 어떻게 하느냐? 즉 그런 처음 작문이란? 그런 문구를 1개 만들어서, 그 문구에 맞춰, 글 내용을 뽑아 냅니다. 그 다음 그 내용이 더 안 나오면, 이 다음은 중간이란, 그 부분을 처리 해야 되겠죠? 그러면 그 중간에 그런 작문이란? 그런 문구를 1개 만들어서, 그 문구에 맞춰 글 내용을, 뽑아 냅니다. 즉 여기서 그 부분의 글의 내용이 더 안 나오면, 그 다음은 끝부분을 할 차롄데요. 여기서 즉 끝의 작문이란? 즉 이런 문구를 1개 만들어서, 내나 글의 내용을 뽑아 냅니다. 즉 이 끝 부분의 내용이 더 안 나오면, 여기서 작문을 그치고, 여기서 이 작문이란 주제의 전체적인 글 내용의 원고가, 완성이 된 겁니다. 큼! 이 다음 그 내용들 중, 그 안에 주젯 거리들을, 또 다시 찾습니다. 여기서 그렇게 나온 주젯 거리들 중, 1개 씩으로 해서, 다시 그 육하원칙에 맞춰 씁니다. 즉 그런 식으로 만들어진 전체적인 글이, 소설입니다. 여기서 내용이 짧으면, 단편, 길면 장편입니다. 여기서 일기 글을 씀에서 세부적으로 할 점이, 즉

  1. 나는, 오늘, 이 글자들은, 되도록 안 씀이 좋습니다.

  2. 일은 일어 났던, 순서대로 쓰는게 좋습니다.

  3. 글 내용 중간에, 누군가의 생각이나, 또는 누군가들이 서로 대화가 오, 가는 부분, 즉 그런 부분들은 잘 케치를 해서 써 내는데, 여기서 그런 부분들도, 안 쓸 부분은 안 써야 되고요.

  4. 그리고 삼다 라고, 즉 많이 읽고, 많이 쓰고, 많이 생각 하고, 즉 여기서 좋은 글이 나옵니다.

제 경우는, 일기를 성실히 쓴지 1, 2, 3, 4년 이 매년 연말이 되면, 그 한 해 동안 써 모아 놓은 일기 글들을 다 읽어 봅니다. 4번 반복적으로요. 여기서 그런 식으로 읽은 일기 내용이, 너무 안 좋습니다. 다음 5년 부터는, 약간 내용이 잡힙니다. 그 다음 6년, 7년, 8년으로 되니, 작문 실력이 약간 생기고, 또 그 다음 9년, 10년, 이런 세월 부터는, 그 글을 남들에게 읽혀도 되겠다 하는, 그런 판단이 섭니다. 그 다음 11년, 12년, 13년, 14년, 이런 식으로, 계속 활동해 가면 갈 수 록, 그 일을 더 잘 합니다.

북도발

•
•
•

　김정은, 북한 측의 왕인데, 이 분이, 진짜 남한에 핵전쟁을 일으킬 것 같다. 즉 남한의 무력통일이 목적인 것 같다. 즉 이 분이 그 남침의 무력 통일을, 그 분 일생의 숙제로써, 이 남한의 무력 통일을 이루려는 그런 뜻을 품고 있는 것 같다. 즉 여기서 사람이 이 세상에 태어난 것이, 즉 본인이 원하지 않았고, 또 본인이 어디서 왔는지 모르게, 이 세상에 태어나 있고, 또 본인이 이 세상에서 살다가 죽고 나서, 또 어디로 가는지 모른다. 김정은, 그 분의 종교가 뭔지 모르는데, 여기서 즉 무교, 불교, 기독교, 등 등, 즉 각 종교들이 다름에서, 그 믿는 사람의 죽고 나서, 그가 어디로 가는지? 그 길이 다르다. 즉 종교가, 각 교리대로의 사후를 보는 관점이 다르다. 그래서 김정은, 그 분의 종교가 뭔지 모르니까? 그 분의 사후의 대한, 어떤 생각을 가지고 계신지 모른다. 그런데 문제는 김정은, 그 분이 남침 무력 통일을, 그 분의 일생을 걸고 이루려는 야망을 품고 있는 것 같다. 즉 그 분이 북한의 정권을 승계 받아, 그 북한의 왕이 되는데, 원래가 왕이 누구냐에 따라서 그 나라가 어떻게 돌아가지느냐가 달려 있다. 즉 그래서 그 왕 맘대로 그 나라의 일이 꾸며진다. 즉 여기서 이번에 김정은, 이 분을 보면, 즉 남침 무력 통일, 이 일을 목적으로 조금씩 조금씩, 이 일 밑에 준비를 계속 갖춰 온 것 같다. 여기서 이 증명이, 즉 2000년 초에 있었던 연평도 북도발 사건, 이 북도발 사건이, 그냥 심심해서, 장난으로 그런 일을 벌려 놓을 리 없다. 이 연평도 북도발 사건, 그 다음 그런 잔잔한 북도발 사건들이, 몇 차례 더 있고, 그 다음 진짜 남침 무력 통일의 목적에 핵전쟁이 일어날 것 같다. 일단 남침 무력 통일의 그 일을 이루려는 그 목적을, 정해 놓을 것이다. 그리고 그 일을 이루기 위해서는, 그 일의 밑에 준비를 갖춰야 된다. 그러니까 그 일 밑에 기초를 쌓아 놔야 된다. 그러니 전에 연평도 북도발 사건이, 북한의 남침 무력 통일의 그 시발점이다. 그 연평도 북도발 사건, 즉 북한이 그런 식의 남침 도발을, 몇 차례 더 하고, 그 다음 김정은, 그 분이 계산하는 어느 계산 된, 몇 번의 반복적인 그 횟수의 그런 선 이상의 잔잔한 도발이 되고 나면, 그 다음 수로 핵전쟁을 일으킬 것 같다. 그 연평도 사건이 일어나고, 그 다음 세월이 흐른 요즘은, 17년도인데, 아마도 그 연평도 사건 때가, 요즘으로 부터 10년 정도 전일 것 같은데, 맨 처음 연평도 북도발 사건 그 이후에, 3, 4년간 잠 잠 하다가, 그 다음 TV, 라디오, 그 외 각 메스컴 들에서 보도 되는 소식이, 즉 당장 북한이 남한을 상대로 핵전쟁을 일으킨다는 소식이 있었는데, 그러니까 이 대한민국 안에 살고 있는 국민들, 누구든지 간에 다 죽는다, 즉 이런 소식으로, 나라가 불안했었습니다. 즉 요즘이 17년도인데, 즉 앞에 설명드린 그런 식의 나라가 불안하던 때가, 요즘으로 부터 4년 정도 전일 겁니다. 즉 그 때 당시 제가 돈이, 꽉 쫄려 있었고, 그 때 어디 객지에서 노숙자 생활이었고, 또 그 때 제가 쓰던 스마트 폰이 없었고, 여기서 노숙인 무료 공동 숙소, 거기 가입을 해서 거기서 엊혀, 근근히 하루 하루 지내던 그러던 어느 주일날 오전에 어느 교회에 오전 예배 중, 거기 대강당 예배당에서 목사님이 하시는 그 설교 내용이.

"북한이 남한에 전쟁을 일으킬 것 같은데, 우리 모두 이 전쟁만은 일어나지 않게, 하나님께 간절히 기도 드립시다!"

"웅성 웅성!"

곧 그 목사님과, 거기 예배당에 만원으로 계시던, 성도 분들에게서,

뭔가 중얼중얼하는, 기도 소리들이 들립니다.

'아, 진짜 전쟁이 일어 나는가? TV 나, 그런 메스컴에서, 북한이 전쟁 일으킨다는 소식이 나오는 모양이네! 이 분들이 저러시는 것 보니까. 아, 진짜 전쟁이 일어날 모양인데, 큰일이네!'

그날 공부를 하고, 또 내일 공부를 해야 되는데, 이 공부를 해 봐야, 곧 전쟁이 일어난다고, 저 분들이 저러시는데, 그 공부가 손에 안 잡힙니다.

'아, 좀 살아 볼라 쿠니까, 전쟁이 일어난다는구나! 아 참, 딴 게 겁나는게 아니고, 전쟁이 겁이 나는구나!'

그 살벌한 죽음의 공포가 엄습하고, 답이 없습니다. 여기서 살아 가는데서, 공부하는 그 의욕의 상실감, 좌절감이, 밀려오다가, 그래도 성실히 해 가던 그 공부를 해 가다가,

* * *

그날 하루 이틀 지나서.

아침 5시 경에, 어디에 있는 무료 급식소에 아침을 얻어 먹으러 갔는데, 그날도 그 무료 식당에 무료 식사 하러 오신 노숙자 손님들이, 만원이었고, 거기 무료 식당은, 한번씩 거기 목사님이 나오셔서, 거기 무료 식사 하러 오신 노숙자 손님들을 상대로, 어떤 주제를 가져오신 것 가지고, 그 문제에 대한 이야기를 잠깐 하시고 하는게 있는데, 그러고는 거기 계신 분들, 다들 잠깐 기도드리고, 식사 하는데, 그날도 그 곳 목사님이, 그런 식으로 나오셔서, 거기 무료 식사하러 오신 노숙자 손님들에게, 마이크로 하시는 말씀이,

"북한이, 곧 전쟁을 일으킬 것 같습니다! 이 전쟁만은 일어나지 않게 다 같이 하나님께 기도 드립시다!"

'아, 요즘도, 계속 TV 나, 이런 메스컴에서, 북한이 남침 핵 전쟁을 일으킨다는, 그런 소식이 있는 모양이네! 아, 큰일이네! 내가 죽는단 말이

가?'

또 죽음의 공포가 엄습합니다.

곧 그 목사님께서 어떤 기도문 내용으로, 기도 말씀을 하신다. 거기서 저는, 같이 기도를 안 하고, 그냥 자리에 앉아 있었습니다.

엊그제 주일날 교회에서, 그런 북한의 남침 전쟁 소식이 있었고, 거기서 크게 놀랐는데, 또 그런 소식이, 이 무료 급식소 교회에, 거기 목사님에게도 그런 소식을 접하니까, 여기서 그런 교회 목사님들이, 심심해서 장난 칠려고, 그런 말씀들을 하실 리 없고,

'아, 진짜 북한이 쳐들어 올 것 같다! 큰일이네!'

그 때 진짜 전쟁 위협의 문제가, 심각 했습니다. 이 2번째 북도발 전쟁 소식 이 다음, 제 주위 각 각 1분씩, 몇 분에게, 즉 북한이 남한을 상대로 전쟁을 일으킨다는 말을 꺼내 봤습니다. 여기서 그 분들의 대답들을 들어 보면, 즉 겁이 나긴 나는데, 설마 그것이 일어나겠나? 그리고 일어난다면, 할 수 없이, 다 죽겠지? 이런 식입니다. 이럴 사이에 하룬 낮에, 어디 사무실에 TV 틀어 놓은 것을, 지나다니다 보면, 즉 북한이 곧 남침을 할 것 같은데, 이에 우리 남한은, 어떻게 대처를 할 것인가? 그런 내용이던데요.

'아, 진짜 북한이 쳐들어 올 것 같다! 큰일이네!'

그렇게 한 일주일 정도 있다, 하루는 밤 10시경, 내나 그 지역 안인, 그 노숙인 무료 공동 숙소에서, 그 때도 무슨 개인적인 일 하던 중, 거기에 TV가 켜져 있었고, 마침 나온 그 방송이 뉴스인데,

'과연 요즘 TV가 어떤가? 보자!'

요즘 북도발 전쟁 공포 소식이 있어서, 그 TV를 봤습니다. 그 뉴스를, 10, 20분 가만 끝까지 보니, 그 내용이, 즉 북한의 각 모든 도, 즉 평안도, 황해도, 등 등, 즉 그런 곳 곳에 미사일 배치를 해 놓고, 그 미사일 쏠 준비를, 다 해 놨답니다. 또 그 당시 김정은 그 분이, 김일성, 김정일

생일잔치, 그 외에 북한 안에, 큰 행사들을 많이 벌린다고 합니다. 그 뉴스에서, 그 소식에 대한 대강의 설명이, 즉 북한이 곧 남침 전쟁을 일으킬 준비를 다 했는데, 여기서 그 전쟁 일으킬 분위기가 살벌하니까, 그로 그 분위기를 그대로 놔두면, 남한이 그 분위기에 위협을 느껴! 그 다음 수로 남한이 그 전쟁 방어 준비를 하기 때문에, 그로 북한이 그걸 막기 위해, 먼저 걸어 놓은 1 수 랍니다. 원래는 그런 큰 행사들을, 그렇게 많이 할 필요가 없는데,

'아, 그 교회 2군데의 말이 맞구나! 아무래도 북한이, 요즘 김일성 생일이다, 그런 행사가 많은 게, 진짜 전쟁을 일으킬 것 같구나! 흠? 아마도 수일 안에, 진짜 전쟁이 일어 날 것 같은데, 큰일이네!'

놀라서! 글 작업 관련 공부 일에, 손에 볼펜, 노트, 들고 있던걸, 손에서 떨어트릴 정도였습니다. 그 때 제 옆에, 그 노숙인 무료 숙소, 그 사무실 카운타 안에, 거기 남자 직원 1분이 그 카운타를 지키고 있던데, 그 분에게.

"곧 전쟁이 일어난다는데, 겁 안 남니까?"
"뭐 걱정은 되는데, 그렇게 신경은 안 써요!"
그 분은 실 실 웃으며 말합니다.
'아니, 곧 전쟁이 일어 난다고 TV에서 저래 샀는데!'

상식 밖의, 이해 안 감을 느낍니다. 이 부분에 추가적인 설명을 드리자면, 즉 이 북도발 전쟁 소식이 있던, 오래 전 하루는 낮에, 어디서 어느 목사님의 설교를 들으니, 그 내용이, 즉 그분이 하루는, 교도소 사형장에 그 사형 받는 그 사형수의 이 세상을 떠나는 그 사형수의 그 마지막 그 자리에서, 그 사형수를 위해, 그가 천국 가게 해 달라고 하나님께 기도 드리는, 그 일을 하러 어느 교도소에 갔답니다. 큼! 그런데 거기서 그 목사님은, 깜짝 놀란 일을 봤다는데, 즉 그 일은, 그날 낮 중에, 비가 왔다던데, 여기서 그 사형수의 몸이 밧줄에 꽁꽁 묶여져, 거기 교도관들

에 이끌려, 그 사형을 받으러 걸어가던 그 발 길 앞에, 오목하게 땅이 파여 있고, 그 안에 빗물이 고여 있었답니다. 여기서 그 사형수가 고랑물을 옆으로 비껴서 본인의 발을 안 적시게 지나 가더랍니다. 그 목사 분이 그 모습에, 속으로 놀랐답니다. 여기서 그 목사 분은, 그 분 나름에, 충격을 받은 모양이었습니다. 그리고 방금 그 사형수의 예와 곧 전쟁이 일어 난다는데, 대한민국 전체적으로 돌아 가는게 그대로인 것도 그렇고, 즉 이런 점들을 보면, 즉 사람들이 다들, 내일 당장 죽게 되는 지구가 멸망을 해도, 그들은 다들 각자, 그날의 사과나무 1그루를 심을 것만 같습니다. 큼!

'이 어떻게 할까, 밖에 나가 볼까?'

잠시 멍하게 서 있다가.

* * *

밖에.

최후의 발악으로 방황을 하고 싶던데, 그 때 술은 안 먹었고, 체념하고 다시 숙소로 돌아갔습니다.

'아, 큰 일이네!'

그 때 그런 심각한, 남침 북도발 핵전쟁 분위기가, 1달 정도 더 가더니, 그런 그 기간이 넘어 가니까, 그 분위기가 잠 잠 해 지더라구요. 그리고 그 당시, 한 몇 달 안에, 북한이 남한에 핵전쟁을, 진짜 일으킬 것이다, 이렇게 봤습니다. 요즘이 17년인데요. 그 때가 요즘으로부터, 한 7년 전 일 겁니다. 요즘 들어 와서 보면, 즉 한번은 제 주위에 어느 분들끼리 나누는 말씀이,

"북한이, 곧 쳐들어 올 것 같다던데, 그래도 사람들 평소대로 사는 것 보면, 신기하다!"

또 최근에 라디오 소식이,

"북한의 미사일 발사 소식이 많습니다!"

또는

"북한이 남한을 상대로, 진짜 핵전쟁을 일으킬 것 같습니다. 또 이것이 심각합니다!"

즉 이 앞에 한 7년 전, 북한의 남침 핵전쟁이 일어 날 분위기가, 심각했었는데요. 그리고 그 1달 정도 더 가니까, 그런 핵전쟁이 일어 날 것 같은 분위기가, 잠 잠 해지고, 이에 그 북도발 위협이 잊혀져 가다가, 17년 들어서는 최근 까지, 즉 제 주위에서 각 각으로, 즉 북한의 남침 핵 도발이 일어 날까봐? 겁난다, 하시는 걱정의 말씀을 하시는 분을 몇 분 봤고, 또 최근에 라디오에서, 북한이 어디 에다가 미사일을 쏟다 하고, 즉 그게 몇일 정도의 그런 간격으로 여러 번이라 하고, 즉 그런 그 라디오 소식에, 진짜 북한의 남침 핵 도발의 위협이 옵니다. 그러던 어느날 하루는 주일날 어느 교회에 하루를 가니까, 그날 거기 목사님 설교 내용 중.

"북한이 남침 핵전쟁을 일으킬 가능성이 있습니다. 진짜 그렇게 되면, 다들 모든 걸 잃으니까, 딴 건 몰라도, 이 전쟁만은 안 일어나게, 하나님께 간절히 기도드립시다!"

방금 그 목사님, 그 분에게 그런 말씀을 간접적으로 듣고, 여기서도 무슨 대책이 없습니다. 진짜 그 목사님의 말씀처럼, 북한이 남한에, 핵전쟁을 일으킨다면, 저는 그냥 죽는데! 물론 대한민국에 있는 분들, 다들 저와 마찬가지겠지만, 일단 그 전쟁이 일어나면, 과연 나도 죽음이란 걸 맞이 하니까, 여기서 이 북도발 남침 핵전쟁이 일어남에 대비해, 살아남을 방법이 없으니, 그로 그런 북도발 핵전쟁이 일어남에, 여기 남한에 살고 있다가, 진짜 그런 전쟁이 일어난다면, 그 전쟁통에 그냥 죽을 수 밖에 없으니까, 즉 이 부분에서 대책이 없으니, 여기서 진짜 그 전쟁이 일어난다면, 대한민국 국민들 다 죽어야 되는데, 이에 무력하게 막연히 그 전쟁이 안 일어 나기만을 바래야 됩니까? 이 전쟁에 대비한, 뭔가? 살 수 있는 그런 대책을 구해 놔야죠? 이에 남들, 그 각자들의 속을 모릅니다. 즉 전쟁이 곧 온다는데, 그 전쟁통에 남들이 살고 싶어 하는지, 죽고 싶어 하는지? 그 분들의 속을 모릅니다. 즉 앞에 한 7년 전에, 그런 전쟁 위협 분위기가, 대한민국에 심하게 있었을 때, 그 때 사람들의 일상 돌아 가는 것이, 평소대로 돌아가는 그런 모습들을 보면, 즉 그런 점은 이해가 안 가죠? 분명 곧 전쟁이 일어난다는데, 그렇게 되면 대한민국에 있던 사람들은 다 죽으니까, 그런데도 사람들은, 각자 하던 그 장사 그대로 돌리고, 또 그들의 일상도 그대로 돌리니까, 분명 사람들 그들 중 일부는, 본인이 그 전쟁통에 살거라고, 장사고, 본인의 일상이고, 즉 그런 하던 일, 손 놓는, 즉 그런 모습들이 적어도 일부는 보여야, 상식적인 모습인데, 여기서 좀 있으면 전쟁이 일어날 수 있다니, 요즘 제 주위에 일부 분들에게나, 또는 라디오 뉴스에서, 즉 북한이 남한에 핵전쟁을 일으킬 수 있다는, 그런 소식이 간간히 있습니다. 실제적으로 북한이 남한 땅에, 핵이다, 미사일이다, 그런 무기를 떨어트린다고 그렇게 힘으로 밀고 나오면, 남한은 그런 그 북한과의 전쟁을, 안 할 수 가 없습니다. 전쟁이 일어나려면 어느날 예고 없이 갑자기 남한 어느 지역에 핵미사일이 터지기 시작 하면서 일어 날 것 같습니다.

꽝!

와 ― 와 ― !

일상에 파묻혀 있던 사람들이, 우왕 좌왕 하며 비명들을 지릅니다. 그 터진 핵미사일은, 둥근 지름의 전방 1Km 안의 땅이 꺼지고, 그 안에 있던 사람들은, 다 가루가 됩니다. 큼! 그리고 그 폭파 된 핵미사일이 터진 뒤, 그 부위 안엔, 방사능이 생기는데, 여기서 그 방사능에 사람의 피부가 노출이 되면, 여기서 약도 안 되고, 수술도 안 되고, 죽음을 맞이 해야 됩니다. 진짜 그런 일이 일어 날지도 모릅니다. 즉 만약 그런 일어 난다면, 문제는 그런 일을 만나면, 저도 죽고, 다른 분들도 다 죽습니다.

그러니까 그 전쟁을 진짜 만나면, 저도, 남들도 다 살아 남질 못 하니까, 여기서 속담에, 즉 방구가 잦으면 똥이 나온다고, 즉 북한이 남침 핵전쟁을 일으킨다는 설이, 앞에 많았습니다. 즉 그 맨 처음은, 요즘 17년, 그 한 10년 정도 전, 연평도 북도발 사건, 즉 거기서 부터 북한이 한국을 상대로, 핵전쟁을 일으킨다는 설이 있었다가, 그 다음 4년 정도 후, 그 당시 사람들의 실제적인 전쟁 공포의 말들과, 또 메스컴인 TV 에서의 심하게도의 그 북한이 핵으로 남침을 한다는, 그런 소식들, 또 그 이후에, 요즘은 17년도인데, 또 요즘도 남한에 북도발이 일어난다는 그런 말이 있습니다. 즉 요즘 17년 초반인데, 요즘 최근 까지, 각 각의 제 주위 분들, 즉 그들의 대화 내용에, 즉 남한에 북도발 핵전쟁이 일어날지도 모른다는, 그런 불안한 예기도, 몇 번 있었고, 또 라디오 소식에도, 즉 북한이, 몇 일을 주기로, 미사일을 어느 곳에, 실험을 목적으로 쏘다는 소식이 있고, 또 북한이 미국에다 미사일을 쏜다 하고, 즉 이런 식의 계속 몇 일을 주기로, 북한이 미사일을 쏘다는 소식이고, 즉 그래서 북한이 남한을 상대로 핵전쟁 일으킴이, 진짜 그 일이 일어난다, 일어난다, 이런 설이, 10년 전 연평도 북도발, 그 사건 때 부터, 요즘 17년도 까지, 그런 말 많았습니다. 일단 전쟁이, 우리가 사는 이 지식과 정보의 초기, 이 시대에 사는 우리가, 진짜 전쟁을 겪을지도 모릅니다. 만약에 그 전쟁이 진짜 일어난다면, 이에 북한이 이길지, 남한이 이길지, 그게 문제가 아니라, 즉 그 때 남한에 살고 있던 사람들은 다 죽어요. 즉 그런 전쟁이 진짜 발생 한다면, 여기서 청, 장년 층의 남자 분들은, 다들 총 들고 그 전쟁에 참전 해야 될 것 같습니다. 그리고 이 외에 민간인들은, 전쟁에 참전을 시킬지, 안 시킬지 모르겠습니다. 즉 여기서 혹시 앞으로 일어날지 모르는 그 전쟁에 살아남는 길은, 즉 미리 해외로 피난이죠? 여기서 북한의 김정은, 그 분이 남침의 무력 통일을 이루려 합니다. 여기서 북한이 남한에게 군사력으로 이길 자신이 있으니까, 여기서 북한의 그 군사력이 남한 보다 쎌 것입니다. 여기서 그 북한은 핵미사일을 가지고 있고, 이 반면 남한은 그것이 없는 모양이고. 그리고 6, 25 전쟁 때, 남한이 미국의 연합으로, 남한이 북한에게 안 먹혔을 것입니다. 즉 그래서 그때, 한국이 미국과의 연합이 없었다면, 그 때 한국이 북한에게 패전해서. 요즘 이 한국 땅이, 북한 관할 땅으로, 되있을 것도 같습니다. 그런데 여기서 일본도 한국의 우방국인데요. 여기서 일본은, 6, 25 전쟁 때, 남한에게 군사적 지원을 줬나 모르겠고요? 그리고 그 남한의 동맹국은, 미국과 일본입니다. 여기서 북한의 동맹국은, 중국과 러시아입니다. 여기서 남한 측엔 미국이 적극적으로 돕고, 반면 북한 측엔 중국이 적극적으로 돕습니다. 한번은 6, 25 전쟁 때, 한, 미 연합군이 북한군을 이겨 가면서, 북한군을 몰아쳐서, 북한군이 차지한 땅을 뺏아 점령해 가면서, 이로 결국 북한군은, 신의주 쪽에 약간의 땅을 차지하고, 그 나머지 한반도 땅은, 한, 미, 연합군이 점령했고, 이 상태에서 그 한, 미 연합군이, 북한군의 나머지 땅을, 다 점령을 해서, 그 북한 공산주의를 망하게 하고, 한반도를 자본주의 국가로 만들려고, 계속 북한군을 공격으로 밀어붙였는데, 여기서 중국군이 북한군과 연합을 하고, 이로 만주로 해서 연변으로 해서 신의주를 넘어와서, 한, 미 연합군에게 반격을 했는데, 여기서 그 한, 미, 연합군이 그 북한과 중국의 연합군에게 밀려, 남하를 했답니다. 여기서 중국군의 북한군과의 연합으로 전세가 역전 됐답니다. 여기서 남, 북한이, 6, 25 전쟁 그 이후, 남, 북한이 전쟁을 하다 하다가, 어느 한쪽이 못 이기니까,

"아, 우리 이렇게 하자!"

"어떻게?"

"우리 전쟁을 쉬자!"

"그래 그렇게 하자!"

즉 남, 북한, 어느 한쪽이 먼저 휴전 제의를 해서, 결국 이 점에 서로

합의를 보고, 그 다음 남, 북이 휴전으로 분단이 됐고. 여기서 그 남, 북한의 평화 통일 문제에, 이 남, 북한의 주변 4강이라고, 즉 남, 북한의 한반도의 평화 문제에 연결이 된 나라가, 남한 측엔 미국과 일본, 북한 측엔 중국과 러시아, 여기서 그 한국, 미국, 일본, 북한, 중국, 러시아, 이 6나라의 대표들이 모여서, 남, 북한 평화 문제로 갖는 회의를, 6자 회담이라고 합니다. 여기서 즉 한국, 미국, 북한, 중국, 여기서 즉 남한을 적극 도우는 미국, 또 북한을 적극 도우는 중국, 여기서 즉 남, 북한, 그들끼리의 문제에, 미국과 중국, 이들 2나라의 대표들도, 남, 북한의 대표들과 같이, 한반도의 평화 문제를 두고, 하는 회의를, 4자 회담이라고 합니다. 큼! 그리고 전에 연평도 북도발 사건 때 보면, 즉 미국이 한국을 적극 지지하고, 한국과 연합을 해서 나오더라구요. 그 때 미국 대통령이, 흑인인 오바마였는데, 즉 미국이 한국과 북한과의 무력 싸움에서, 한국의 입장이, 마치 미국의 입장이라는 듯이, 그 미국이 그렇게 적극적으로 한국을 지지하고 나오고, 큼! 또 그때 북한 측에서는 중국이, 북한의 그 입장이, 마치 중국의 입장이라는 듯이, 그렇게 중국이 북한을 적극적으로 지지하고 나오더라구요. 그때 남한의 우방국 일본은, 남한을 도우러 안 온 모양이었고, 그리고 일본 측은, 즉 강력한 통일 한국을 겁을 낸답니다. 즉 그래서 일본이 한국의 우방국이라는 입장 때문에, 즉 형식적으로는 대한민국의 평화 통일이 되어야 된다 하면서, 여기서 실제적인 남, 북 평화 통일 문제엔, 슬그머니 발을 빼는, 2중성을 나타냄니다. 큼! 또 북한의 우방국인 러시아를 보면, 즉 러시아 측도, 북한을 도우러 안 온 모양이더라구요. 여기서 북한은 미국이 남한과 연합을 하니까, 그로 미국의 군사력이 겁이나, 한국을 못 건듭니다. 큼! 그리고 전에 연평도 북도발 사건 때, 그 미국의 남한과의 군사적 연합이 없었다면, 북한이 그때 남한을, 진짜 쳐 내려 왔을지도 모릅니다. 큼! 요즘이 17년 9월 인데요. 즉 요즘 북한이 미국 땅에 미사일을 쏜다하며, 미국에게 시비를 거는 모양이던데, 큼! 즉 이는 북한이 남한을 뚫는데 있어서, 미국이 남한과의 연합을 하면, 그 미국의 군사력에 남한을 뚫기가 어려우니까, 그로 남한을 뚫기 위해, 먼저 그 방해 요소인 미국을 먼저 꺾으려고, 그래서 요즘 북한이 미국 땅에, 미사일을 쏜다하고, 그 미국에게 시비를 거는 것일 수 있습니다. 즉 여기서 그 자체적인 남, 북한의 군사력은, 북한이 남한을 압도 할 것입니다. 즉 여기서 북한은 6, 25 전쟁 휴전 그 이후에, 핵이다, 군대다, 즉 그런 군사력 보강 쪽에, 계속 일을 봐왔고, 또 공산주의 체계가, 즉 위에서의 명령에 밑에 군사들이, 신속하게 움직인답니다. 즉 여기서 대통령이 있는, 그런 자본주의 체계에 비해 더 그렇답니다. 또 요즘 북한 측의 비상시 군사 소집 인원이, 200만 이랍니다. 그런데 이에 비해, 남한 측의 그런 군사 소집 인원이, 100만도 못 모은다는 그런 내용의 글을, 어디서 읽은 것 같은데요. 물론 길고, 짧은 건 대 봐야 안다고, 즉 남, 북한 양쪽 중, 누가 더 쎈가는, 실제 붙어봐야 답이 나올겁니다. 여기서 한국 측도 보면, 즉 그들의 군사력이 어느 정도는 쎄다고 자부를 하는 모양이던데요. 그렇지만 누가 봐도, 북한의 군사력이 남한을 누를 것 같습니다. 현재 북한의 그 군사력이 남한보다 쎄다는 걸 김정은 그분은 자신하는 모양입니다. 그러니까 그런 군사력을 썩혀 버리진 않는다 이거죠? 여기서 앞에 김정일, 그 분의 정권 때처럼, 그냥 무력하게 안 넘어간다는 거죠?

북도발 안 일어나기 기도문

∙
∙
∙

　북한이 남한을 상대로 핵전쟁을 일으켜, 북한이 남한 땅을 먹으려는 것 같습니다. 여기서 문제는, 즉 그 전쟁이 일어난다면 이 남한에 살고 있던 사람들 누구 할 것 없이, 다들 죽으니까. 여기서 요즘의 전쟁 무기는 핵미사일이고, 여기서 그 핵미사일 경우는, 이걸 1방 어느 땅에 쏴 떨어트리면, 그 터진 둥근 지름 전방 1Km의 땅이, 다 꺼진 답니다. 그로 그 핵미사일이 터진 그 부위 안에 있던 사람들은, 다들 잠깐 깜짝 놀라다가, 그의 몸이 멸하고, 그리고 곧 그 영혼이 남아, 천국이냐, 지옥이냐? 이 2 갈림길에 놓일 것 같습니다. 또 그 핵미사일이 터진 그 부위 안에 사람들이 안 들어 있어서 재수 좋게 목숨을 건졌다 칩시다, 여기서 그 핵미사일이 터진 그 부위 밖에는, 즉 방사능이 퍼져 있답니다. 여기서 사람이 그 방사능에 피부적 노출이 되면, 여기서 그 사람은, 즉 약도 안 되고, 수술도 안 되고, 죽게만 된 답니다. 또 요즘은 전투기가 날라지나 가면서, 그 공중에서 땅으로 미사일들을 투척, 이 다음 그 밑에 있던 사람들은, 사망 아니면 중상입니다. 또 북한 군인들이 남한 땅에 조금씩 분포되 있을꺼고, 그리고 그들에게 지나다니다 맞닦 드려지면,

　탕, 탕, 탕!

　"으, 악!"

　직통으로 그들에게 총 맞아 죽을꺼고, 또 북한 측엔 미사일이, 공격용으로 따로 있을껀데요. 여기서 그런 미사일도 북한 측의 그 컴퓨터로,

앞에 핵미사일 처럼, 그 어느 목표 지점에 떨어트릴 곳을 설정해 놓고, 그 컴퓨터 단추 눌리는 곳엘

탁!

눌리면 그 미사일도, 그 컴퓨터에 설정해 놓은 그 목표 지점으로 그대로 날아가서 그 목표 지점에 떨어지는 모양입니다. 여기서 그 미사일이 10,000Km도 날아 간다하고, 또 그 목표 지점에 정확히 떨어진다 하고, 참 그런 기계가 신기합니다. 또 무서운 무기가 유도 미사일인데, 이 놈은 어떤 놈이냐면? 그건 즉 그 목표된 물체를 끝까지 쫓아 가서, 격추 시키는 용인데요. 여기서 주로 그 상대방의 전투기를 상대로 쏩니다. 여기서 이 유도 미사일은, 그 목표물의 열을 감지해, 그 상대의 목표물을 끝까지 쫓아, 격추 시키는 용입니다. 여기서 이 유도 미사일을 상대 전투기에 겨냥, 설정하고, 쏘면은, 이 유도 미사일은 그 상대 전투기를 쫓아갑니다. 큼! 여기서 이 유도 미사일은, 그 상대 전투기의 열을 감지해서 쫓아 갑니다. 큼!

"!"

그 전투기 조종사가 그 전투기 조종석 레이다로 그 유도 미사일을 확인합니다. 여기서 그 전투기 조종사는, 갑자기 등에서 식은땀이 납니다. 큼! 여기서 쫓아 오는 그 유도 미사일에, 전속력으로 도망을 갑니다. 큼! 여기서 그 유도 미사일은, 그 전투기의 최고 속력 보다, 그 쫓아 오는 속도가 약간 더 빠릅니다. 큼! 그리고 그 전투기 조종사는 사력을 다해, 그 유도 미사일에 도망을 갑니다.

슝—

. . . .

. . . .

. . . .

슝—

그 유도 미사일은 그 전투기를 목표로, 계속 쫓아옵니다.

슝 —

. . . .

. . . .

슝 —

그 전투기 조종사는 땀이 비 오듯 합니다. 큼! 여기서 이 전투기 조종사는 그 유도 미사일의 추격을 따돌릴 수 있는가? 저도 이 다음 장면은 모르겠습니다.

* * *

큼!

여기서 그 유도 미사일은, 그 상대 목표물의 열을 감지 하는 센서로 해서, 그 상대 목표물에 부딛 쳐 폭파되게 되 있습니다. 여기서 그 상대 목표물이 격추 될 때 까지, 계속 쫓아 오는 겁니다. 그래서 공중에서의 그 상대방 전투기를 목표로, 그 유도 미사일을 날리면, 그렇게 쫓아오는 그 유도 미사일에 그 쫓기는 전투기는 격추될 가능성이 높습니다. 여기서 요즘의 현대전은, 즉 앞에 설명드린 그런 무기들 일 겁니다. 여기서 북한이 남한에게 일으킨다는 그 핵전쟁이 진짜 일어난다면, 그 전쟁 과정이 어떻게 되며, 또 그 전쟁 결과는 어떻게 될지 모릅니다. 즉 여기서 요즘의 현대 전쟁은, 핵전쟁이라는데, 여기서 그 전쟁의 결과는, 오래 안 가서 끝이 날 것 같습니다. 여기서 그 전쟁 결과가, 즉 남한이 이기던가, 북한이 이기던가, 아니면 또 휴전이던가, 이 3중, 어느 1가지로 날 것 같고요. 그리고 문제는, 즉 북한이 남한의 무력 통일이니까, 큼! 여기서 북한이, 남한에 있는 사람들이 아무리 희생이 되도, 그 남한을 점령 하겠죠? 여기서 남한에 사는 사람들은, 다 죽게 되겠죠? 여기서 북한의 목적은, 즉 공산화의 무력 통일이기 때문에, 여기서 그 전쟁이 일어난다면 문젠, 그 남한에 살고 있던 저도 죽고, 또 다른 분들도 다들 죽으니까,

여기서 그 전쟁통에 죽는게 억울한 분들과, 덜 억울한 분들이 있는데, 여기서 나이가 어린 남 녀 분 일 수 록, 그런 죽음이 억울하겠고, 또 본인의 노력에 의해 본인의 생활이 풀려, 살만해진 분, 그런 분들 일 수 록, 그런 죽음이 억울하겠고, 그리고 그 등 등. 즉 여기서 그 반면, 그 전쟁통에 그런 죽음에 덜 억울한 분들이, 즉 원래 죽을 때가 다 되신 분들, 즉 나이가 많이 드신 분 일 수 록 그렇겠고, 또 본인이 곧 죽게 된 분들, 즉 에이즈나, 암이나, 등 등, 즉 그런 죽을병 걸린 분들이나, 또는 무슨 교통사고, 등 등, 즉 그런 분들이, 이 전쟁을 만나 죽게 된다면 덜 억울 하겠죠? 여기서 사람이 진짜 잃는 것이, 크게 2가지가 있을 겁니다. 그건 즉

1. 본인이 하나님을 믿고 죽어 천국에 가야 되는데, 그 하나님을 못 믿고 죽어 지옥 가게 되는 것.

2. 본인이 살아가는 데서, 본인의 신체를 잃는 것, 즉 본인의 한쪽 팔이 짤린 다던지, 등 등.

여기서 일단 본인이 안 죽고 이 세상을 살아가야지, 그래야 본인도 하나님을 믿고 죽어, 그 본인의 영혼이, 하나님의 나라인 천국에 가는 그 일을 이룰 수 있겠죠? 큼! 여기서 사람이 사는 그 이유가? 즉 본인도 죽으면 하나님 나라인 천국에 가기 위해 삶니다. 큼!

"세상에 하나님이 어딧어?"

즉 본인이 이 세상을 살아가는 데서, 즉 그런 본인의 그 죽음과 함께의 천국과 지옥의 그 심판 날이, 하루하루 다가오는데요. 여기서 첫쨉 그걸 모르고, 그 다음 자연적 현상인 무신론을 믿는 그 길도 안 되는 거고, 그리고 막연히 무교를 믿고, 아예 되는 데로 사시는 분들도 있죠? 여기서 남에게 심하게 해를 안 끼치며, 그 본인도 세상을 살아가는 건 좋은 건데요. 여기서 우리가 이 세상을 살아가다가, 즉 본인이 원치 않게 죽음을 맞아야 될 때를 생각해 봅시다! 큼! 또 그에 대한 대비책을

알아 봅시다! 큼! 즉 여기서 누구나 사람이 살아가면서 언젠간 본인이 죽는단 그 본인의 죽음을 각오하고 있습니다. 이는 왜냐면? 즉 이 세상 모든 몸 있는 생명체들은, 안 죽는 게 없으니까요.

'아, 나는 죽을 날이 아직 멀었어! 혹시 나는 1000년을 사는 불사조가 아닐까?'

즉 본인이 어린 나이 일 수 록, 그 본인의 죽을 날이 아주 멀었다고 봅니다.

'아, 나도 드디어 죽게 되는구나!'

여기서 나이가 많이 드신 분이나, 또는 죽을병이나, 또는 무슨 죽을 사고를 당한, 등 등, 즉 그런 일로 본인의 죽을 날이 얼마 안 남은 분 일 수 록, 여기서 그 본인의 피할 수 없는 그 죽음을 인정을 하고, 이에 그 죽음을 맞을 맘의 준비를 합니다. 여기서 종교의 종류가 크게 3가지가 있는데요. 그건 즉

1. 무교.
2. 무신론.
3. 신을 인정 하는 종교.

여기서 무교부터 알아 봅시다! 큼! 즉 여기서 무교는, 사람이 죽으면 정신이고, 천국이고, 지옥이고, 그것들이 없다고 봅니다. 즉 여기서 그들 사는 걸 보면, 즉 종교는 다 무시를 합니다. 여기서 살아가면서 잘 먹고 잘 사는 것, 즉 이 길만이 있는지 앎니다. 여기서 그 무교자, 그런 분들도 본인이 원치 않게 살다가 죽음을 맞이 해야 된다, 이 점을 생각해 봅시다! 큼! 즉 여기서 그 무교인들이 죽음을 맞이 해야 될 때가 되서, 그 무교 종교를 바꿀 수 있는데,

'사람이 죽으면, 정신도, 천국도, 지옥도, 그런 것들이 아무것도 없을 것이다!'

여기서 그들은 이렇게 믿습니다.

즉 여기서 그 죽음 이후의 세계에, 그 영혼의 세계가 있고, 그리고 그 본인도 그런 영혼이 됐고, 이에 앞에 본인이 쓰던 그 몸은 못 쓰게 됐고, 여기서 그 사람의 몸의 세계와, 그 사람의 영혼의 세계가 따로 있고, 여기서 그 본인의 영혼이 남았고, 여기서 그 영혼의 세계의 2갈랫 길인, 즉 천국과 지옥의 그 기로에 놓이고, 여기서 그 무교론자의 영혼이, 그 천국과 지옥의 갈림 길의 그 심판을 받아야 된다면, 여기서 그 무교론자는 어디로 가지 겠습니까? 여기서 그 무교론자는, 즉 하나님 안 믿고 죽어서 지옥으로 갈 수 있겠죠? 즉 사람들이 사는 이 세상은, 즉 우리가 죽고 나서 가야되는 곳인 2길, 즉 천국, 지옥, 이 2 갈림길을 놓고, 그 재판 과정을 기다고 있는 겁니다. 큼! 즉 그 재판 과정에 있는 이 지구 안이라는 한정된 곳인, 그런 구치소 안에 갇혀 있으며, 그 재판을 받아 어디로 갈지? 그 과정에 있는 것과도 같습니다. 즉 여기서 천국에 가는 그 조건은, 즉 살아 가면서의 그 하나님을 믿음이, 본인이 죽을 때 까지 이어지기, 즉 이 조건이 만족이 되야, 그 사람 사후에 그의 영혼이 천국에 가집니다. 그래서 무교 경우는, 즉 죽으면 아무것도 없다는 그 앎으로서, 이 세상을 살다가, 덜컥 죽어서 진짜 천국과 지옥의 그 심판을 만난다면, 그땐 이미 때는 늦었죠? 그때 후회가 소용 없습니다. 즉 여기서 그렇게 된다면, 지옥에 가지겠죠? 그래서 무교론자의 경우는, 즉 그런 식으로 사시다가 죽어서, 진짜 그 천국과 지옥이 있어서, 이에 지옥 갈지 모릅니다. 무신론자 경우를 봐 봅시다! 큼! 즉 그들의 교리는, 즉 모든 생명체들의 죽고 태어 나고가, 자연적 현상이랍니다. 즉 여기서 그런 종교 류들은, 즉 살아 생전에, 유식을 구하고, 그리고 그 선행을 중시합니다. 여기서 살면서 유식과 선행을 많이 할 수 록, 즉 그런 그가 살아갈 때 복을 받고, 그로 세상을 잘 살고, 또 그 분의 사후에 그런 그 행동의 분위기에 의해서, 그런 그의 영혼이 사람으로 다시 태어 난단 겁니다. 즉 여기서 그 무신론자 분께서 그렇게 살다가 죽어서 그 분이 영혼이 되고, 그리고 난데없이 그 천국이냐, 지옥이냐? 의 이 2갈림길의 심판대에 놓인다면, 그 영의 세계의 그 천국과 지옥의 심판에서, 지옥에 갈 수 있습니다. 즉 여기서 사람의 사후에 4가지의 길이 있겠습니다. 그건 즉

1. 무교.

2. 환생.

3. 천국.

4. 지옥.

여기서 무신론자 분이, 즉 2. 사후 사람으로 다시 태어남을 믿다가, 그 길이 진짜 그분의 사후에 있다면, 그것은 문제가 아닌데, 여기서 그 사람의 사후에 그의 영혼이 지옥, 혹시 거기 가질까봐? 여기서 천국 아니면 지옥이라는데, 여기서 그 지옥엔 안 가야지 않겠습니까? 즉 여기서 거기가 고통이 아주 극심하다 하고, 또 거긴 1번 들어가 놓으면, 영원히 거길 못 나온다하니까요. 즉 그래서 그 지옥이 겁이 나지 않습니까? 즉 그래서 그 지옥에 안 가는 길은, 즉 유일하게 천국 뿐이랍니다. 그래서 천국으로 가려면, 하나님을 믿으면서 이 세상을 살아가고, 그리고 그 길에서, 평생 하나님을 배신 안 하고, 즉 그렇게 살다가 죽으면 천국 갑니다. 즉 여기서 사후에 지옥만은 안 가기 위해서라도, 그 하나님을 믿고, 또 그 믿음을 평생 배신 안 하는 삶을 살아가야죠? 즉 그 길이 지옥을 면하는 길입니다 큼! 그리고 북한이 남한에 핵전쟁을 일으킬 것 같습니다. 그리고 요즘이 17년 9월인데요. 큼! 즉 여기서 올해 말이나, 내년 18년 초에, 핵전쟁이 일어날 것 같습니다. 큼! 즉 여기서 그 전쟁이 일어난다면, 즉 평화롭고 조용하던 중, 갑자기 일어날 것 같습니다. 즉 여기서 이 전쟁이 일어나는 걸 왜? 그렇게 겁을 내냐면, 즉 이 전쟁을 진짜 만나면, 이 대한민국에 살고 있던 저도, 다른 국민들, 다들도 죽으니, 즉 그래서 사람이란, 목숨을 잃으면 다 잃으니, 즉 여기서 저에게 붙어먹는 이 마귀들 보다, 그리고 또 노숙자가 되는 그런 가난 보다 더

겁이 나는 건 죽음인데, 여기서 그 죽음을 만나면, 여기서 저의 그 영혼이 천국으로 갈지 모르지만? 여기서 아주 소수의 분들은, 즉 자살 하는 분들도 있는데, 즉 여기서 남들이 살고 싶어 하는지, 죽고 싶어 하는지? 그런 그분들의 속을 모릅니다. 여기서 상식적으론, 즉 모든 사람들 각자는, 죽기 싫어한다고 알고 있습니다. 큼! 즉 여기서 북한이 남한에 핵전쟁을 일으키려고 하는 것 같고, 그리고 그 전쟁이 100% 일어난다곤 못 보지만, 여기서 그 전쟁이 겁이 나니까, 즉 앞에 하나님께 누누히 말씀 드렸듯이, 즉 북한이 남한에 진짜 핵전쟁을 일으킨다면, 여기 대한민국 안에 살고 있던 국민들은, 다 죽지 않습니까? 여기서 하나님께선 이 대한민국 안에 있는, 아무 죄 없는 5천만, 6천만의 하나님의 자식들을 다 죽이실 껍니까? 일단 북한이 핵전쟁을 안 일으켜, 그로 대한민국 국민, 아무도 희생이 안 되게, 해 주세요! 여기서 하나님께서 진짜 계신지, 과학적으로 안 밝혀져, 그로 하나님을 확실히 모르지만? 여기서 그 하나님께선, 즉 모든 사람들을 사랑하신다는 말이 돌고, 또 그 하나님께선 그런 그 사람들을 하나님 믿고 살아 가게 하시고, 또 그런 그들을 하나님 믿고 죽게 해서 천국으로 인도 하신다던데요. 큼! 여기서 꼭 그 전쟁이 일어난다고 할 순 없지만, 그런데 한국 사회에 북한이 핵전쟁을 일으킬 분위기가 있고, 그로 그런 그 일이 터질 가능성이 있다고 보는 검니다. 큼! 즉 여기서 이 전쟁이 진짜 일어난다면, 여기서 이 대한민국 국민들이 다 죽으니까, 그러니 그 전쟁만은 안 일어나게, 해 주세요! 즉 여기서 그런 전쟁이 안 일어나야, 그런 그들 중, 하나님의 나라인 천국에 갈 분들이 새로 생기기도 하지 않습니까? 즉 여기서 이 세상에 하나님이 계시다면, 여기서 그 전쟁이 안 일어나게, 해 주세요! 여기서 맨 처음 이 문명이 생긴 그 이후로 지금까지, 이 세계 각 나라에서 전쟁이 많았습니다. 큼! 즉 이 앞에 한국에는, 6, 25 전쟁도 있었고, 그리고 그 전쟁통에 죽어 간, 많은 민간인들은 왜? 그렇게 죽어 갔겠습니까,

'설마 전쟁이 일어나겠나?'

큼! 즉 세상이 조용하던 중, 즉 본인의 예상 밖에 갑자기 전쟁이 일어났고, 그리고 그 전쟁이 벌어진 곳에, 그 본인의 몸이 놓여 있으니까, 여기서 할 수 없이 그런 다들은, 그 전쟁에 죽은 거겠죠? 즉 요즘이 전세계적으로 전쟁이 없는 그런 평화적인 세상이라고 봅니다. 또 과거에도 세계적인, 그런 각 나라의 전쟁들처럼, 즉 요즘 그 이후 미래에, 그런 전쟁들이 안 일어날 리가 없습니다. 여기서 미래엔 사람들과 기계와의 전쟁도 일어난다고 하데요. 여기서 스티븐 호킹이란, 즉 요즘 생존 중인 이론 과학자분이 하신 말씀이, 즉 2000년 요즘의 앞으로 그 1000년 이후 까지의 세상에서, 큼! 그 인류와 기계와의 전쟁으로, 결국 인류가 멸망 한답니다. 큼! 즉 그 주범이 인공지능 로봇들이라는데, 즉 여기서 과학은, 계속 발전을 합니다. 즉 이에 세상은 뭔가? 사람들의 삶에 편리한 새로운 걸 계속 알아내고, 또 계속 만들어 내서, 그로 이 세상에 그것들을 드러냅니다. 즉 여기서 불교에서 입각시킬 수 있는 이론이, 즉 앎의 진리의 세계는 끝이 없답니다. 즉 여기서 그런 이론은, 즉 인류의 생활이 편리해지는 그런 과학의 발달이, 이 인류가 그런 과학의 발달로 멸망하는 그 날까지, 끝이 없이 계속 된단 예기가 됩니다. 큼! 즉 여기서 그런 과학의 발달이, 즉 인간의 삶에서의 물질은 편리해 지는데, 그 반면 사람들 끼리 서로 간에, 그 마음이 더 삭막해지게 됩니다. 큼! 즉 여기서 인류가 그렇게 망하고 나면, 그 다음 세상이 어떻게 전개될진 모르겠습니다. 즉 여기서 남한과 북한의 체제가 완전 다르고, 여기서 이 점에서 서로가 양보를 못 합니다. 즉 여기서 남한의 자본주의로 통일이 되거나, 아니면 북한의 공산주의로 통일 되거나, 즉 여기서 남, 북한, 그 어느 한 쪽의 편을 못 듭니다. 즉 여기서 한반도가, 결국은 남한 측의 자본주의로나, 아니면 북한 측의 공산주의로나, 즉 결국 한반도가, 그 어느 한쪽으로 언젠간 통일이 될 겁니다. 그리고 그런 한반도의 통일이, 평화적

통일냐, 무력 통일이냐? 이 2가지가 문젠데요. 여기서 남 북한이, 무력으로 통일이 안 되게, 해 주세요! 즉 여기서 남, 북, 핵 전쟁이 일어난다면, 여기서 남한에 살고 있던 사람들은, 다 희생되니까, 그로 남, 북, 그어느 한쪽의 무력 통일이 안 되고, 평화적으로 통일이 되게, 해 주세요! 여기서 17년 말이나, 18년 초에, 즉 북한의 남침 핵도발 전쟁이 일어날 것 같다던 것이, 진짜 안 일어나게, 해 주세요! 또 그 앞으로도, 계속 남한에서 북도발이 안 일어나게, 해 주세요! 또 그런 식으로 한반도의 평화를, 계속 유지 시켜 주세요! 그래서 그런 식으로 가다가 남, 북한이, 평화적으로 통일이 되게, 해 주세요! 그 다음 강력한 통일 한반도가 되게, 해 주세요! 여기서 그 통일 한반도가, 옛 고구려 땅을 다시 회복 하게, 해 주세요! 그 다음 그 나라가, 강력한 세계 중심 국가가 되게, 해 주세요! 큼! 즉 앞에, 동, 서 독일이 베를린 장벽을 무너트리고 평화적으로 통일이 됐듯이, 즉 그런 식으로 한반도도 평화적으로 통일이 되게, 해 주세요! 즉 여기서 17년 말이나, 18년 초에 북 남침 핵 전쟁이 일어날 것 같다던 것이 안 일어나게, 해 주세요! 또 그런 전쟁이 한반도에서, 계속 안 일어나게, 해 주세요! 그리고 평화통일이 2040년 그 이전에 일어나게 해주세요! 여기서 제가 미혼이라, 그 전쟁 속에 총각으로 죽지 않게, 그 평화적인 세상 속에서, 저도 큼! 장가 가게, 해 주시고, 큼! 또 대한민국, 남, 녀, 노, 소의 미혼자 분들, 즉 그런 그 분들도, 그 평화적인 세상 속에서, 그 분들 각자, 시집, 장가들, 성공하게, 해 주시고! 큼! 또 그 분들 다 개인적으로 만족을 하고, 그리고 더 나아가 대한민국에, 결혼률, 출산률이, 높아지게 해 주시고! 큼! 여기서 요즘이 17년 9월인데요. 여기서 이 남한에 북한의 핵전쟁이, 진짜 일어날 것 같은, 그런 사회적 분위깁니다. 이로써 겁이 납니다. 또 남들도 눈치가, 저처럼 그런 모양이던데, 여기서 그런 그 사회적 분위기 대로, 그런 전쟁이 안 일어나게, 해 주세요! 아멘.

인류 모두가 지옥 안 가기

•
•
•

지옥, 즉 거긴 예수를 안 믿고 죽은 사람의 영혼들만이 가진다. 큼! 즉 여기서 그 영혼이 지옥에 안 가는 데 있어서, 그 사람이 이 세상을 살았을 때, 그의 덕이 있고, 없고를 안 따지고, 또 그 외의, 일체 뭐가 있나, 없나를, 안 따지는 모양입니다. 큼! 즉 여기서 그 지옥에 간 분들 중, 덕이 있기로 유명한 세계 4대 성인들 중, 석가모니, 공자, 즉 그런 분들도 지옥에 가 있답니다. 여기서 그런 분들이 왜? 지옥에 갔느냐면, 즉 그런 그들은, 하나님을 안 믿고 죽어서 그렇습니다. 큼! 즉 여기서 이 세상을 살 때, 즉 목사 하시던 분들 중에도 지옥에 가신 분들이 큼! 있고, 즉 여기서 그분들 경우는, 즉 그런 그들은 하나님을 믿다가, 그 도중에 그 믿음을 배신한 케이스인데요. 즉 여기서 그들 경우는, 즉 처음엔 하나님을 믿고 따르다가, 그로 그 하나님의 은혤 받아 그로 그분들에게 뭔가 좋은 것이 하나씩 생긴 겁니다. 그런데 그 일에서 가다가 보니, 본인에게 뭔가 유혹 되는 그런 이익이 생겼는데, 이에 그런 이익 욕심에, 결국 그 하나님 믿고 따르던 그 일 중간에, 안 하고, 거기서 하나님을 대적하기도 하고, 즉 그렇게 살다가 죽은 그 영혼이, 지옥에 간 겁니다. 큼! 그러니까 이를 보면, 즉 우리가 그 하나님 믿음에서 그런 것을 그 중간에 배신을 안 하고, 죽을 때 까지 유지가 되야지, 지옥에 안 떨어 집니다. 즉 여기서 그 지옥에 안 가려면, 다른 갈 곳이, 천국 밖에 없습니다. 즉 여기서 그 천국이란 곳은, 영원히 살고, 편하고, 그런 곳이라 하던데요. 그리고 유명한 분들 중, 지옥에 간 분들이, 즉 북한의 김일성, 또 미국의 팝 가수 마이클 잭슨, 즉 여기서 김일성, 그분 경우는, 살며 하나님을 안 믿고, 그로 결국 하나님을 안 믿고 죽어서 그렇겠고, 그리고 마이클 잭슨, 그분 경우는, 다른건 몰라도, 즉 그런 그분의 생전에, 그의 춤과 노래가, 전세계적으로 크게 뜬 이유가, 즉 그런 그가 마귀들과 손을 잡고, 그에 따라 그 마귀들의 힘을 빌려서, 그 일로 해서, 결국 그런 그의 춤과 노래가, 그렇게 떴고, 즉 그런 이유로 그분의 사후 그의 영혼이 지옥에 떨어 졌답니다. 큼! 즉 여기서 마이클 잭슨 같은, 그런 세상에서 유명인 경우는, 즉 여기서 그 고문을 마귀들이 한다던데, 여기서 그 마귀가, 마이클 잭슨, 그가 살아 생전에 각 메스컴에 나왔었던, 그런 그의 춤과 노래의 그런 영상물을 어디서 구해 와서, 여기서 그런 그 영상을 그 고문 받는 그분 앞에 틀어 놓고, 고문을 더 심하게 한다던데요. 여기서 그 마이클 잭슨, 그 분을 고문하는 그 마귀는, 즉 그분의 사지를 쇠사슬로 묶어 놓고, 그 다음 칼로 그분의 살을 회를 뜨는, 그런 고문을 잔인하게 한답니다. 그리고 이 세상의 마귀들 경우는, 즉 이미 지옥의 명부에 그들의 이름이 올려져 있다고 합니다. 그래서 때가 되면, 그들은 이 세상에서 지옥으로 다 옮겨가 져야 됩니다. 그리고 어느 메스컴에 나오신 어떤 분이, 즉 마귀들이 그 지옥에서, 그 영혼들을 고문 주는 일을 한다던데요. 여기서 원수들이 지옥 가는 문제를 보면, 즉 원수 그들은, 일단 그들 각자의 본인이, 알게, 모르게 마귀들과 손을 잡고 있는 그런 상태 일건데요. 즉 여기서 그런 본인이, 알게, 모르게 그 마귀들의 힘을 빌려, 그 본인의 일까지 이루면, 그런 그 결과로 해서, 그런 그의 사후에, 그의 영혼이 지옥으로 떨어 질 겁니다. 즉 앞에 그 마이클 잭슨 영혼 처럼. 큼! 여기서 원수들도 사람이기 때문에, 그로 그들도 각자 세상을 살다가 예수를 믿고 죽는다면 천국에 갑니다. 큼! 여기서 동, 식물들, 즉 이들도 다 인류와 같은 존귀한 생명체들인데요. 즉 여기서 그들의 영혼은 천국으로 갈까요, 지옥으로 갈까요? 여기서 그들 어느 1종족도, 즉 그들끼리의 언어가 없습니다. 즉 여기서 일체 그들은, 단순히 본 생명체의 눈 앞에서 안 죽고 살아가는 것 밖에 모릅니다. 즉 여기서 그들은 이 세상에 왔다가 그냥 사라짐니다. 즉 여기서 그런 생명체들은, 다 하나님을 몰라서, 그 하나님을 믿고 죽음이 안 됨니다. 그렇다면 그들의 영혼은 다 지옥에 간다는 예기가 되는데, 여기서 인류는 즉 그들끼리의 언어가 있고, 그리고 그들 각자가 혼자서도 그 언어를 사용합니다. 여기서 그 언어로 하나님을 알게 되고, 여기서 하나님을 믿고 죽는 것이 될 수 있기 때문에, 여기서 그 하나님을 안 믿고 죽어, 지옥에 가는 건, 그분의 책임입니다. 즉 그분이 하나님을 믿고 죽을 수 있었는데, 그리 안 했기 때문에. 여기서 그건 말이 되는데, 그런데 인류 외에 일체의 몸 있는 생명체, 즉 그들은 그 어떤 종족 1개체의 생명도, 즉 하나님을 아는, 그런 생명이 없습니다. 여기서 즉 그런 이유로, 즉 하나님을 안 믿고 죽은 죄를 물을 수 가 없습니다. 즉 여기서 그들을 지옥으로 보내고, 천국으로 보내고, 즉 그런 심판 자체가 안 됨니다. 즉 여기서 그런 그들은 다 하나님의 관리 대상에서 제외가 된 그런 존재들로서, 즉 그로 그들은 그 천국과 지옥 외에 다른 어딘가로 보내 질 것 같습니다. 큼! 즉 여기서 그 하나님께서는, 모든 몸 있는 생명체들 중에서, 유일하게 인류에게만, 그 천국과 지옥의 심판을 주신 것 같습니다. 큼!

"아, 대지옥 가겠다!"

또는

"아, 이 놈이 우릴, 대지옥 보낼라 한다!"

저에게 붙어먹는 마귀들 중 각 각.

즉 여기서 그 소리를 듣게 되있어, 그로 할 수 없이 듣고 있어 보면, 즉 그들 말로는, 그 지옥 중, 대지옥이 있다는데, 여기서 그들이 거기 갈 것 같다고 겁을 내는가 모르겠습니다.

'흠!'

즉 90년대 초에 나왔던 사랑과 영혼이란, 그 영화 내용처럼, 즉 사람이 죽으면, 그 죽은 몸에서 그 몸속에 깃들어 있던 영혼이, 그 몸에서 불리가 된다는데요. 즉 여기서 사람이 죽으면 앞에 몸이 있었을 때의 그 몸의 감각이나, 정신적 감각, 즉 그런 것들이 그대로 있답니다. 즉 여기서 그 영혼의 생김새가, 즉 앞에 그 사람의 몸의 생김새와 똑같답니다. 큼! 즉 여기서 그 돌이킬 수 없는 그 영혼의 처지를, 그 영혼이 그걸 알아 버린 답니다. 그리고 그 영혼이, 곧 천국 갈지, 지옥 갈지? 그 영혼이 그걸 알아 버린 답니다. 여기서 그 영혼이 지옥으로 안 가게 되면, 천국으로 가게 됩니다. 즉 여기서 마귀들을 보면, 즉 그들도 영혼만 있고 몸이 없는데요. 즉 여기서 그들이 사람들에게서의 약점은, 즉 그들은 사람보다 통증에 더 약합니다. 즉 여기서 그 집 된 사람에게 받는 통증을, 그들도 받는데, 여기서 그 통증을 그 사람보다 더 못 견뎌 합니다. 이 외에 냄새를 보면, 즉 사람보다 악취에 더 못 견뎌 합니다. 그리고 사람들은, 향기 냄새인, 즉 화장품 냄새 같은, 그런 자극적인 냄새를 좋아하는데, 여기서 마귀들은, 그런 냄새를 싫어합니다. 이 반면에, 그들이 좋아하는 냄새는, 음식 냄새를 좋아합니다. 그리고 각종 향냄새. 그래서 집안에 향을 피우면, 그 집안에 있던 마귀들이, 이에 힘을 쓰고, 또 그 집 밖에 돌아다니던 마귀들도, 그 향냄새가 좋아, 그 냄새 나는 집안으로 잘 들어가기도 합니다. 그래서 집안에서는 일체 향을 안 피움이 좋습니다. 큼! 다음 맛을 보면, 즉 강한 자극적인 맛을 싫어합니다. 여기서 그런 그것들은, 즉 매운맛, 신맛, 짠맛, 단맛, 쓴맛, 등의. 또 그들이 팥을 싫어합니다. 즉 우리들이 흔히 귀신 쫓는 다고, 동짓날에 팥죽 해 먹는데, 여기서 그 귀신이 마귀입니다. 큼! 이 반면 마귀들이 좋아하는 음식이, 된장을 좋아합니다. 그리고 속담에, 큼! 즉 사람이 고기를 먹으면 7귀신을 쫓아 낸다고 합니다. 큼! 즉 여기서 불교에서는, 육식이 안 좋다 해서,

채식을 고집하는데요. 여기서 그 육식 반대인 채식을, 그런 마귀들이 좋아 할 것입니다. 또 언어의 생각에서 보면, 즉 그들은, 그들을 꾸짓는 언어를 듣기 싫어합니다. 큼! 즉 이는 사람들도 마찬가진데, 여기서 마귀들은 모든 행동들이, 즉 하나님, 사람들에게 욕을 들어도 아무 할 말이 없는, 그런 행동들 뿐입니다. 그래서 정상적인 이치로 그 마귀들, 각기 그들의 행동들이 말이 안 되고, 즉 그래서 정상적으로 마귀들을 본다면, 즉 그들은 이치가 앞, 뒤가 안 맞는 그런 식이기 때문에, 그로 그들에게 그런 식으로 꾸짓음에, 그들이 할 말이 없으니까, 큼! 그로 그런 꾸짓는 말을 듣기 싫어합니다. 그리고 그들이 최고로 싫어하는 색깔이 빨강색입니다. 이는 왜냐면? 즉 사람의 피 색깔이 빨강색이라 그렇다는데요. 즉 여기서 그들에게는 그 빨강색이 불입니다. 그러니까 그 빨강색에 그들은 뜨거운 겁니다. 큼! 또 그 색의 강도가 쎌수록 더 그렇습니다. 즉 어떤 사람이 불에 살이 닿으면, 그 사람의 피부가 화상을 입듯이. 큼! 즉 그래서 중국의 국기가 빨강색이고, 또 그 나라 사람들이, 빨강색 옷을 잘 입는 이유가? 즉 그 빨강색이 병마와 악귀를 쫓는다고 그러는 거거든요. 여기서 악귀가 마귀입니다. 그리고 그 마귀들이 빨강색 다음으로 덜 싫어하는 색깔이 노랑색입니다. 큼! 즉 여기서 노랑색은 땅의 기운인데, 여기서 땅의 기운이 그 마귀들이 땅 디디는 걸 원치 않습니다. 그리고 하나님도 그런 마귀들이 이 세상에, 아예 없길 원하겠죠? 여기서 그들도 이를 알고, 여기서 그들은 이 세상에 억지로 있는 거고, 그래서 그런 땅의 기운으로서도 이 마귀들이 땅을 못 디딥니다. 그래서 그런 땅의 기운에 이 마귀들의 응수로써, 즉 그런 땅의 기운을 마귀들도 싫어합니다. 여기서 그 바닦이 노랑색이라면, 즉 거기 있던 마귀들이, 그 바닦에서 붕 뜰 것 같습니다. 또 그들은 알람 시계에 알람이 설정된 것이, 시간이 되면 시끄럽게 우는 소리를 그들은 싫어합니다. 즉 80년대에 TV에 나왔던, 한국 전통 공포물인, 전설의 고향이란 TV프로를 보면, 즉 거기 나오는 귀신이, 어떤 사람 1명 이상을 상대로 그 사람 앞에 밤새도록 나타나 있다가, 그 새벽 중, 날이 샐 무렵에 닭이 울면, 그 귀신이 뜨끔! 하면서, 그날은 할 수 없다는 듯이, 그 사람 앞에서 물러나, 어디론가 사라지는 장면이 있습니다. 즉 그런 식입니다. 또 그들이 칼을 싫어합니다. 이는 왜냐면? 큼! 즉 그 집 된 사람이 그 칼에 실수로 찔려 죽을까 싶어 그러는 거거든요. 여기서 마귀들이 사람들에게 원하는 건, 즉 죽음, 가난, 고독, 등 등이 아니라, 즉 그 사람의 삶에서 끝없는 파멸을 시킵니다. 그리고 그가 결국 예수를 안 믿고 죽어 그의 영혼이 영원한 지옥에 감이 목적입니다. 즉 그들은, 1영혼이라도 더 지옥 보내자는 것입니다. 큼! 여기서 파멸을 보면, 즉 그 사람 주윗 사람들 마다에게서 쫓겨 나서, 결국 그런 그가 갈곳이 없게 만듧니다. 즉 여기서 그 사람의 금전 차단과 그 외에 여러 방법을 씁니다. 큼! 즉 여기서 그런 식으로 그들에게 괴롭힘 받기만 하던 사람이, 덜컥 죽어 버리면, 즉 거기서 그들에게 억울하게 당했던 그런 사람이라, 그로 그런 그가 그런 억울한 보상 받는 식으로 죽어 없어지니까, 그렇습니다. 또 그들은 잠이 없습니다. 즉 매일 하루 24시간 잠을 안 잡니다. 그로 환청이 있는 사람은 그 환청 소리가 그가 잠잘 때만 빼고 항상 들립니다. 또 그들은 사람들이 많이 모여 있는 곳을 싫어 하는데, 이는 왜냐면? 즉 사람은 양기가 있고, 반면 마귀는 음기입니다. 여기서 그런 사람들이 있는 곳 일 수 록, 그 무리들 속에는, 양기가 쎄기 때문에, 그로 상대적인 음기인 마귀들이니까 그렇습니다. 그래서 그들은 사람이 대중적인 곳을 벗어나, 고립되 있을 수록 좋아합니다. 요즘 양기가 최고 쎈 곳이, 인터넷입니다. 큼! 여기서 인터넷에 어느 퇴마사의 글에는, 즉 마귀들이 제일 겁을 내는 건, 그 집 된 사람 개인의 영혼이 강한 것 이랍니다. 즉 이는 그 마귀들의 대처로써 그 집 된 사람 그가 알아서 잘 행동을 하면 된다는 건데요. 여기서 그 분의 말씀이 잘 못 된게, 즉 이 세상엔 하나님이 존재하고, 사람으로선 마귀들에게 지는데, 이에 하나님께선 마귀들을 이기시고, 이로 그 하나님의 보호를 받아야 되는데, 즉 이를 무시한 검니다. 즉 여기서 어느 유명한 퇴마사께, 직접 받은 글 내용이, 즉 기독교 쪽으로 빠지면, 그 마귀들이 재밋어 해서, 그로 오히려 안 가니까, 그로 그런 종교 쪽으로는, 안 가는게 좋다 하시데요. 큼! 아마도 그분의 이론은, 즉 퇴마, 불교, 그쪽으로의 지식인 모양입니다. 또 마귀들은, 소변 냄새를 싫어합니다. 이는 즉 학교의 구세식 공중화장실, 그런 곳에 가 보면, 즉 소변이 묵혀져 있는 그런 곳의 그런 소변 냄새를 싫어 합니다. 그리고 그들이 최고의 패배로 여기는게, 즉 그들이 사람들에게 드러나는 검니다. 그래서 무엇보다, 그들이 인류에 안 드러나길 원 합니다. 여기서 그들이 인류에 드러난다면, 즉 이 세상 사람들에게 욕만 들으니까 그렇겠죠? 이 반면 하나님께선, 이 세상에서 그분이 드러나시는 걸 좋아하고, 원하십니다. 또 보면, 불교, 기독교, 퇴마, 등 등, 즉 이들 각각이 마귀를 보는 관점이 다릅니다. 먼저 불교 쪽을 보면, 즉 불교에서는 마귀를 마구니라 이름하고, 여기서 그들의 이론은, 즉 마귀들도 중생으로써, 이에 그들도 부처님의 자비로, 앎을 이뤄야 되는 부처님의 불제자다, 즉 여기서 그들 불교는, 기독교를 보는 관점이, 즉 그들은 마귀들에게 은혜를 베푸는 착한 종교인데, 기독교는 마귀들을 쫓아 내기만 한다고 합니다. 여기서 그런 내용의 어떤 불교책을, 과거 불교 믿을 때 읽은 경험이 있는데요. 여기서 그땐 그 불교 믿을 때라, 그런 내용이 그런갑따 했는데, 요즘 보면 그건, 아주 위험한 검니다. 즉 이는 독사를 집안에 갖다 놓고 그걸 키우면서, 그 독사를 잘 가르쳐서, 그 독사가 잘 되게 해서, 그로 그 독사와 같이 잘 살아간다는 것과도 같습니다. 여기서 그 독사는 그 습성대로, 결국 사람을 물지, 결코 그런 습성을 안 되게 할 순 없거든요. 즉 그래서 마귀 구제는 불가능합니다. 큼! 즉 여기서 기독교의 이론이, 즉 사람이 사람을 잘 되게 한다는 건, 불가능 하다고 합니다. 즉 여기서 사람이 사람을 도와 그가 잘 되게 한다는 그것이 생각대로 안 됩니다. 즉 여기서 기독교 그런 이론을 볼 때, 즉 남 녀 간에 연애 결혼이 불가능한 것 같습니다. 이는 왜냐면? 즉 그 연애 결혼의 근본 뜻은, 즉 본인 일도 잘 되고, 그리고 상대방도 잘 되자! 이 목적인데요. 여기서 그런 연애 결혼 경우는, 꼭 그 남 녀, 그 어느 한쪽이 먼저 그 상대 이성에게 청혼을 하게 되 있습니다. 여기서 그 청혼 받은 상대방이, 그 상대와의 결혼을 할 의사가 있다면 모르겠는데, 이에 그 상대가 결혼을 할 의사가 없는 데서는, 큼! 그 다음 그 일이 아무리 재시도를 해도, 결국 그 일이 안 된단 겁니다. 큼! 즉 여기서 한국 속담에, 즉 10번 찍어 안 넘어가는 나무가 없다는데요. 그러나 앞에 연애 결혼의 예를 보면, 즉 그 일은 1번 안 되면, 거기서는 10번을 찍어도 안 넘어 가는 겁니다. 큼! 요즘 젊은 분들 사이에서 주로 쓰는 용어가, 즉 3포 세대, 즉 이는

1. 연애 포기.
2. 결혼 포기.
3. 출산 포기.

즉 이 3가지를 기본적으로 포기한 답니다. 큼! 여기서 중매 결혼은 뭔지 모르겠는데.

이 마귀들이 즉 맨 처음 사람의 몸에 침입했을 때, 그 집 된 사람에게서 처음으로 나타나는 증상이, 즉 왠지? 모르게, 그 사람의 머리 위가 무겁습니다. 즉 그로 뒷목이 무겁게 아픈 증상이 나타납니다. 이는 마치, 머리 위에 10kg 정도의 뭐를 이고 있는 것처럼. 즉 여기서 이를 본인이 모르면, 즉 여기서 그런 그 본인은 자멸을 합니다. 즉 여기서 그 본인 자체적으로, 본인이 뭔가? 잘 못 된 줄만 알고, 즉 그런 식에 본인이, 미친 줄 만 앏니다. 여기서 그런 마귀들을 본인이 알면 이에 자멸은 안 합니다. 여기서 처음 마귀들 들린 사람이, 즉 그런 본인의 몸 안에 그런 마귀들이 들어 왔다는걸, 아느냐, 모르느냐? 이 각 각의 마귀들 들린 그

사람의 삶의 방향이 크게 달라 짐니다. 그리고 마귀들이 그들의 집 된 1 사람에게만 집중적으로 파멸을 줍니다. 즉 여기서 이상한 신체적 고문을 줍니다. 즉 여기서 그 마귀들이 그 사람에게 가하는 그런 신체적인 고문은, 실제 물리적인 약간의 힘을 받습니다. 그리고 그 마귀들의 어떤 1사람에게 파멸을 주는 데서, 그 주윗 사람들에게 옮겨 가 고문을 줍니다. 이로서 그들 집 된 사람 주윗 사람들에게서, 냄새가 나고, 그리고 그 사람들이 있는 곳 곳 마다에서 잘 쫓겨나고, 그로 끝내 갈데가 없게 만듭니다. 즉 여기서 그런 고문을, 이런 저런 여러 고문들 중, 어느 1가지씩으로만 줄 수 있습니다. 큼! 즉 그들의 맘대로 그런 고문들을 바꿔 가며 줍니다. 즉 여기서 그 때와 장소, 그런 걸 봐 가면서 줍니다. 큼! 즉 여기서 그런 고문들이, 무엇 무엇이 있는가? 그건 즉 일을 해야 되는데 잠 오게 하기, 또는 내일을 위해 자야 되는데, 잠이 안 오게 하기, 이 외에, 즉 귓구멍 속을 아프게 하기, 즉 여기서 이 원인은, 즉 어떤 마귀 하나 이상이 그 사람의 귓구멍 속을, 막 뭘로 쑤신 겁니다. 이 외에, 즉 마귀들이 그 들린 사람에게, 두통이 생기게 할 수 있는데, 즉 여기서 그럴 땐, 이마에 띠를 메면, 그 두통이 없어 지는데, 여기서 그 띠의 색깔은, 흰색이 제일 좋습니다. 또 마귀들이 사람의 입속으로도 들어 갑니다. 여기서 그놈들이 그 입속으로 들어가, 그들 각기의 이런 저런 생각, 말한 것을, 마치 그들의 집 된 사람이 한 것처럼 누명을 씌웁니다. 즉 그로 그들 집 된 사람이, 그 본인이 한 것 같은 그런 착각에 빠지게 해서, 즉 그 주윗 사람들에게 오해를 사게 합니다. 큼! 즉 나나 그 주윗 사람들과의 이간질이죠. 즉 이럴 때의 대처는, 즉 본인의 입을 닫으면, 그런 마귀들이 주는 이상한 일이 막아 집니다. 이는 왜냐면? 즉 입으로 들어 온 그 마귀들의 방해로 생긴 현상이기 때문입니다. 즉 이 입으로의 침입도 마귀들이 주로 쓰는 수법입니다. 여기서 이 걸 당 할 수 록, 그 본인이 괜히 뭔가 이상한 것 같은, 그런 기분에, 괜히 혼자 기분이 안 좋아 집니다.

그래서 본인이, 뭔가 계획하던 그런 맘 먹었던 일의, 그런 계획을, 스스로 바꾸기도 하고, 그리고 또 본인의 인생의 좌우명인, 그런 본인이 믿고 마음 속으로 새기던, 그런 문구적인 본인의 생각을 바꾸기도 합니다. 그리고 그것이 그 다음날이나 되면, 즉 앞에 그런 쓸떼 없는 기분에, 괜히 본인의 그런 생각을 바꾼, 그런 본인 자신을 알고, 다시 고쳤던 그 뜻을 살리곤 합니다. 여기서 제 경우는, 즉 작문을 할 때, 그 마귀들의 입으로의 글 일 방해를 받으면, 여기서 글 내용이 정상적으로 안 나옵니다. 그래서 글 내용이 안 좋아 집니다. 그로 입을 닫고, 그리고 마스크도 하고, 작문을 합니다.

"복 나간다. 입 닫아라!"

즉 우리 주위에, 어른들의 충고로, 한번쯤은 듣게 되는 말인데요. 즉 여기서 그 본인이 TV를 보면서 입을 해 ─, 벌리고 있으면, 그 본인 주위의, 주로 어른 분들 중에, 그런 말씀을 하십니다. 즉 여기서 그 말씀의 실상은, 즉 앞에 말씀드린, 그런 마귀들이 본인의 입 속으로, 본인이 알게, 모르게 들어 오는 데서, 즉 그런 본인이 그걸 허용하는 것, 그로 그런 안 좋은 현상이 되는 게 있으니까, 큼! 그로 그런 그 증상이, 바로 복 나간다는 현상이란 겁니다. 그래서 그런 안 좋은 증상의 방해를 안 받게, 여기서 본인의 입을 닫으면, 큼! 본인의 그런 마귀들의 방해를 덜 받고, 그로 본인 일을 하는 거죠? 큼! 또 마귀들의 귀로 들어 오는 그 방해를 받으면, 이에 그 사람의 정신이 없게 됩니다. 즉 그분이 있는 그 자리에서, 본인이 어쩔 줄을 몰라 하는 식입니다. 즉 이런 경우의 방어는, 즉 본인의 귓구멍에다 귀마개를 합니다. 또 그들이 사람의 눈으로도 들어 옵니다. 여기서 그 방해의 증상은, 즉 그걸 받는 그 사람의 눈이 건조해 지기, 또 그 사람의 얼굴 부위가 건조해 지기, 즉 여기서 남들에게, 그런 본인의 얼굴을 보이기 민망할 정도로 일그러지는, 느낌이 들기도 합니다. 큼! 또 물체가 2개로 보이기도 하고, 또는 눈이 부시기도 하고, 등 등. 큼! 즉 여기서 기독교의 말씀에, 즉 마귀가 아무리 똑똑한 사람보다 더 하고, 또 아무리 부지런한 사람 보다 더 한 그런 존재들이라고 합니다. 즉 이 마귀의 이 부지런한 것이 알고 보면, 즉 그 놈들이 그 집 된 사람이 있는, 온 동네, 온시내를 막 돌아 다닌담니다. 즉 마귀들의 이런 점들이 사람 보다 능해서, 그로 결국 사람 능력으론, 그런 마귀들을 못 이긴담니다. 즉 여기서 그런 마귀들을 이기는 유일한 방법은, 오직 하나님 1분만을 믿고, 그로 그 하나님의 보호를 받는 길 뿐이랍니다. 즉 여기서 마귀들이 뭐가 문제가 되느냐면? 그건 즉 인류의 영혼들을 다 지옥에 보낸다고, 그로 인류에게 온갖 피해를 주고 손해를 주니까. 여기서 그 인류와 마귀들과의 영적 전쟁이 됩니다. 여기서 그 인류 각자가 그걸, 알게, 모르게 됩니다. 즉 여기서 우리 인류에겐, 이 마귀들이 문젭니다. 큼! 여기서 인류에게 하나님께서 연합을 하십니다. 이 마귀들의 성질은, 잔인하고, 정이 없고, 파괴적입니다. 그리고 사람들 1명씩, 1명씩 만을 붙잡아, 공격을 합니다. 그리고 그 사람을 결국 하나님 안 믿고 죽게해, 영원한 지옥으로 보내고 나면, 또 그런 식으로 다른 사람을 잡습니다. 큼! 즉 여기서 그 마귀들은 몸이 없기 때문에, 이에 물리적으로 사람을 건드는 그 일에, 원수를 이용 합니다. 여기서 원수들도, 그런 마귀들과 성질이 비슷한 겁니다. 여기서 원수는, 즉 물리적인 칼로서 타인을 해치려 듭니다. 즉 여기서 사람이 사람에게 신체적인 해를 가 할 수 있는 건, 이 4가지 단계가 있는데요. 그건 즉 큼!

　1단계 잔소리.

　2단계 억압.

　3단계 폭력.

　4단계 살인.

　즉 여기서 즉 원수가, 칼로써 그 상대를 다스린다는 건, 즉 앞에 설명드린 그런 원수, 마귀들의 그런 성질로써, 그 상대인 타인을 해치는 일을 하는 건데요. 즉 여기서 남을 안 해치면 문제가 없겠죠? 즉 그런 식의 당하는 사람이 있으니까 문젠데요. 여기서 칼이란 건, 구지 칼만을 가지고 그렇다는 건 아니라, 즉 물리적인 그런 실제적인 해를 가할 수 있는, 즉 그런 여러 가지 일들입니다. 여기서 법보다 주먹이 먼저라고, 즉 뒤의 이치나 법을 따지기 전에, 당장 그 상대에게 해를 가하고 보자! 즉 그 상대에게 먼저 손해를 보이고 보자! 즉 이런 사람의 심리가 있는데요.

"하지 마세요!"

또는

"살려 주세요!"

즉 피해자가 가해자에게의 이런 말이 안 먹히니까, 즉 거기서 그런 사람이 마귀들과 같은 존재로서, 즉 마귀들의 화신인 거죠? 즉 원수들입니다. 여기서 보통 분들을 봐 봅시다! 큼! 즉 여기서 하나님의 가르침은, 즉 사람이 사람을 잘 되게 한다는 게, 결국 안 된다고 합니다. 큼! 즉 여기서 그 사람을 잘 되게 할 수 있는 건, 유일하게 하나님 만이, 그 사람들 개개인을, 잘 되게 할 수 있답니다. 여기서 본인 스스로도 그 본인을 잘 되게 할 수 없습니다. 여기서 불교에서는, 즉 자등명 법등명이라 해서, 즉 본인이 본인을 믿는 검니다. 즉 본인이 본인의 그 앎을 믿고, 그로 본인이 본인을 잘 되게 하쟌 검니다. 즉 여기서 불교는 신을 부정하니까, 여기서 믿는 것이 본인 자신입니다. 여기서 불교도 남은, 그 누구도 믿을 수 없다고 합니다. 저도 사람에게 기대를 걸고, 그 상대의 의해서 나의 삶을 결부시켜, 그로 그 상대와 제가, 서로 잘 되자는, 즉 그런 일이 안 되던데요. 여기서 이 지구상의 사람, 그들을 1영혼이라도 더 천국으로 데려다 놓는 일을, 하나님께서 하십니다. 큼! 또 그 일에 사람들 중, 쓸만한 사람을 하나님께서 차출해 쓰십니다. 그리고 이 반면, 이 지구상에 있는 사람들 그 중, 1영혼이라도 더 지옥에 보내는 그 일을 마귀들이 합니다. 즉 여기서 마귀들도 그 일에 사람들을 씁니다. 즉 여기서 그렇게 쓰여지는 사람들을 원수라 하는데, 큼! 여기서 마귀들에게서 본인의 일을, 크게나, 작게나, 빌고, 바라고, 기도하고, 즉 그런 식으로 해서 본인의 일을 이루면, 즉 이는 하나님을 배신한 행위로서, 지옥 행일 건데요. 큼! 즉 여기서 그런 원수들, 각자 그 본인이, 알게, 모르게, 그 마귀들과 손잡고 있는 상태이고, 여기서 하나님을 등 돌린 그런 상태에서 그런 마귀들과의 손잡는 행동이 나 올 것 같고, 그것도 어느 정도의 선을 넘거나, 아니면 그렇게 평생을 살아간다면, 그 마귀들과 손잡았던 것의 의해서, 영원한 지옥으로 보내질 것 같습니다. 큼! 즉 여기서 하나님의 세력과 마귀들의 세력이, 이 지구상의 사람들, 일체를 놓고, 그들을 더 많이 데려가려고 서로 경쟁이 붙었습니다. 즉 여기서 이 마귀들이, 이 세상 곳곳에 널려 있습니다. 즉 여기서 사람들 각자, 그런 마귀놈들을 아는 분이 있고, 모르는 분이 있습니다. 큼! 즉 여기서 분명한 건, 즉 이 마귀 놈들은 좋은 존재가 아닙니다. 즉 여기서 사람들은 어쩔 수 없이 이 세상에 있는 그 마귀들과의 영적 전쟁을 해야됩니다. 여기서 이 세상의 마귀들의 군대가 하나님의 군대와 대치 상태인, 그런 영적 전쟁 상태이고, 큼! 여기서 하나님께서 그 마귀들의 군대를 제압 못 한 상태이고, 이 반면 마귀들의 군대도 그 하나님의 군대를 제압 못 한 상태 같습니다. 큼! 즉 여기서 하나님께선 이 지구상의 사람들 모두를 사랑하시니까, 그렇다면 즉 이 지구상에 사람들 모두를 다 천국으로 보내야 되는데, 여기서 그 일이 막히는 게, 즉 마귀들의 군대가 그 일을 막고 있다고 봐 집니다. 그래서 그런 마귀들의 군대 때문에, 즉 영혼의 세계에서 지옥이 존재하는 것도 같습니다. 큼! 즉 여기서 하나님의 군대와 마귀들의 군대가, 그런 대치 상태라 봐 집니다. 그리고 사람이란, 즉 그들 일체가 하나님의 세력권, 그 관리 안에 있습니다. 그리고 마귀들도 하나님의 계획 안에 있고, 그리고 마귀들의 세력권 관리 안에도, 사람들이 있습니다. 즉 이들 2관리 영역권 안인데요. 여기서 사람들이, 즉 하나님의 관리 영역 안에 있다면, 그 하나님께선 그들 일체를, 결국 잘 되게 하시고, 또 그런 식으로 계속 가게 하시다가, 결국 그들 모두를 천국으로 인도 하십니다. 큼! 이 반면에 이 세상에 쓸떼 없는 마귀, 즉 그들의 관리 세력권 안에도 사람들이 있을 수 있는데, 여기서 사람이 그쪽으로 가게 된다면, 즉 그 본인의 잘 될 줄 알았던 그 일이, 결국은 안 되며, 그로 결국 그가 불행해지고, 또 그 길의 끝엔, 그가 마귀들에게 얻어먹었던 그걸로 해서 영원한 지옥으로 보내짐니다.

1. 하나님을 따라 가느냐?
2. 하나님의 길 외에, 본인이 알게, 모르게, 마귀들을 따라 가느냐?

여기서 누굴 따라가느냐가 중요합니다. 여기서 사람의 숨이 끊어질 때, 그 잠깐 동안의 고통이 있겠죠? 여기서 그것이 어떤 고통인진 몰라도? 그리고 그 고통이 지나고 나면, 여기서 본인의 몸과 본인의 영혼이 각 각 분리가 됩니다. 여기서 그 영혼이, 희, 노, 애, 락의, 온갖 감정들이 그대로 있고, 그리고 즉 신체적 5감인, 시각, 청각, 후각, 미각, 촉각이, 그대로 있고, 그리고 그 영혼이 벽도 통과합니다. 그리고 직통으로 어떤 존재들이 어디로 같이 가자고 데리러 옵니다. 여기서 지옥으로 데려가는 존재들은 여럿이고, 또 그들의 형상은 무섭게 생겼습니다. 여기서 그들은 힘이 강하겠죠? 이 반면에 천국으로 데리러 온 어떤 존재들은, 좋은 형상 일지 싶습니다.

"아, 이 놈이 우릴, 대지옥 보낼라 한다!"

또는

"아, 아무래도 우리가, 대지옥 가겠다!"

즉 저에게 붙어먹는 각 각의 마귀놈. 큼!

즉 그들이 절 괴롭힌 죄로 대지옥에 떨어진다고 합니다. 그런데 그 소리가, 즉 저 들으라고 하는지 몰라도? 큼! 여기서 천국과 지옥이 각 각

등급이 있는 모양입니다. 즉 지옥 경우는, 그 중, 최고 고통 스러운 곳이 대지옥, 그리고 그 대지옥 보다 덜 고통스러운 곳이 중지옥, 또 그 중지옥 보다 덜 고통스러운 곳이 소지옥, 즉 여기서 천국에도 지옥처럼, 대, 중, 소의, 즐겁게 지내는 그런 것이 등급이 있겠죠? 여기서 천국과 지옥은 기본적으로 각 각 거기서 영원히 살고, 영원히 있습니다. 여기서 마귀들은, 이미 지옥이 결정 난 상태입니다. 여기서 방금 그 마귀들의 말들처럼, 그들은 그런 고통이 약한 지옥으로 가지는 게 낮겠죠? 즉 이것이 그들이 이 세상에 있을 때의 희망이겠죠? 그리고 석가모니나, 공자, 즉 그들은 수위가 낮은 지옥에 가셨다더라구요. 이 세상을 살 때 하나님을 믿다가, 안 믿으면, 영의 세계에서 어떻게 되지느냐면, 즉 여기서 이 세상을 살 때, 하나님을 믿는 그런 일을 하면, 본인이 알게, 모르게, 영의 세계에 있는 천국 단체에 가입이 됩니다. 여기서 그 대상자분이 그렇게 세상을 살다가 어느 시점에서 그런 하나님 믿음을 안 한 검니다. 이는 이 지구에서 살 때, 그가 하나님을 다시 안 믿음에서 그런 본인이, 알게, 모르게, 영의 세계에 있는 천국 단체에 그분의 신상이 등록 됐던 게 취소가 된검니다. 큼! 그러면서 거기 영의 세계의 지옥 단체에 그분의 신상이 옮겨져 기록이 된검니다. 큼! 이 반면 사람이 이 지구에 살 때, 하나님을 믿음에서, 그런 본인이, 알게, 모르게, 그 천국 단체에 가입이 됩니다. 그리고 그것이 본인 사후까지 간다면, 천국에 갑니다. 여기서 하나님의 순교자라면 누구나 천국에 갑니다. 큼! 아무리 악인이라도.

"큼! 지옥 명부에, 니 이름이 기록 됐구나!"

"!"

"그러면 너도 지옥이구나!"

"살려 주십시오! 이젠 하나님 믿겠습니다!"

"ㅇㅇㅇ는, 지옥으로!"

"가자!"

갑자기 그 영혼 옆에 지옥으로 데려다 주는 존재들 중 하나가, 그 영혼의 오른팔을 꾀 차며 말합니다. 여기서 그들과 함께 우주선을 타고, 지옥으로 갑니다. 그리고 옛날 어느 나라 사람들은, 지옥이 땅속에 있다고 믿었답니다. 큼! 여기서 천국은 하늘에 있다고 믿었답니다. 그런데 지옥이, 우주 어딘가에 있을 것 같습니다. 큼!

"목성에 지옥이 있다던데!"

저에게 붙어먹는 마귀들 중.

즉 전에 이런 소리가 들리던데, 여기서 마귀들의 목소리가 환청입니다. 즉 방금 그들의 말로는, 즉 지옥이 목성에 있다는데, 여기서 그 말이 진짠지, 가짠지, 알 수 가 없죠? 무슨 증거가 없으니까요. 여기서 세상 곳곳에 사람들이 퍼져 있듯이, 그런 식으로 마귀들도 퍼져 있습니다. 큼! 또 사람들 각자가 서로 만나서 정보를 나누듯, 그런 식으로 마귀들도 하는게 있습니다. 즉 여기서 그들의 정보가? 즉 목성에 지옥이 있다는 그런 말이 나도는 모양입니다. 그 목성이란 곳은, 즉 과학자들의 연구 결과가, 즉 거기는 심한 바람이 부는 곳이 랍니다. 즉 그 바람이 아주 심한 곳은, 300Km로 분답니다. 내나 그 목성의 나무 나이테 모양의 동글동글한 흰 모양이, 이 지구에서 태풍이 불 때, 비 구름이 동글동글하게 모이듯, 그런 식이랍니다. 과학자들의 말로는 그 목성이, 태양계의 행성들 중, 최고로 크답니다. 큼! 그 목성의 크기가, 이 지구의 1000배 랍니다. 즉 거기는 공기도, 물도 없답니다. 그리고 그 안에는, 생명체들이 살 수 없는 곳일 꺼랍니다. 지옥이 그 목성에 없다면, 혹시 블랙홀 안에 있는가도 싶죠? 즉 거긴 빛이 1번 들어가면, 영원히 거길 못 나온 답니다. 큼! 또 거기에 지옥이 없다면, 아마도 이 지구에서 빛으로 1년 정도 가는 그런 아주 먼 거리에 있는 행성들 중, 어느 1행성 안에 지옥이 존재하는 가도 싶죠? 즉 거기의 거리가 이 지구와 너무 머니까, 그로 거길 1번 가 놓으면, 다신 이 지구로 영원히 못 돌아 온다는 말이 있는 것도 같습니다. 즉 여기서 그 지옥에 데려다 놓는 어떤 존재들과 동행으로 지옥으로 갑니다. 여기서 우주선을 타고 2, 3달간 한참을 날아가다가 드디어 지옥에 왔습니다.

* * *

큼!

지옥 갈 영혼을 데려다 준 그 존재들은, 그 영혼을 거기다 내려 주고, 그들은 타고 왔던 우주선으로 되돌아 갑니다.

"아, 여기가 지옥이구나! 아, 하나님, 하나님, 하나님!"

그 영혼은, 모든 걸 포기하고, 그 하나님만을 의지합니다. 그리고 그 영혼에게 지옥의 풍경이 보입니다. 여기서 그 영혼 외에도, 거기 온 수많은 영혼들이 있습니다. 여기서 그 영혼들 고문 주는 일을, 마귀들이 한다는 말이 있던데요. 그런데 그 말은 틀린 것 같습니다. 큼!

"야, 너는 살인해 왔으니까, 그로 성질이 사나운데로, 여기 수용자들을 가둬 두는 일을 해라!"

즉 교도소에 살인하고 온 사람을 보고 교도관 일 시킴과 같죠.

* * *

여기는 앞에 그 영혼이 처음 지옥에 간 그 곳.

'아, 하나님, 살려 주십시오! 잘 못 했습니다!'

'!'

"여기는, 하나님 관리의 힘이, 전혀 안 미치는 곳이다. 그러니 너희들은 아무 희망이 없다. 여기서 너희들이 할 수 있는 건, 그저 괴로움에 신음만 할 뿐이다!"

거기 한 쪽 벽에, 이런 글귀가 써 붙여져 있고, 그 영혼이 그 글을 읽었습니다.

'아, 하나님, 하나님, 하나님!'

그 영혼이 그 글을 읽고, 또 모든 걸 포기한 공포 상태에 빠짐니다. 여기서 마귀들도 글자를 앎니다. 즉 한국에 있는 마귀들은 한글을 알고, 또 일본에 있는 마귀들은 일본 글자를 앎니다. 그리고 한국 마귀와 일본 마귀가 서로 말이 안 통합니다. 이는 즉 한국 사람, 일본 사람이, 각자 그 나라의 글자를 배워, 그 나라 글을 알고 있고, 여기서 한국 사람과 일본 사람이 서로 언어가 안 통하듯이. 또 사람이 죽고 난 다음 남은 그 영혼도, 그가 몸이 살았을 때, 그가 알았던 걸 그대로 알고 있다고 합니다. 큼! 즉 그래서 지옥에서도 글자를 아는 영혼들이 있으니까, 그로 그런 영혼들 읽으라고 지옥에선, 어떤 글귀를 써 붙여 놓곤 한답니다.

"단테의 신곡에선, 지옥의 입구에 이런 간판이 걸려 있다고 합니다. 일체 희망을 버려라!"

어떤 기독교 라디오 방송에서의 어떤 광고 내용. 큼!

* * *

여기는 앞에 그 영혼이, 써 붙여진 그 글귀를 읽은 장면.

그리고 그 영혼과 거기 온 영혼들을, 거기 고문관들이 한 줄로 쫙 세워, 1영혼씩, 1영혼씩, 그 지옥의 입구 안으로 입장을 시킵니다. 큼!

'!'

"여기는 하나님의 영역이 아니다, 일체 희망을 버려라!"

앞에 말씀드린 그 영혼이, 그 지옥의 입구 위를 쳐다 보니, 거기 가운데 윗부분의 큰 간판에, 방금 그런 글귀가 새겨져 있습니다. 그 영혼이 그 글귀를 읽고, 또 모든 걸 포기와 공포 상태에 빠집니다.

'. . . .'

아무 생각이 안 납니다.

아주 긴 줄로 일렬로 세워진 영혼들이, 1영혼씩, 1영혼씩, 그 지옥 입구 안으로 들어 갑니다. 그리고 그 안으로 1번 들어간 영혼은, 영원히 거길 못 나온다고 합니다.

큼!

즉 거기 지옥 땅과 천국 땅에도, 한정된 영혼들의 정원수가 있겠죠? 큼! 즉 여기서 하루 중에 죽어 나가는 인류 중, 그날 천국으로 가는 영혼들이 엄청난 숫자들 일 겁니다. 큼! 이 반면, 그들과 비슷한 숫자의 영혼들이, 다들 강제로 지옥으로 끌려가겠죠? 여기서 천국은, 아마도 이 지구와 아주 멀리 떨어진 그런 거리에 있는, 어느 한 행성 안에 있을 것 같습니다. 여기서 그 거리가, 이 지구에서 빛으로 1년 정도 가는, 그런 거리이고, 그로 이 지구와 그 행성과의 거리가, 너무 머니까, 그로 천국도 지옥처럼, 거길 1번 가 놓으면, 영원히 거기에 있다는 말이 있는 것도 같습니다. 여기서 거기 천국은, 하나님의 나라랍니다. 여기서 그곳은, 영원히 살며, 지내기가 아주 편하다고 합니다.

* * *

"퀌, 큼! 보니까, 천국으로 가는 것이 확정이 됐네요?"

"!"

천국과 지옥의 심판을 받던, 그 어느 영혼이, 그 천국과 지옥의 심판관의 말을 듣고.

"ㅇㅇㅇ는 천국으로!"

"아이고 하나님 고맙습니다, 아이고 통보관님 고맙습니다!"

. . . .

"만 세!"

방금 그 천국과 지옥의 심판을 받던 그 영혼.

이 다음 그 영혼은, 거기 장소에서, 한 일주일간, 천국 갈 준비를 하고 있다가, 천국에 가겠죠? 큼! 즉 거기 천국 가는 길도, 지옥 가는 길처럼, 어떤 존재들이, 거길 데려다 놓겠죠? 여기서 천국에 데려다 놓는 존재들은, 친절하고, 부드럽게 생겼겠죠? 큼! 여기서 천국 거기도 지옥처럼, 우주선을 타고 갈 것 같습니다. 즉 거기 가는 길도, 몇 달이 걸려 도착할 것 같습니다. 큼! 그리고 거기에 도착하면, 거길 데려다준 어떤 존재들은, 그 영혼을 거기 내려다 주고, 그 다음 그들이 서로 인사를 나누고, 그리고 그들은 그들이 타고 왔던 우주선 타고 그들이 왔던 길로 되돌아 가겠죠? 큼!

'아, 여기가 천국이구나!'

* * *

큼! 그리고 마귀들은, 사람들을 끝없이 파멸 쪽으로 가게 합니다. 원래 마귀들의 성질이, 잔인하고, 정이 없고, 파괴적입니다. 즉 여기서 마귀들의 집 된 사람의 딴게 문제가 아니라, 즉 그 사람 사후, 그의 영혼이 영원한 지옥에 떨어지느냐, 아니냐가 문제 입니다. 큼! 즉 여기서 어떤 영혼 하나에게 난데없이 어디선가 굴러먹던 강도, 그런 식의 어떤 마귀들의 영혼들이, 괜히 가만있는 1사람의 영혼을 부당하게 지옥에 보냅니다. 큼! 즉 여기서 그런 노림을 받는 그 영혼은, 즉 그런 그 마귀들처럼, 지옥에 안 가려고 합니다. 즉 여기서 마귀들은 그 집 된 사람의 몸의 주인이 아닙니다. 큼! 그래서 그들은 그들의 그 집 된 사람의 몸을 그들 맘대로 못 움직입니다. 그러면 그 마귀들 집 된 사람의 몸을 누가 움직이느냐? 그건 즉 그 마귀들의 노림을 받는 그 마귀들의 집 된 사람이 움직입니다. 큼!

"갈 데가 없어!"

저에게 붙은 마귀들 중.

즉 여기서 지옥은, 그 마귀들이 벌 받으며 있으라고 만들어 놓은 곳입니다.

"배 째라!"

내나 나에게 붙은 마귀들 중.

마귀들이 그 사람의 몸 집에 불청객으로 드러 누워 있습니다. 큼! 즉 여기서 그 집 주인은 누구냐? 그건 그 마귀들의 지옥 보내기 노림을 받는 그 1사람의 영혼입니다.

"너희들은 안 되겠다. 꺼져라!"

그 집 주인은 그 불청객들 보고 나가라고 합니다. 여기서 그 집 주인이 그 집 손님들 보고 나가라고 하면, 그들은 그 집에서 나가야 되는 겁니다.

'어디로 갈 까?'

이런 식으로 생각하면서 딴데로 옮겨 가야 됩니다. 큼! 그런데 여기서, 그 집 주인이 그 집안에 있는 불청객들 보고 나가라고 하는데, 여기서 그들은 그 집 안에서 드러누워 있으니까, 즉 이런 상태는 모순입니다. 큼! 또 마귀들이 그 사람 몸에 들어오는 현상이란? 즉 우리들 일상에서, 이를 비교를 해 보면, 즉 어디선가 굴러먹던 도둑, 그런 불청객 하나 이상이, 그 어느 집에 그 집주인 몰래 침입을 해서, 그 집 어딘가에 숨어 있는데, 여기서 이 사실을 그 집 주인이 모르면? 그들이 그 집에서 계속 숨어서 살 수 가 있고, 그로 그렇게 하루 하루, 세월을 보내다가, 여기서 그놈들이 심심하니까, 즉 여기까지의 경우는, 즉 어느 1사람에게 마귀들이 들어 왔고, 그리고 그 마귀들 들린 증상은 나타나는데, 그러나 환각 현상은 안 나타납니다. 큼!

"나 왔다!"

여기서 그들이 심심하니까 재미로, 그들 각기의 스타일 대로, 방금 그런 말을 하며, 그 집 주인에게 그들을 드러낸 것이, 환각 현상이란 결과로 나타난 겁니다. 큼!

"우린 못 간다!"

또는

"지옥에 가라! 왜? 지옥에 안 가는데."

저에게 붙은 마귀들 중, 각 각.

큼! 즉 여기서 마귀들 들린 현상이란, 즉 그 마귀들이 그들의 재미로 어느 1사람인 그 사람 몸에 들어갔고, 여기서 그 몸의 집 주인 영혼은,

그 집 어딘가에 있고, 여기서 그 집 어딘가에서 그 마귀들이, 몰래 숨어 지내든가, 아니면 그들을 그 집 주인에게 대 놓고 불청객 짓을 합니다. 큼! 즉 여기서 그 집 주인이 그놈들 보고 꺼지라는 그 요구가 안 먹히니까, 그로 그 골치 아픈 손님 하나 이상이 있는 집과 같은 상태가, 즉 마귀 하나 이상에 들린 사람의 상태와 같습니다. 큼! 즉 이 마귀들이 안 들린 그런 정상적인 상태의 사람의 경우는, 즉 마치 주인이 있는 어느 집에, 있으라는 손님들만 있고, 있지마란 손님들은 그 집에 없는 것과도 같습니다. 큼! 즉 여기서 마귀들 들린 사람의 경우는, 즉 어느 집에서 꺼지라는 손님들은 안 가고 억지로 있고, 그로 그 손님들 때문에 정상적인 손님들은, 그 집에 못 있게 된, 그런 집과도 같습니다. 큼! 즉 여기서 손님은 주인을 이길 수 없다는 속담이 있습니다. 큼! 즉 이는 왜냐면? 즉 그 집 주인인 그가 그 집안에 있는 손님들에게,

"나가 십시요!"

거기서 부터 그 집에 있는 손님들은 그 집에서 나가야 되기 때문입니다. 즉 그래서 그 집에 있는 손님들은, 그 집 주인을 못 이깁니다. 큼! 즉 여기서 앞에서 말씀드린, 즉 칼자루를 쥔 자는 못 이긴다고, 즉 이는 무슨 일에서나 그 일에 주관이 되는 사람을 그 일에서는 못 이깁니다. 큼! 즉 이는 집이 있다면 그 집에 있는 손님들은, 그 집 주인이 하라는 데로 따라야 됩니다. 큼! 즉 여기서 그 집 주인은 그 집안에서는 그의 마음대로 합니다. 큼! 즉 이는 그 집 주인이 그 집에서는 주관자이기 때문입니다. 즉 여기서 그 집에서 모든 일에 주관이 되는 자는 그 집 주인이지, 그 집 손님들이 아닙니다. 여기서 칼자루 쥔 자는 못 이긴다고, 여기서 그 어느 사람 몸인 그 집에 마귀들은 그 집의 손님들로서, 즉 그들은 그 집에서 주관이 못 됩니다. 여기서 그 집에 주관자는 그 집 주인이고, 그 집 주인은 그 마귀들의 집 된 사람의 영혼입니다. 그래서 원래가, 즉 마귀들이 잡고있는 그 사람에게 못 이깁니다. 큼! 즉 여기서 어떤 집에 불

청객 하나 이상이 들어 왔고, 즉 여기서 그 불청객들이 들어 오기 전과 들어 오기 이후의 그 집의 상태가 달라 집니다. 큼! 그러니까 마귀들은, 즉 어느 집에 무단으로 들어가서 드러누워, 억지로 안 가고 있고, 그것 도 모자라 그 집 주인을 지옥으로 보내기 까지 합니다. 큼! 즉 여기서 그 마귀들은 딴 집에 가서도, 내나 같은 식으로 합니다. 즉 여기서 그 마귀들의 집이란 건 무엇인가? 그건 즉 사람들 각자의 몸입니다. 여기서 그런 집에 불청객 하나 이상이 있으면, 당연히 그 집은 안 좋게 됩니다. 이는 왜냐면? 즉 그들이 무단으로 들어와 억지로 있는 것도 싫고, 어이가 없는 일인데, 그런데 거기다가 큼! 그 집 주인을 지옥 보내려는 것 까지 합니다. 즉 그래서 문제인 것입니다. 큼! 즉 여기서 그런 집에 그 집 주인이 청하지도 않았는데, 어디서 굴러먹던 그런 불청객 하나 이상이 그 집에 들어가 억지로 있으니까,

"꺼 져!"

그 집 주인은 그 불청객들이 있으면 있는데로 그들에게 나가라고 합니다. 큼!

"갈데가 없어!"

또는

"여기서 쫓겨 나면, 밖에서 우릴 기다려!"

나에게 붙어먹는 마귀들 각 각.

즉 여기서 이 마귀들의 이런 말을, 저 들으라고 하는 예긴지? 모르는데, 즉 여기서 이 불청객들이 안 갑니다. 즉 여기서 부터 말이 안 되는 검니다. 큼! 즉 여기서 그 불청객 하나 이상이, 그 집 주인을 지옥 보내려는 것은, 즉 우리들 일상에서의 어느 강도 하나 이상이, 그 어느 집에 침입을 해서 그 집 주인을 살인하려는 것과도 같습니다. 큼! 즉 강도 살인을 노리는 거죠? 즉 여기서 그 집 주인이 그 강도 하나 이상에게 살인을 당한다면, 이는 즉 마귀들이 그 어느 1사람인 그 집에 들어가, 결국

그 사람 사후의 그의 영혼을 영원한 지옥으로 보낸 것과도 같습니다. 즉 여기서 우리들 일상의 강도는, 주로 재물을 노립니다. 그런데 우리들 영혼 세계의 마귀들은, 우리들의 영혼을 영원한 지옥 보내기를 노립니다. 즉 여기서 그 마귀들은, 즉 어떤 사람을 주로 노리느냐? 그건 즉 약한 사람을 노립니다. 즉 여기서 나이 많은 분이나 아니면, 어떤 죽을 병에 걸려 곧 죽을 때가 다 된 분이나, 등 등, 즉 그런 분들 보다, 젊은 분들을 마귀들은 선호합니다. 이는 왜냐면? 즉 그런 분들이 죽음을 겁을 내서 그렇습니다. 즉 여기서 그 어느 집이나 그 집 주인은, 그 집을 못 떠나 갑니다. 즉 여기서 강도가 들려면, 하나가 올 수 도 있고, 또는 여러명이 올 수 도 있습니다. 즉 여기서 그 강도의 입장에서는, 즉 어느 집을 터는 데서 그들의 인원이, 너무 많게는 필요가 없고, 여기서 강도들이 어느 부잣집을 터려고 하는데, 여기서 먼저 그들이 털 그 집을 물색부터 합니다. 큼! 즉 여기서 집 집 마다 상황이 다름니다. 즉 어느 집은 털기가 쉽고, 반면 어느 집은 털기가 어렵습니다. 즉 여기서 경비가 철저한 집은, 그 강도들의 인원이 많아야 그 집을 뚫을 수 있는데, 즉 여기서 그 강도들이 많이 모인다 해도, 10명 정도면 되겠죠? 그러니까 아무리 삼엄한 경비의 그런 부잣집을 턴다 해도, 즉 그들의 인원이 백명, 천명, 만명, 즉 그런 인원은 필요가 없습니다. 즉 여기서 사람 몸에 들어오는, 그런 마귀의 숫자는 30마귀 정도로 한정이 되 있습니다. 즉 1사람 앞에 마귀들이 30개 넘게는 못 들어오는 검니다. 이는 왜냐면? 즉 그 사람 몸인 그 집에, 마귀들이 꽉 차서 그렇습니다. 즉 그들도 그들이 머무는 그 집이 좁으면, 그들 각각도, 그 집 안에서 생활이 불편하니까 그렇습니다. 즉 그래서 마귀들이 1사람당 많게는, 1만 마귀, 10만 마귀, 100만 마귀, 즉 그런 대군 마귀는 못 들어 가는 검니다. 여기서 일상에서의 강도들은, 즉 어느 집을 털로 들어 갈 때, 이에 미리 준비된 흉기를 가지고 갑니다. 여기서 그런 흉기는 주로 칼인데. 여기서 그 집안에 그 집 주인이 있습니다. 여기서 그 강도들이 그 집에서 그 집 주인 모르게, 그 집안 어딘가에 숨어서, 그들을 안 나타낼 수 있습니다. 즉 여기서 한동안은 그렇게 잠복할 수 있고, 아니면 그런 잠복기를 안 거치고 곧바로 그 집 주인에게 나타낼 수 있습니다. 즉 여기서 그 집안에 강도가 들어와 있는 것은, 즉 어떤 1사람 몸 안에, 마귀 하나 이상이 들어와 있는 것과도 같습니다.

"나 왔다!"

여기서 환각 현상이 나타납니다. 큼! 여기서 그 강도들이 그 집 주인에게 그들을 드러내면, 여기서는 그 마귀들 들린 사람에게서, 환각 현상이 나타나는 것과도 같습니다. 즉 여기서 그 환각 현상이란? 시각, 청각, 후각, 미각, 촉각의, 이 5가지의 감각들 중, 어느 1가지의 감각으로만 마귀들을 나타낼 수 있습니다. 즉 여기서 방금 그 5가지 감각들 중, 어느 2가지 이상의 감각으론 마귀들이 못 나타 냅니다. 큼! 즉 강도들이 그 어느 집에 들어오는 그런 경우가 몇 가지로 나뉩니다. 큼! 그건 즉

1. 그들이 들어와서, 한동안 그 집 어딘가에 숨어 있다가, 그 단계를 거친 다음, 그 집 주인에게 칼 드리대기.

2. 그 집에 들어가지 마자, 그 집 주인에게 칼 드리대기.

3. 그 강도 하나 이상이, 어느 집에 들어가서, 그 집 주인이 죽을 때까지, 그 집에서 숨어 지내기.

즉 여기서 1번을 보면, 즉 그 강도들이, 그 집안에 숨어 있을 때와 같은 경우가, 즉 마귀들 들린 1사람에게 마귀들이 안 드러낸 것과도 같은 건데요. 즉 여기서 이 마귀들 들린 증상은 나타나는데, 그러나 그 어떤 환각 현상은 안 나타납니다. 즉 이 다음 그 강도들이 그 집 주인에게 칼 들이대는 것과, 그리고 그 마귀들의 집 된 사람에게서 그들을 나타낸 것과도 같은 현상으로, 즉 여기서 마귀들 들린 1사람에게, 어떤 1가지의 환각 현상이 나타납니다. 즉 그 다음 앞에 2번 경우를 풀어 보면, 큼! 즉

어떤 사람들이 강도 할 목적으로, 어떤 집에 침입을 해서, 곧바로 그 집 주인에게 칼 들이대기, 즉 여기서 그 강도들이 그 일 하기 전에, 먼저 알아 볼 문제가? 즉 그 집에 그 집 주인이 혼자 있느냐, 아니면 누군가와 같이 있느냐? 이 점을 먼저 봅니다. 즉 여기서 강도들이, 그 털로 들어간 집에, 손님이 많을 수 록, 그 집을 털다가는 잡히겠죠? 그래서 그런 강도 일 하려고, 집을 물색 할 때, 주로 집 주인이 혼자 있는 집을 노림니다. 또 그 집 주인이, 그 중 약한 사람을 노림니다. 이는 왜냐면? 즉 그 강들도 상대자가, 노인이나, 건장한 성인 남자분 경우라면, 여기서 그분들은 저항이 심하고, 반면 젊은 여자분이나, 아니면 점쟎게 보이는 그런 남, 녀 분들은, 그 중 저항 약하니까, 그래서 그런 분들에겐 털기가 쉬우니까 그렇습니다. 즉 우리들 일상에서는, 강도들이 어느 집을 털로 들어갔다가, 그런 그들이 그 일에 실패해서, 그 집에서 잡히게 되면, 여기서 그 강도들에겐, 이 3가지 중, 어느 1가지로 처리가 됨니다. 그건 즉

(1). 경찰에 넘겨지기.

(2). 도주하기.

(3). 그 집 주인에게 그 일을 용서받기.

큼! 또 마귀들 예기를 풀어 봄에, 강도들 예로 들어 봅시다! 큼! 즉 그 어떤 강도 하나 이상이, 어느 집을 털로 들어감에, 즉 그 집에 손님이 있는 그런 집일 수 록, 그 집은 털기가 어렵습니다. 즉 그 손님들이 있는 그 집에 그대로 털로 들어간다면, 여기서 그 집 주인과 그 집에 있는 손님들에게 잡히기 쉽겠죠? 즉 이처럼, 마귀들도 그들의 집 삼을 그런 사람을 물색 할 때, 먼저 그 사람 몸 집안에 손님을 없는 집을 주로 노림니다. 큼! 여기서 사람의 몸 집안에 있는 그 1분 이상의 손님은 누구냐? 그건 즉 하나님의 성령입니다. 그리고 그 상대방이 사람인 경우는, 즉 남자분에겐 본인의 처, 반면 여자 분에겐 본인의 남편입니다. 즉 남, 녀, 노, 소의 그 상대 이성 외의 사람에겐, 본인의 성령이 없습니다. 큼! 즉

여기서 일체의 영혼이란 것은, 즉 몸 있는 일체의 생명체, 그들 각 각의 몸들처럼, 살아 가다가 죽어 없어지는 게 아니라, 여기서 그들 각 각의 영혼이란 것은, 즉 영원히 사는 모양입니다. 즉 여기서 사람은, 다들 각자의 영혼이 있고, 또 그 몸 있는 인류 외에 일체의 생명체, 즉 그들은 다들 언어가 없다 뿐이지, 인류와 똑같이 영혼이 있습니다. 즉 여기서 인류도 포함을 해서, 즉 일체의 영혼들이, 각 각 영원히 죽는 것이 안 되니까, 그로 영혼의 세계에서는 먹고 먹히는 약육강식이 없습니다. 큼! 즉 여기서 사람의 영혼이 본인의 육체에 메여 있으니까, 그로 그 몸이 움직이는 데로, 그 영혼도 따라 갑니다. 큼! 즉 여기서 100년이면, 즉 삼만 육천 오백일 인데, 그래서 우리 육체는, 아무리 오래 살아 봐야, 삼만 육천 오백일 삶니다. 즉 그래서 육체는, 방금 그 시간 안에 언젠간 죽어 없어지기 때문에, 그래서 육체가 잘 되고, 못 되고가, 문제가 아니라, 우리들의 영혼이 문제입니다. 즉 영혼은 영원히 사니까. 여기서 마귀들은 인류에게, 뭘 원하느냐? 그건 즉 1사람씩의 되도록 많은 영혼들이, 예수 안 믿고 죽어, 영원한 지옥에 가길 원합니다. 즉 여기서 그들이 1명씩에게 가서 그들을 들리게 할 수 있는 그 물건은 뭐냐? 그건 즉 그 사람의 몸입니다. 즉 여기서 그들의 집 된 사람이 죽으면, 여기서 그들은 그 죽은 사람에게는 더 못 붙어 먹습니다. 큼! 즉 여기서 몸 보다 영혼이 잘 되야 되는 이유가? 즉

  1. 이 세상엔 마귀들이 있습니다. 여기서 그들이 인류 중, 1사람씩에게 붙어, 그 사람이 안 좋게 살다가, 결국 그가 예수를 안 믿고 죽어, 그의 몸에 깃들어 있던 그 영혼이 영원한 지옥으로 가게 만듭니다.

  2. 이 반면, 이 세상엔 인류 개개인을 살리시는 하나님이 계신데요. 즉 여기서 인류 그들에게 하나님께선, 각자 그 사람 몸에 깃들어 있는 그 영혼을 예수 믿고 죽게 해서, 그 사람 사후 그의 영혼이 영원한 천국으로 가게 하십니다.

즉 여기서 사람의 몸은 태어나서 살다가, 몇 살 때 죽기도 하고, 10, 20, 30, 40, 50, 60, 70, 80대, 즉 여기서 80대 까지 살면 장수한 거죠? 즉 여기서 그 몸이 아무리 잘 되도, 결국 죽어 없어지고, 또 그 몸이, 아무리 엉망이라도, 죽는 건 마찬가짐니다. 큼! 즉 여기서 이 세상엔 하나님의 군대와 마귀들의 군대가 따로 있습니다. 즉 여기서 큼! 하나님을 따라가야, 그 영혼이 잘 되는 천국으로 갑니다. 큼! 즉 여기서 하나님께선, 인류에게 무엇을 원하시느냐? 그건 즉 그 사람들 개개인이 하나님을 믿고 따르다 죽는, 그 기독교의 순교자를 원하십니다. 즉 따지고 보면, 결국 기독교 순교자들만이 천국에 갑니다. 즉 여기서 하나님을 따르는 기독교 순교자가 아니라면 지옥에 갑니다. 큼! 그리고 이 세상에 있는 안 좋은 중독 되는, 그런 비정상적인 일체의 먹거리들 외에는, 정상적인 먹거리들입니다. 즉 여기서 그 육체의 세계에서는, 반드시 그 육체들은 먹어야 삽니다. 즉 여기서 그 먹을 것들은 뭐냐? 그건 즉, 그 육체보다 힘이 약한, 어떤 동, 식물들입니다. 큼! 즉 여기서 그런 그 상대를 먹은 그 육체는, 그 상대를 먹은 그 힘으로 살고, 이에 먹힌 그 육체는, 그 강한 육체의 에너지가 되면서 희생이 됩니다. 그러면 그 육체의 먹잇감들은 무어냐? 그건 즉

1. 음식.
2. 남자는 여자를, 여자는 남자를 가 질 수 있습니다. 큼!
3. 물건들, 즉 돈 가질 수 있고, 차 가질 수 있고, 집 가질 수 있고, 옷 가질 수 있고, 등 등, 이것 저것 가질 수 있는게 빙글 빙글 해 지게 많습니다.

즉 여기서 이 사람이 살다가 죽으면, 그 육체가 이 세상 살 때 가지고 있던, 일체를 못 가지고 간다는 말이 있습니다. 여기서 일체의 영혼들이, 아무것도 못 가지는 그런 존재들이라면, 그 영혼들은 그 영혼의 세계에서, 무슨 재미로 살까요? 큼! 그리고 우리들 일상에서의 강도가 집

을 털 때, 주로 그 집에 주인이 혼자 있는 집을 상대로 합니다. 즉 여기서 그 강도가, 그 집에 손님이 많이 있는 집 일 수 록, 그런 집은 못 텁니다. 즉 여기서 그 마귀들과 그런 강도와 비슷합니다. 그리고 마귀들이 사람 몸 안에 침입 할 때, 내나 그 몸 집 안에 손님이 있는가를 먼저 봅니다. 즉 여기서 그 집 주인인, 그 몸 주인인 그 영혼이, 혼자 있는 집을 좋아합니다. 즉 이는 그만큼 그런 집은 털기가 쉬우니까요. 즉 여기서 그런 집에 있는 손님 1분 이상은 누구냐? 그건 즉 그 사람의 소유물들 입니다. 그래서 그런 소유물들이 많이 있는 사람 일 수 록, 그런 사람의 몸에 들어가서, 그 사람이 예수 안 믿고 죽게해 그의 그 영혼을 영원한 지옥으로 골인을 시키기가, 어렵습니다. 즉 여기서 이 마귀들은, 그들의 집 된 그 사람의 영혼을 지옥으로 못 보낸다! 이것이 확인이 되면, 거기서 그 마귀들은 그 집에 더 있을 필요가 없으니까, 물러 갑니다. 즉 더 있어 봐야 시간 낭비니까요. 그래서 그놈들 습성대로, 얼른 딴 사람 잡으러 부지런히 다닙니다. 그러니까 우리들 일상의 강도들은, 주로 재물을 노리는데, 이 마귀들은, 그놈들 집 된 그 1사람씩의 영혼을, 영원한 지옥 보내는걸 노립니다. 즉 여기서 앞에 3번 경우, 즉 어느 강도 하나 이상이, 어느 집에 털로 들어가서 그 집 주인이 죽을 때 까지 그 집안 어디에 숨어 있다는, 그 부분을 풀어 봅시다! 큼! 즉 우리들 일상에서의 그런 강도와 마귀들과는, 어떤 비슷한 점이 있는가? 그건 즉 우리들 일상에서 그런 강도는 없습니다. 그런데 마귀들의 세계에서는, 그런 강도가 있습니다. 그러면 그런 강도는 뭔가? 그건 즉 그 어떤 마귀들이 어떤 사람 몸 안에 침입을 했다가, 그 다음 그 마귀들이 그들의 집 된 그 사람에게 그들을 안 나타내고, 그 다음 그 마귀들이 그들의 집 된 사람이 죽을 때 까지, 그 집안 어디에서 숨어 있는 겁니다. 즉 여기서 그런 마귀들의 집 된 사람에겐, 그 마귀들 들린 증상은 나타나는데, 그 외에 따로의 특별한 환각 현상은 안 나타납니다. 즉 여기서 그 마귀들이 어떤 사람 몸 안에 들어와 있고, 그리고 그렇게 마귀들 들린 그 사람이, 그분에게 어떤 마귀들이 들렸단 그 사실을 그분이 전혀 모르며, 이 세상을 살아 갈 수 있습니다. 그리고 여기서 그 마귀들 들린 그 사람이 본인에게 그런 마귀들 들린 그 사실을 모르면, 그 때가 아주 위험한 때입니다. 즉 여기서 그때가, 정신적으로 상태가 아주 안 좋은 때입니다. 즉 여기서는 그 마귀들의 집 된 사람의 기분이나, 정신적 육체적인 상태는 어떤 것인가? 그건 즉 그 어떤 특별한 환각 현상은 안 나타나는데, 여기서 마귀들 들린, 여러 가지 증상들은 나타납니다. 즉 앞에 3번의 강도 경우를, 즉 우리들 일상에서 풀어 본다면, 그건 즉 어떤 1공간 안에, 어떤 1사람인 A라는 사람이 있고, 그 사람 옆에 B라는 사람들이 있고, 내나 그 B라는 사람들은 마귀들입니다. 큼! 즉 여기서 마귀들이, 어떤 사람 몸 안에 들어 온것과, 그 어떤 1공간 안에서 A라는 1사람과 B라는 여러 사람들이 같이 있는 것과도 같습니다. 즉 여기서 마귀들이, 즉 어떤 사람 몸 안에 들어 온 것 자체가, 그 마귀들 집 된 사람이 환각 현상에 걸린 상태라고 볼 수 있습니다. 즉 여기서 우리들 일상에서는, 즉 사람이 어딜 가나, 이런 저런 분들과 같이 있게 됩니다.

'어, 왜? 이리 기분이 이상한 거야!'

일단 마귀 하나 이상이 사람 몸에 들어오면, 즉 그 마귀들 집 된 그 사람은, 본인이 전혀 모르게 왠? 마귀들의 집 된 그 순간부터, 기분이 이상해지는데요. 그런데 곧 바로 그런 환각 현상은 안 나타납니다. 즉 여기서 우리들 일상에서, 어느 1공간 안에서 A라는 1사람이 B라는 여러 명 과 같이 있는 중, 여기서 그 A라는 1사람이 B라는 여러 사람들과 같이 있는지를, 알 수 도 있고, 모를 수 도 있습니다. 큼! 즉 여기서 그 A라는 1사람이 B라는 사람들에게 먼저 말을 건다거나, 본인을 보인다거나, 무슨 냄새를 맡힌다거나, 무슨 맛이 느끼게 한다거나, 그 상대방에게 피부적인 자극을 준다 거나, 즉 이런 걸 A란 1사람이 B란 상대방들에게,

먼저 줄 수 도 있고, 안 줄 수 도 있는데, 즉 여기서 B란 사람들이 마귀들입니다. 즉 그들이 1공간 안에 같이 있는 중, 즉 B라는 사람들이 A라는 1사람에게 그들을 인식시킬 수 있는, 어떤 자극을 안 주는 겁니다. 큼! 즉 여기서 사람의 모든 감각이란, 5감이 다 입니다. 그건 즉 시각, 청각, 후각, 미각, 촉각, 입니다. 즉 여기서

1. 그들을 안 보이게 하기. 즉 한 공간 안에서, 그들이 어딘가로 자리를 피한다던지.
2. 그들이 말을 한마디도 안 걸기.
3. 무슨 냄새를 안 맡게 하기.
4. 무슨 맛이 안 느껴지게 하기.
5. 어떤 피부적인 느낌을 안 주기.

즉 이런 식으로 1공간 안에서, 그 B란 사람들이 그 A라는 1사람에게, 그 5가지의 모든 감각들을 안 주는 겁니다. 큼! 즉 그런 식으로 B란 사람들이 A란 1사람에게 그들을 안 드러내고, 그 공간 안에서 같이 있는 겁니다. 즉 우리들의 일상에서, 방금 설명 드린 그런 현상과, 즉 어떤 1사람 몸 안에 마귀들이 들어 온 것과 같은 겁니다. 큼! 즉 여기서 그런 마귀들에 들린 사람은, 틀림없이 자멸을 하는데요. 여기서 이 마귀들은 우리들의 일상에서 도둑들과 강도들과, 같은 식입니다. 즉 여기서 그 도둑이란? 즉 그 주인 몰래, 돈을 가져가는 사람이고, 또 강도는 그 주인이 알고있는 중에, 그 주인의 돈을 강제로 뺏아 가는 사람입니다. 즉 여기서 우리들의 일상에서 그런 도둑들과 그런 강도들은, 즉 그 피해자들에게, 돈을 원합니다. 큼! 즉 여기서 이 마귀들은 그들의 피해자에게서 파멸로 살다가, 결국 예수 안 믿고 죽게 해, 그의 영혼을 영원한 지옥에 보내길 원하는 겁니다. 즉 그런 식에 마귀들에게 사람의 영혼이 도둑맞을 수 있고, 강도를 맞을 수 있습니다. 큼! 즉 우리들 일상에서 보면, 그 도둑을 맞은 사람은, 본인이 그 도둑을 맞았단 걸 모릅니다. 이 반면에,

즉 강도를 맞은 사람은 본인이 그 강도를 맞았단 걸 압니다. 큼! 즉 여기서 마귀들 들린 그 사람에게서는 그 붙어먹는 마귀들이, 2종류가 있게 됩니다. 그건 즉 도둑 마귀들과 강도 마귀들입니다. 큼! 즉 여기서 도둑 마귀들 들린 사람을 보자면, 즉 그런 사람은 본인에게 그런 마귀들이 들렸단 그 사실을 본인이 모릅니다. 즉 여기서 그런 상태에서도, 그 마귀들 들린 그런 안 좋은 여러 증상들이 나타납니다. 그런데 환각 현상은 안 나타납니다. 큼! 즉 여기서 그 강도 마귀들에게 들린 사람의 경우는, 뚜렸한 환각 현상이 나타납니다. 그런데 그런 강도 마귀들이 들렸다 해서, 그런 본인이 그 사실을, 아는 분만 있는 건 아닙니다. 즉 그런 마귀들이 들리고 거기서 환각 현상이 추가로 나타난 분이, 그런 본인에게서 마귀들이 들렸단 그 사실을 본인이, 알 수 도 있고, 모를 수 도 있습니다. 즉 여기서 강도 마귀들이 들렸단 것은, 즉 마귀들 들린 사람에게서 환각 현상이 나타나면, 그것이 강도 마귀들이 들렸단 검니다. 즉 여기서 마귀들 들린 사람에게서, 환각 현상이 안 나타나면, 그것을 보고 도둑 마귀들이 들렸다고 말씀드리는 검니다. 즉 여기서 도둑 마귀들을 보자면, 즉 그들은 사람들 중, 1영혼 씩, 1영혼 씩을 훔쳐 가는데 있어서 그 결과까지 시간이, 너무 오래 걸릴 수 있습니다. 큼! 즉 그런 마귀들에게 잡힌 그 사람이, 그런 그가 안 좋게 살아가다가, 결국 그 분이 예수를 안 믿고 죽어서, 그의 영혼이 영원한 지옥으로 가는 것, 즉 여기까지가, 그 도둑 마귀들의 일인 것입니다. 큼! 즉 그런데 그 일이 되기까지 시간이, 너무 오래 걸리는 검니다. 즉 여기서 그렇게 되기까지 아주 오래는, 50년도 넘게 걸립니다. 이 반면 즉 시간이 아주 빨리 끝난다면, 1년 안에 그 일이 됩니다. 즉 여기서 사람에게, 그 도둑 마귀들이 들린 경우를, 우리들 일상에서 풀어 본다면, 즉

'저 집을 털어야 될 텐데?'

어느 집안에 도둑들이 숨어 들어와 있는데, 여기서 그 도둑들은, 그

집 주인이 외출을 나가길 기다리며, 숨어 있는 것과도 같습니다. 즉 여기서 우리들 일상에서 보면, 그런 도둑 마귀들 들린 사람이, 그런 마귀들 들린 그 사실을 그가 전혀 모르고, 그로 그가 안 좋게 살아가다가 그런 그가, 결국 예수 안 믿고 죽어, 그의 그 영혼이 영원한 지옥으로 골인이 되기 까지, 즉 이 도둑 마귀들은 이를 노리는 겁니다. 큼! 즉 여기서 지옥 간 그 영혼은, 난데없이 지옥에 갔고, 여기서 그 마귀들은 그 영혼을 훔쳐 간 겁니다. 즉 여기서 그런 도둑 마귀들의 입장에서 볼 때, 즉 그 영혼 도둑질의 장점은 뭔가? 큼! 그건 즉 그들이 붙어먹고 있단 그 사실을 그들의 집 된 사람이 이를 전혀 모른다, 즉 그래서 그 도둑 마귀들이 그 집 된 사람의 몸 안에 숨어서 붙어먹기가 좋은 겁니다. 이 반면 그 영혼 도둑질의 단점은 뭔가? 그건 즉 그 사람의 영혼을 훔쳐가기까지 시간이, 너무 오래 걸린단 것입니다. 큼! 즉 우리들 일상에서, 그런 식의 도둑 마귀들이 들린 사람을 보면, 즉 본인에게 그런 마귀들 들렸단 그 사실을 본인이 모릅니다. 여기서 마귀들 들린, 온갖 안 좋은 증상들은 똑같이 나타나는데요. 즉 여기서 그 증상들이 나타나도, 심하게 나타납니다. 이는 왜냐면? 즉 그 도둑 마귀들에게 잡힌 그 사람이 그 본인에게 그런 마귀들 들렸단 그 사실을 본인이 모르니까, 여기서 그 마귀들이 맘 놓고 그 사람의 영혼이 지옥에 골인이 될 수 있게, 그 사람을 속여 가며, 안 좋게 하는 겁니다. 즉 여기서 그 마귀들의 집 된 그 사람에겐, 이 세상이 이상하게 되고, 희한하게 되는데요. 즉 이에 그 문제의 정답은, 즉 그 분에게 붙어먹고 있는 그 마귀들 때문인데, 여기서 그 사실을 그 분이 전혀 모르기 때문에, 그래서 그 답을 이상해진 본인에게서만 찾습니다. 즉 여기서 그런 본인을 본인이 미쳤단 착각을 합니다. 즉 그런 식으로 본인을 이상하게만 생각을 하는 겁니다. 즉 여기서 그 도둑 마귀들의 입장을 보면? 즉 그들의 집 된 사람이 그 마귀들에게 잡혀 있단 걸, 그 사람이 계속 모르게 하면서, 그 놈들의 집 된 그 사람이 살아갈 때 그 사람을 어떻게든 파멸을 시키고, 그리고 예수 안 믿고 죽게 해, 그 사람의 영혼이 영원한 지옥으로 가게 합니다. 즉 여기서 마귀들의 강도질을 풀어 본다면, 즉

"야, 가진 것 다 내놔!"

즉 우리들 일상에서 강도들이 어느 집을 털로 들어가서, 그 집 주인 보고 들고 온 칼로 위협을 하며 말합니다. 큼!

"!"

여기서 그 집 주인은 깜짝 놀라며! 그 강도들을 인식을 합니다. 여기서 그 강도 맞은 사람은 그 강도에 대한 지식이 있는 분이 있고, 없는 분이 있습니다.

'아, 강도를 만나면 가지고 있는 걸 다 줘야지, 안 주고 있다가 칼 맞는다던데! 있는 것, 다 주자!'

"예, 저게에 얼마 있고요. 또 저기에 얼마 있습니다!"

즉 그런 강도에 대한 지식이 있는 분이라면, 이런 식의 본인이 알던데로 행동이 나옵니다. 큼!

'아, 이거 어떻 하지?'

이 반면에 그런 강도에 대한 지식이 없는 분 경우라면, 본인이 어쩔 줄 몰라 합니다.

즉 여기서 마귀들에게 직통으로 들린 그 사람이, 이에 그런 마귀들에 대한 지식이, 있는 분이 있고, 없는 분이 있습니다. 큼!

'이 세상엔 마귀들이 있다던데, 또 마귀들 들린 것이 환각 현상과 연관이 있다던데!'

이는 마귀들에 대한 지식이 있는 분.

'어, 왜? 이리 기분이 이상한 거야!'

마귀들에 대한 지식이 없는 분.

여기서 그 마귀들에 대한 지식이 없는 분이시라면, 이에 본인에게 마

귀들 들린 그 일을, 이상하게 생각합니다. 큼! 즉 그런 강도 마귀들에게 어떤 1사람이 잡혔다면, 즉 그 사람에겐 환각 현상이 나타남니다. 즉 여기서 그런 마귀들에 들린 그 사람들 중, 각자 그런 분이 대적을 해야 할 상대인, 그 마귀들에 대한 지식이, 그 분들 각자 다릅니다. 즉 여기서 상대를 알고 나를 알면, 그 상대와 100번을 싸워도 다 이긴다고 하죠? 즉 여기서 마귀들을 이기려면, 그 마귀들에 대한 지식이 있는 분만이, 이길 수 있습니다. 큼! 즉 여기서 그런 지식들도, 하나님에게서 얻은 검니다. 그리고 마귀들이, 그 사람의 몸인 그 집 안에 그 집 주인 몰래 들어갔다가, 한동안 그 상태로 계속 그 집 안에 숨어 있는 경우가 있습니다. 큼! 즉 그런 경우, 보통 2, 3년 이후에, 그 마귀들이 그 집 주인에게 나타나는데, 즉 여기서 그런 식으로 숨어 있던 마귀들은, 4가지로 분류가 됨니다. 그건 즉 큼!

  1. 그들이 50년도 넘게, 계속 그 집 안에 숨어 있다가, 결국 그 집 된 사람의 영혼을 훔치기. 즉 이는 그 도둑 마귀들의 집 된 사람이, 그가 일상을 살면서, 그에게서 그런 마귀들이 들린 걸 본인이 모름에서 엉망으로 살아가다가, 결국 그가 예수를 안 믿고 죽어, 그 분의 영혼이 지옥으로 간 검니다.

  2. 그 도둑들이 그 집 주인에게 발각이 되기. 이 경우를 우리들 일상에서 풀어 본다면, 큼!

'이상하다?'

즉 마귀들 들린 그 사람이, 본인에게 그 마귀들이 들렸단 걸, 본인이 모르고 살아갈 수 있습니다. 큼! 즉 여기서 마귀들 들린 증상들이 나타남니다. 그리고 그 본인의 인생이 꼬이고, 그래서 스스로 그 병을 고친다고 해 가다가, 결국 그 마귀들 들린 그 상태를 본인이 안 경우입니다. 이 비유가, 즉 도둑이 어느 집을 털려고 그 집 주인 몰래 숨어 들어와, 그 집 주인이 외출 나가길 기다리며, 그 집안 어딘가에 숨어 있던 중, 그 집 주인의 뭔가의 의심에서나, 아니면 어떤 우연으로, 그 도둑들이 그 집 주인에게 발각이 되면, 이 다음 그 도둑들은 이 2가지 경우로 나옵니다. 그건 즉 큼!

(1) 그 도둑질을 포기하기.

이를 마귀들 들린 사람과 비교를 해 보자면, 즉 그 마귀들 들린 사람이, 본인에게 마귀들 들렸단 걸 본인이 모르고 살아가다가, 결국 그 사실을 알게 됐고, 이 다음 그 사람 몸에 숨어 붙어먹고 있다가 들킨 마귀들이, 거기서 나가는 그런 경운데, 그러나 이는 즉 마약 중독자가 그 약 끊은 예가 없듯이, 방금 그런 예도 없습니다. 큼!

(2) 숨어 있던 그 도둑들이 강도로 돌변하기.

즉 여기서 마귀들은, 99. 9% 강도로 방향을 바꿉니다. 큼!

3. '에이, 이 뭐 하는 짓인지? 그냥 나가자!'

즉 우리들 일상에서 도둑들이, 어느 집을 털로 들어갔다가, 그 일에 잡힐까? 겁이 나던가 해서, 그 일을 포기 하고, 그 집 주인 몰래, 그 집에서 빠져나가는 경우가 있습니다. 즉 여기서 그 마귀들을 그 일에 비유를 시켜 봅시다! 큼! 즉 이 마귀들은 포기를 모르는데요. 그런데 이 마귀들이 목표로 정한 그 1영혼을, 영원한 지옥으로 못 보낸다, 이 답이 확실히 안 나오면 안 갑니다. 그래서 마귀가, 3번 경우처럼, 즉 중간에 그 일을 포기 하고 나갈 것 같으면, 첨부터 그 집에 안 들어 갑니다. 그래서 이 3번 경우는 없다고 봐야 됩니다. 다음 4번 경우를 풀어 봅시다! 큼!

4. 즉 우리들 일상에서의 강도는, 이 2가지 경우가 있습니다. 그건 즉

(1) 집 주인에게 발각이 된 그 도둑들이, 강도로 돌변하기. 큼!

(2) 강도 짓 하기로 첨부터 일 꾸미고, 그 집을 털기.

여기서 일상에서 강도단을 만난 사람은, 이 4가지 경우로 나올 수 있습니다. 그건 즉

<1> "야, 말 안 해도 알지?"

"예, 여기 얼마 있고요. 저기 얼마 있습니다!"

큼! 즉 이런 식에 본인의 가진 것 다 주고, 위기를 모면하는 경우가 있습니다. 즉 여기서 심하겐, 그 강도들이 돈을 가져 가면서, 그 피해자를 잔인하게 해 놓고 가는 경우도 있죠? 즉 방금 강도들에게 돈을 털린 사람과 마귀들의 집 된 사람이 같은 식입니다. 즉 여기서 강도 마귀들 들린 그 사람은, 환각 현상이 나타남니다. 즉 그 강도 마귀들이 들리면 환각 현상이 나타나고, 반면 도둑 마귀들이 들리면 환각 현상이 안 나타남니다.

<2> 마귀들 집 된 사람이, 그 마귀들과 타협을 하면 그 분 사후 그의 영혼이 그 마귀들의 의해, 영원한 지옥에 감니다. 즉 이를 우리들 일상에서 그 강도단의 비유로 풀어 본다면, 즉 어느 강도단이 어느 집을 털로 들어갔다가, 그 피해자의 돈을 뺏으려고 협박하는 과정에서, 그 강도들과 그 피해자가 서로 인간적인 이야기를 나누다가, 그 다음 그 강도들이 그 일을 안 하고, 그 다음 어디서나 그들이 서로 알고 지내는 사이가 되는 경우가 있습니다. 큼! 그런데 여기서 그 마귀들의 집 된 사람이 그에게 붙어먹는 그 마귀들과 타협을 하면, 그 사람 사후의 그의 영혼은 그 마귀들의 의해 영원한 지옥으로 감니다. 큼! 요즘 17년으로부터 10년 정도 전에, 제 주위에 어느 남자분 경우는, 그분도 환청이 있는데, 즉 그분은 중년이시고, 그리고 그분은 사회에 몇 달이나 있다가, 그 다음 단골 정신 병원에 한 1달이나 입원했다가 퇴원을 하고, 즉 그렇게 주기적으로 하시던데, 여기서 그분과 어디서 몇 번 이야길 나눠 보니까, 여기서 그 분의 예기가 즉 그분은 그 환청들과 아주 화목하고, 친하담니다. 즉 그분의 환청들은, 그분에게 좋게 이것 저것, 뭘 가르쳐 준담니다. 여기서 그분은 그분의 일상에서, 그 환청들이 가르치는 그 말을 그대로 실천하고, 따른 담니다. 즉 여기서 그분의 환청 목소리들은, 다 남자 목소리라던데요. 그 다음 6개월이나 지나, 하룬 낮에 그분의 소문이, 즉

그분이 사회 어딘가에서 자살로 죽었다더라구요. 여기서 그분의 영혼은, 아마도 그분의 그 마귀들의 의해, 지옥으로 간 것 같습니다. 또 마이클 잭슨이란, 미국 가수 분도 지옥에 가셨다던데, 요즘 17년도인데, 그분이 이 몇 년 전에 돌아가셨는데, 그분도 마귀들과 타협을 해서, 지옥에 갔다던데요. 즉 그분 경우는, 그 분이 살아생전 때, 그분의 춤과 노래가 전세계적으로 크게 뜬 이유가? 즉 그분이 마귀들의 가르침을 받은 그걸 이용을 해서, 그분의 일이 됐다던데요. 즉 그렇게 마귀들에게 얻어먹은 그 이유로, 분의 영혼도 지옥에 갔답니다. 또 보면 정신과에서는, 즉 마귀들 들린 병을 환각 현상이다, 이렇게 보는데요. 즉 여기서 마귀들이 강한 사람에겐 아첨으로 나온 답니다. 그리고 그 외의 설이, 즉 이 마귀들이, 약한 사람에겐 한없이 강하게 나오고, 반면 강한 사람에겐, 한없이 약하게 나온다고 합니다. 큼!

(3) 즉 우리들 일상에서, 강도들을 만난 사람이 그들과 격투를 벌여 그 강도들을 잡으려는 사람이 있습니다.

"이 놈!"

"알았어요!"

할머니가 저항이 심하단 걸 아는 그 강도는, 알아서 나갑니다.

보면 그렇게 하시는 분들이, 주로 죽을 때가 다 된 노인 분들이나, 아니면 죽을 병에 걸려 죽을 때가 다 되신 분들, 등 등, 즉 그런 분들이 강도의 칼을 겁 안 냅니다. 이 외에, 즉 그 강도들과의 무력에서 본인이 이길 자신이 있으니까, 그로 그 칼든 강도들에게 덤빌 수 도 있습니다. 그런데 그 일은 어리석은 일로, 실제 그렇게 하면 그 강도들에게 칼 맞습니다. 즉 여기서 강도 마귀들 집 된 사람의 영혼이, 그 강도 마귀들에게 덤벼서, 그 마귀들을 이기려고 할 수 있습니다. 큼! 즉 이는 방금 칼든 그 강도들을 만난 사람이, 그 강도들을 때려 눕혀서, 그 강도단을 잡을 꺼라고 하는 것과도 같습니다. 즉 우리들 일상에서 그런 강도들이 그

덤비는 사람을 가지고 온 칼로 찔러 죽이고, 그 사람이 가지고 있던 돈을 가지고 달아나는 경우가 있습니다. 즉 방금 그런 식으로 마귀들의 집 된 사람이 그 마귀들을 이긴다고 해도 못 이기니까, 이에 하나님께 의지를 해야 됩니다. 또 우리들 일상에서 강도들이 어느 집을 털로 들어가면, 여기서 그 집 주인이 그 강도들 몰래, 본인의 스마트 폰에 긴급전화나, 아니면 112에 연결된 비상벨로, 그 사건 현장 외부에 있는 그런 범죄신고 기관에 신고하는 경우가 있습니다. 즉 이런 경우, 정상적으로는 그런 신고 한지 10분 안에 경찰들이 와야 됩니다. 그리고 그 다음 그 경찰들이 와서 그런 강도들을 본다면, 여기서 그 경찰들 선에서 책임을 지고, 그 강도들을 잡습니다. 여기서 그 강도들은 칼을 들고 있는데, 그 경찰들은 총을 들고 있고, 또 그 경찰들은, 각자 무전기로 서로 연락을 주고받으며, 그런 그들이 온 동네에 쫙 깔려 있습니다. 그래서 그 강도들이, 그런 경찰들을 못 이깁니다. 방금 그 범죄 현장에서, 그 강도들은 그 경찰들에게, 잡혀 갈 수 있습니다. 여기서 하나님을 믿음에서, 큼! 본인이 112에 강도들 신고하듯, 그 본인이, 알게, 모르게, 그 하나님에게, 그 강도 마귀들을 신고하는 겁니다. 큼!

* * *

"!"

'흠, 누군가가 나를 믿는 모양이네! 신방 한번 가볼까?'

큼!

* * *

하나님께서 거길 가보니까 마귀들이, 어떤 사람을 둘러싸고, 그 중 하나는 그 사람의 목을 비틀고 있고, 또 그 중 다른 하나는, 그 놈의 손으로 그 사람의 뒤를 찌릅니다. 큼!

"빨리 술 먹어! 빨리 집 나가!"

"어, 이 새끼들 봐라!"

신방 오신 하나님께서 그 마귀들을 보고.

"어, 앗! 하나님이다!"

그 마귀들이 도망을 가면서.

여기서 부터 그 하나님과 그 강도 마귀들과의 싸움이 시작 됩니다. 즉 하나님 선에서 책임을 지시고 그 마귀들을 처리를 해 주시는 겁니다. 큼! 즉 기독교에서는, 사람이 마귀를 이길 수 없다고 합니다. 이는 왜냐면? 일체의 마귀들은, 영적 존재이라서 그렇답니다. 그렇다면 그 힘은 뭔가? 그건 즉 부지런함이나, 지능이나, 그런 것들입니다. 그래서 사람이 강도 마귀들을 이기려는 것은, 결국 그 사람이 그들에게 패하니까, 결국 그렇게 되면 그 이긴 마귀들의 의해서 그 사람이 엉망으로 살다가, 결국 예수 안 믿고 죽어, 그 사람의 영혼이 영원한 지옥으로 끌려 갈 수 있습니다. 큼! 즉 여기서 일상에서, 강도들에게 털린 그 사람이 그 다음에 경찰에 신고하는 사람과, 큼! 그 마귀들에게 들렸다가, 그 마귀들이 쉽게 떠나간 다음, 본인이 살아가면서 하나님을 믿는 것과도 같습니다. 즉 여기서 그 앞에 붙어먹었던 마귀들을, 하나님께서 응징하시려고 뒷쫓습니다. 큼! 즉 이는 그 강도 신고를 접수 받은 그 경찰들이, 그 강도들을 뒷 쫓는 것과도 같습니다. 즉 여기서 강도들은 잡히면 감옥에 골인이고, 마귀들은 때가 되면 다 지옥에 가야되는, 즉 이는 마치, 교도소에서 사형선고를 받은 그 사형수가 그곳에 복역 중인 것과도 같습니다. 그리고 사람에게 마귀들이 들리는 이유는, 즉 그 사람이 단순히 재수가 없기 때문이라고 합니다. 즉 여기서 마귀들은 누구를 선호하느냐? 그건 즉 청소년들이나, 젊은 분들, 그들 중, 약한 분들을 선호합니다. 이는 왜냐면? 즉 그런 분들이, 젊고 희망적이라고 해서, 그들이 좋고 가지고 싶고, 그런 이유가 아니라, 즉 그런 분들은, 앞으로 살아갈 날이 많이 남아 있어서, 그로 그런 분들을 지옥으로 보내는데 앞으로 주어진 시간이 많고, 흠! 또 그런 분들은 살려는 의지가 강하기 때문에, 그로 죽음을 더욱 겁을 냅니다. 그래서 그 마귀들의 온갖 파멸 주는 그런 것들이, 그런 분들에게 더 잘 먹히기 때문입니다. 그리고 마귀들 들린 사람에게, 도둑 마귀들이 더 무서운가, 강도 마귀들이 더 무서운가? 이는 즉 도둑 마귀들이 강도 마귀들보다 더 무섭습니다. 이는 왜냐면? 즉 눈에 보이는 적 보다, 어딘가에서 숨어, 본인을 호시탐탐 노리고 있는 적이 더 무섭듯이 입니다. 큼!

"야, 이 집이 낫겠다. 여기에 들어가자!"

마귀들 무리 중.

여기서 사람에게, 처음 마귀들 들린 현상은 어떤 것인가? 그건 즉 갑자기 그 사람 머리 위가 무겁습니다. 큼! 즉 이는, 마치 머리 위에 10Kg 짜리의 어떤 물건을 이고 있는 것과도 같습니다. 즉 이 예가, 우리가 양손을 들고 벌을 서고 있으면 어깨가 아프듯이, 즉 그런 식에 통증 입니다. 즉 그것의 다른 표현으로, 뒷골이 땡긴다고 합니다. 큼! 보통 그런 상태에서 몇 일은 갑니다. 여기서 일반인에게, 갑자기 그런 현상이 나타났다면, 본인의 몸에 마귀가 들어 왔다고 의심을 해야 됩니다. 즉 여기서 마귀들이 처음 사람의 몸에 임했다면, 거기서 그 마귀들에 대한 지식이 있는 분이 있고, 없는 분이 있는데, 여기서 이 2의 차이는, 아주 큽니다. 즉 여기서 마귀들에 대한 지식이, 전혀 없는 분이라면, 갑자기 본인이 미친 줄만 압니다. 여기서 그런 본인도 이 세상을 살아가기 위해, 본인의 그 병을 알려고 노력을 하는데, 여기서 본인에게 마귀들이 들렸단 그런 답이, 이 세상 그 어디에서도 잘 안 얻어 집니다. 그래서 본인의 몸에, 마귀들이 들렸단 걸, 잘 알 수 없는 겁니다. 여기서 마귀들이란, 본인의 적을 모른다면, 그런 본인의 삶은, 엉망이 됩니다. 여기서 다시 일어 날 수 없는, 무서운 쪽으로 잘 빠집니다. 즉 마약 투약, 대마 흡연, 장기 매매, 성형 수술, 과도한 빚, 등 등의, 흠! 즉 여기서 마귀들의 누르기가 제대로 들어간 겁니다. 즉 여기서 본인의 일생 동안, 그 마귀들의 누르기에서, 평생을 못 일어 나, 그 마귀들의 의해, 결국 그분이 예수 안 믿고 죽어, 그분 사후 그분의 영혼이 영원한 지옥으로 골인이 될 수 있습니다. 즉 여기서 본인 스스로 그런 마귀들을 대처해 갈 수 있는 지식이 있어야 됩니다. 큼! 즉 여기서 본인에게 붙어먹는 그런 마귀들을 본인이 모른다면, 자멸을 합니다. 끝없이. 즉 여기서 마귀들 들린 그 사람이, 그런 마귀들 들린 걸 본인이 안다면, 여기서 그 마귀들을 이길 확률이 90% 이상 이라는 말이 있습니다. 즉 이는 그 마귀들 들린 사람이, 본인의 적인 그 마귀들을 알고, 이에 본인이 정신을 차려서, 그 마귀들에 대해 대처를 해 간다면, 이에 본인이 이 세상을 살아 가는데서, 큰 문제는 없는 모양입니다. 즉 여기서 직통으로 마귀들을 이겨 가는 삶이라, 그래서 그런 고생을 한 만큼의 그런 세월이 오래 될 수 록, 그런 본인이 알게, 모르게, 하나님과 더 가까워 질 것입니다. 큼! 즉 여기서 마귀들 들린 걸 본인이 모르면, 100% 본인이 그 마귀들에게 집니다. 즉 그런 식에 하루 하루를, 그 마귀들에게 속아 가며 엉망으로 삶니다. 즉 여기서 그 마귀들 들린 그 사람이, 그 마귀들 들린 그 사실을 모르면, 여기서 그분의 주위에서, 누가 선한 마음으로 그런 본인을 도와 주려고 아무리 해도, 그런 도움을 그런 본인이 못 받습니다. 즉 여기서 그런 분이 하나님의 레이다에 걸리고, 그 하나님께서 그분을 도우신다면, 그분이 살 수 있을지 싶습니다. 큼! 그러니까 마귀들에 대한 지식도, 하나님께서 그 사람에게 주시는 검니다. 여기서 도둑 마귀들과 강도 마귀들, 이 2가지의 마귀들 중, 각 각 1가지 씩의 마귀들이 사람에게 붙어먹습니다. 여기서 도둑 마귀는 뭔가? 그건 즉 1영혼을 지옥 보냄에서, 그 영혼 몰래, 지옥으로 골인시키는 마귀입니다. 여기서 그 도둑 마귀들 들린 현상은, 즉 강도 마귀들 들릴 때와 같이 나타납니다. 즉 여기서 환각 현상은 안 나타납니다. 이는 왜냐면? 즉 그런 본인의 몸 안에 숨어 있는 그 마귀들이, 그 집 주인에게 그놈들이 안 들키기 위해, 그 집 된 사람에게 아무런 자극을 안 주는 겁니다. 즉 이 5가지의 감각들을 안 줍니다. 큼! 이에 설명을 더 드리자면, 그건 즉 A라는 1사람이 B라는 여러 사람들과 같이 있는 중, 그 B라는 여러 사람들이 그 A라는 1사람에게, 그들이 같이 있단 걸 모르게 하는 것과도 같습니다. 즉 여기서 도둑 마귀들 들린 사람은, 본인에게 마귀들이 들렸단 그 사실을 모릅니다. 큼! 즉 여기서 도둑 마귀들 들린 현상과 강도 마귀들 들린 현상은 같습니다. 큼!

"그런 현상은, 뭘 말하는 건가요?"

어느 독자님께서.

"큼! 질문 잘 하셨습니다!"

공작가.

"그건 즉 일체 마귀들 들린 사람의 그 몸과 정신이, 즉 몸은 약간 아프기도 하고, 이상하게 되기도 하고, 또 그런 본인의 정신은, 즉 그런 마귀들의 공격으로 안 좋게 되지는데, 여기서 그 도둑 마귀들 들린 것은, 즉 본인에게 마귀들이 들리고, 그리고 본인이 그 들린 그 사실을 모르고 있고, 그와 함께 환각 현상이 안 나타날 때입니다. 큼! 즉 그래서 그럴 때 평소, 마귀들에 대한 지식이 있는 분이라면, 그런 본인에게 그런 마귀들 들린 것 같은 현상이 나타난 것으로 봐서

'혹시 나에게 마귀가 들어 왔나?'

즉 그런 의심 속에, 마귀들 들린 그 사실을 본인이 앎으로서, 그로 그 도둑 마귀들을 나오게 해서, 그로 도둑 마귀들을 강도 마귀들로 변해지게 하고,

* * *

그 다음 그런 마귀들과 대적을 해 갈 수 있는 겁니다. 큼! 그러나 그 도둑 마귀들에 들린 상태에서, 평소 본인이 마귀에 대한 지식이 없는 분이라면, 여기서 그런 본인에게 그런 도둑 마귀들이 들어 왔단 것을 본인이 모릅니다. 여기서도 이상한 안 좋은 현상들이 나타납니다. 즉 이에

그런 본인의 인생 일 수 록, 더 꼬이는 겁니다. 그런데 그런 본인이 왜? 그렇게 됐는지를 모르니까, 거기서 본인 스스로를 미쳤다고 생각을 하고, 또 그런 본인이 뭔가의 저주를 받고 있다, 즉 공포 영화에 파라오의 저주, 즉 그런 식에 본인이, 어떤 저주를 받고 있다고 생각을 합니다. 즉 방금 그런 식에 마귀들의 집 된 분이, 삶을 삽니다. 즉 그렇게 된 근본 원인이, 즉 본인에게만 있다, 그렇게만 보는 겁니다. 큼! 즉 여기서 그런 때는, 즉 정신병원에 가서 의사 상담을 받아 봐도, 특별한 정신과 적인, 무슨 정신병이 있다는 인정을 못 받습니다. 즉 그런 본인에게서 환각 현상이 없어서 그렇습니다. 즉 그래서 그런 본인의 심각한 정신적 증상을, 정신과 의사가 볼 때, 그런 정신과 이론에서는, 즉 그런 도둑 마귀들 들린 증상인, 즉 알 수 없는 어떤 이상한 증상은 있는데, 여기서 특별한 환각 현상이 없는 상태인데, 즉 그런 정신과 적인 증상의 이론은, 아마도 정신과 학문에는 없기 때문에, 그래서 그런 정신과 병원에 찾아가서, 거기 의사에게 그런 본인의 병을 알려도, 거기 의사가 그런 본인의 병을 모르는 경우가 많습니다. 즉 환각 현상은 없고, 무슨 이상한 증상이 있다고 하니까, 여기서 정신과 이론에서는 그런 도둑 마귀들 들린 증상은 없는 모양입니다. 즉 본인에게 마귀들이 들렸고, 그리고 본인이 그 사실을 모르고, 그리고 그 마귀들 들린 증상은 나타나고, 그리고 거기서 환각 현상이 안 나타나는, 그런 병입니다. 즉 그 도둑 마귀들 들린 증상을, 정신병원에 가서 상담을 받아 보면, 즉 거기 의사에게 그런 증상을 정신병이라고 인정을 못 받고, 괜히 본인의 하소연 하러 왔다는 식으로 됩니다. 즉 여기서 그 본인에게 마귀들이 들렸고, 그걸 본인이 전혀 모르는 것 같으면, 그 본인의 병을 어떻게든 알기가 아주 어렵습니다. 이는 왜냐면? 즉 이 세상 그 어디에서도, 그런 본인의 그런 증상에 대한 뚜렷한 가르침이 없어서 그렇습니다. 그래서 그런 본인의 병을, 처음 알기가 아주 어려운 겁니다. 여기서 그런 본인도 이 세상을 살아가려는 데서, 그 도둑 마귀들이 본인의 삶을 막고 있단 걸 본인이 모르니까, 큼! 그로 연결된 것이, 즉 본인이 이 세상 사람들에게 피해만 준다는, 그런 여러 가지의 피해 망상에 빠짐니다. 여기서 그런 분들 중 심한, 실제의 2가지 사례를 들어 본다면, 즉

　1. 이는 어떤 정신과 의사가, 그분의 직업 생활에서, 실제 격은 경험담을 어느 TV 방송에 출연해서 설명했던 내용인데요. 그건 즉 과거 본인이 담당을 하던 어떤 남자 환자 분이, 즉 그분이 혼자 있을 때 본인 스스로 본인의 양 눈알을 뽑았담니다. 흠! 그 이유가? 즉 본인의 눈에서 남에게 피해를 주는 광선이, 계속 나와서 그랬담니다. 흠! 그 일 얼마 후에, 그 환자와의 면담에서, 즉 그 환자가 하시는 말씀이, 즉 본인의 눈알들 뽑은 그 구멍 안들을 더 파내야 되더람니다. 그건 왜? 그러냐고 그 의사 분이 물으니, 즉 그 본인의 눈알들 뽑은 구멍 안에서, 남에게 피해를 주는 광선이, 계속 나와서 그렇다고 하더람니다.

　2. 전에 어디서 법전을 보니까, 즉 심신 미약으로 인정이 되 무죄로 된 범죄 중 1사건이, 즉 어떤 남자 분이, 손에 도끼를 들고, 길을 가는 행인들, 아무나를 보고 내리 찍는, 그런 살륙을 하더라는 그런 사건도 있었다는데, 큼! 즉 이 1, 2번의 경우가, 즉 본인의 몸 안에 마귀들이 들어와 있는데, 이에 본인이 그걸 모름에서, 그로 피해 망상이 생기고, 그리고 이 세상에 그런 병을 고친다는 답이 없고, 또 어느 종교에서도 그 답을 못 구하고, 그 다음 단계로, 즉 본인의 행동의 선과 악을 구분 못 하는 검니다. 여기서 그런 그가 자살은 못하고, 또 그런 병이 누적이 되다가, 여기서 즉 사지 멀쩡한 살아 있는 사람이, 그런 정신 상태라면, 어떻게 되지겠습니까? 즉 앞에서 설명 드린 그 2가지 사례 식으로 됨니다. 즉 그런 분들은, 본인에게 마귀들 들린 그 사실을 본인이 전혀 모르기 때문에 그런 검니다. 즉 여기서 그분을 잡고 있는 그런 마귀들이, 안 그래도 사정없는 묻지마 공격을 하는데, 여기서 그 마귀들의 집 된 사람

이, 그 마귀들을 모르니까, 이에 더 더욱 사정없이 그 마귀들이 묻지마 공격을 하는 검니다. 큼! 즉 여기서 그 마귀들은 그 사람의 영혼을 빨리 지옥으로 보내 놓고, 또 딴 사람 잡으러 가야 됩니다. 즉 여기서 그런 마귀들 들린 사람의 경우는, 즉 본인에게 그런 해를 주는 상대인 그런 마귀들이, 그 본인에게 해를 주고 있는데, 이에 본인이 그 상대를 전혀 모르니까, 여기서 그렇게 될 수 록 그 마귀들은, 그들의 공격이 더 잘 먹혀 들어가고, 그로 그 마귀들이 그런 공격을 더 더욱 하고, 여기서 그 마귀들의 집 된 그 사람은, 그 마귀들을 전혀 모르니까, 그래서 그 공격을 그대로 계속 받고, 나중엔 그런 공격을 너무 많이 받아 놓으니까, 결국 매에는 이기는 장사가 없다고,

퍽!

마지막 결정타 1방 더 맞고, K O 된 검니다. 큼! 그쯤 되면 그 경기 종료시간도 다 되갈 것 입니다. 큼!

"아니, 공 한국 기독교 작가님, 그 도둑놈 마귀들의 집 된 사람이, 그 도둑놈 마귀들에게 왜?패합니까."

앞에와 다른 어느 독자님께서.

"큼! 그건 즉 그 마귀들의 집 된 사람이, 그 마귀들을 몰라서 그렇습니다. 흠!"

공작가.

"큼! 그렇다면 그 도둑놈 마귀들의 집 된 사람이, 그들을 이길 수 있는 방법은 뭡니까?"

방금 그 독자님들께서.

"흠! 그건 즉 그 마귀들이란 상대를 아는 것입니다. 즉 여기서 그 마귀들을 대적 함에서 그 마귀들을 모른단 것은 어떤 것인가를 풀어 봅시다! 큼!

공작가.

* * *

즉 그런 상태는, 즉 어떤 1사람이 어떤 상대와 1대 1 권투 경기를 해야 한다고 칩시다. 큼! 즉 여기서 그 마귀들 집 된 사람이 그 상대 마귀들을 모른다는 것은, 즉 그 상대 선수가 투명 인간인 것과도 같습니다. 큼! 즉 그러면 그 상대의 주먹이 어디서 어떻게 날라 올지 모릅니다. 또 그 상대가 안 보이니까, 그 상대를 때리지 못 합니다. 즉 그런 그 상대와의 권투 시합에서는 그 상대에게 패하겠죠? 여기서 누구나 천국에 가기 위해서는 큼! 인생이란 사각의 링 위에서, 저 상대 권투 선수인, 저 마귀를 이겨야 됩니다. 큼! 여기서 마귀들 들린 그 사람이, 그 마귀들 들린 그 사실을 모를 것 같으면, 즉 그런 상대 마귀들은, 도둑 마귀들이 됩니다. 그러면 그 도둑 마귀란 그 상대 선수는, 투명 인간인 것과도 같습니다. 즉 여기서 그런 상대의 주먹이, 어디서 어떻게 날라 올 지 모릅니다. 즉 여기서 그런 그 상대를 공격을 못 하고, 또 그런 그 상대의 주먹은 계속 맞게 되고, 또 그런 그 주먹들을 맞으면 맞을 수 록, 결국 그런 매에 못 이겨 K O 패 되겠죠? 큼! 즉 마귀들 들리고, 즉 그런 그 본인이 그걸 모르는 비유가 이 겁니다. 즉 그렇다면 그 도둑 마귀들에 들리고 그 마귀들을 그런 본인이 안다면 어떻게 되는가? 큼! 그건 즉 그 도둑 마귀들은 강도 마귀들로 바뀝니다. 즉 그 도둑을 알았으니, 그 들통난 도둑이 계속 도둑질을 하려면 강도로 바뀌는 거죠? 즉 여기서 그런 강도 마귀들 들린 사람이 천국 가기 위해서는, 그 상대 선수와의 권투 경기에서, 저 상대인 그 대표 강도 마귀 하나를 이겨야 됩니다. 흠! 이 강도 마귀와 싸우는 그분은, 그 강도 마귀들에게 들린 1사람입니다. 여기서 그 도둑 마귀들이 들린 것을 그분이 안다면, 그 도둑 마귀들이 강도 마귀들로 바뀌면서, 그런 상대의 대표 선수 하나가 본인과의 권투 시합을 함에서는, 즉 그 상대가 본인의 눈에 보여지는 것과도 같습니다. 그러면 그 상대 선수의 주먹이 어디서 어떻게 날라 올지 알 수 있습니다. 즉 여기서 그 본인도 그 상대 선수를 때릴 수 있습니다. 큼! 여기서 그 강도 마귀들의 집 된 사람의 영혼이나, 상대 선수나, 즉 서로 상대에게 안 맞고, 그 상대를 효과적으로 많이 때릴려고 합니다. 큼! 즉 여기서 그 경기 종료 시간이 있습니다. 실제 권투 경기에서는 12라운드라는 종료 시간이 있듯이, 이 강도 마귀와의 권투 경기 종료 시간은, 그 강도 마귀들의 집 된 사람이 죽을 때입니다. 큼! 즉 어떤 마귀도, 그 죽은 사람의 몸에서는, 그놈들이 아무리 안 간다고 발광을 해도, 더는 그 집에 못 있게 됩니다. 즉 여기서 귀신이 칼을 무서워 한다는 말이 있는데요. 여기서 귀신은 마귀입니다. 왜? 마귀가 칼을 무서워 하는가, 그건 즉 그 마귀들이 그들에게 걸린 그 사람이, 혹시나 그 칼에 찔려 죽을까 싶어서 그러는 겁니다. 큼! 즉 여기서 그 강도 마귀들 들린 사람의 몸이, 이 권투 경기의 시합장입니다. 큼! 또 그 사람의 몸이 죽을 때가, 이 경기의 종료 시간입니다. 여기서 어떻게 해서 마귀들 들린 그런 사람만이, 이런 식에 강도 마귀와의 권투 경기를 하게 되는 건 아닐 겁니다. 즉 여기서 이 강도 마귀들 들린 사람의 영혼이, 천국 가기 위해서는, 저 강도 마귀들의 대표 선수 하나를 이겨야 됩니다. 즉 여기서 그 강도 마귀들이 그들에게 잡힌 1사람의 영혼을 지옥으로 보내기 위해서는, 그 강도 마귀들의 대표 선수 하나가 이 권투 시합에서 그 영혼을 이겨야 됩니다. 여기서 하나님께서 계신데요. 그분 께서는 이 시합의 심판관도 아니시고, 또 이 경기에서 그 사람 영혼 측의 메니져도 아닙니다.

"아니 하니님이신데, 그러면 그 하나님께서는 누구시란 말입니까?"

앞에와 다 다른 어느 독자님께서. 큼!

"큼! 즉 그 하나님께선, 그 사람의 영혼 자체인 것 처럼, 그 영혼이 저 상대 선수를 이길 수 있는 그 영혼 안에서 꿈틀 거리고 있는 초 자연적인 기적의 힘입니다!"

공작가. 큼!

인류 모두가 지옥 안 가기   125

* * *

즉 그 힘은, 저 상대 선수에게 얻어맞아 휘청거릴 때, 정신 차리게 해 주고, 또 다시 그 상대와 싸울 수 있게 해 주고, 또 그 상대에게 K O 되도, 다시 일어나 그 상대와 싸울 수 있게 해 줍니다. 즉 그런 마귀들을 이길 수 있게 하는 그 영혼의 힘의 근원이 하나님이십니다. 큼! 즉 그래서 그 힘이란 것은, 초자연적인 기적의 힘이 발휘될 수 도 있습니다. 큼! 즉 그 힘은, 저 강도 마귀를 이길 겁니다.

펵!

그 영혼이 그 하나님의 힘을 실어, 상대 마귀에게 주먹을 1방 줬다면, 그 주먹을 맞은 그 상대가 뒷 걸음질 치며, 쓰러지게 만들 그런 힘의 강도 일 것입니다. 큼! 즉 그 하나님의 힘의 근원이란 것은, 초자연적인 기적의 힘으로써, 즉 그 힘이 강하게 발휘가 되려면, 아주 강한 힘이 발휘가 될 것입니다. 즉 사람이 상상할 수 없을 정도의. 큼! 즉 여기서 저 상대 강도 마귀 선수를 이길 수 있는, 그 영혼 안에서 꿈틀거리는 그 힘의 근원이 하나님이 십니다. 즉 여기서 그 힘은, 그런 강도 마귀들 들린 사람의 영혼에는 누구에게나 보유하고 있습니다. 즉 그 힘이 하나님이신데, 여기서 그 힘을 쓸 그 영혼이 그 하나님을 안 믿는다면 어떻게 되질까요? 즉 그 하나님께서도 감정이 있으신데, 큼! 즉 여기서 그 영혼이 그 하나님을 안 믿는다는 것은, 즉 그 영혼 스스로 그 영혼이 쓰는 그 힘을 안 믿는 것과도 같습니다. 큼! 즉 여기서 그 영혼이 쓰는 그 힘의 근원이 하나님이시고, 그 하나님께서는 그 영혼을 잘 되게 해 주시려는데, 그런데 그 영혼이 그런 하나님을 몰라 주니까, 그래서 그런 하나님께서는, 그 영혼을 잘 되게 해 주시는 그 일을 하기 싫고, 또 재미도 없고, 의미 없고, 도와 주시기 싫고, 즉 해줘 봐야 뭐, 그런 수고 하시는 그 하나님을 안 알아 주니까, 그래서 그 일을 해 주시기 싫겠죠? 큼! 즉 여기서 우리도 입장을 바꿔 놓고 생각을 해 보면, 즉 본인이 남의 일을 열심히 잘해 줬는데, 그 일의 주인이 그런 본인을 안 믿는다면, 그 일 해 주는 그 본인이 그 일을 하기가 싫겠죠? 큼! 즉 하나님 불신이란 것도 그런 식인 것입니다. 즉 여기서 사람들 사이에서는, 이런 경우 그 한쪽이 그 일을 포기 하고 떠나 가는 경우가 있는데, 그러나 하나님께서는 누구에게라도 끝임 없이, 큼! 포기를 않으신다는 말이 있습니다. 큼! 이번엔 어느 강도 마귀 하나와 사람과의 벌이는, 권투 경기장으로 가 봅시다! 큼!

* * *

와 — 와 — 와 —

관람석에 관중들.

저 강도 마귀와의 권투 시합을 하는 그 영혼이, 하나님을 안 믿는다고 칩시다! 큼! 즉 그러면 저 마귀를 이길 수 있는 그 영혼 안에서 꿈틀거리고 있는 힘이 발휘가 안 되겠죠? 그 영혼의 힘의 근원도 그 일의 주인 되는 그 영혼이 그런 그 힘을 안 알아 주니까, 그래서 그 힘이 그 영혼에게 힘 주시기 싫으실 꺼고, 그로서 그 영혼이 저 상대 마귀와의 싸움에서 저 상대를 이길 수 있는 힘이 약해질 것입니다. 여기서 이 다음 단계로 그 영혼이 그 힘을 아예 무시를 하고 박대를 한다면, 그 영혼의 힘의 근원이, 그 영혼에게서 기분 나빠하며, 어디론가 떠나가 버릴 수 도 있겠죠? 그러면 그 영혼이 저 상대 마귀와의 싸움에서, 저 상대에게 질 수 있겠죠? 즉 저 상대 마귀를 이길 수 있는 힘이 전혀 없어질 테니까, 그래서 상대적으로 저 상대 마귀가 그 영혼 보다 힘이 쎄지니까, 그렇게 되겠죠? 그 강도 마귀들 들린 1영혼은, 저 강도 마귀들의 대표 선수 하나와의 1대1 권투 시합인 그 영적 경기에서 저 상대 선수를 이겨야 천국에 갑니다. 즉 이런 식으로 그런 강도 마귀들에게 들린 분들이나, 일체 마귀들에 안 들리신 분들도, 다들 마찬가질 겁니다. 즉 이 마귀들이 들렸다는 것은 뭔가? 그건 즉 영적으로 여러 영혼들이 있는 중, 그 중 A

라는 1영혼과 B라는 영혼들 무리, 즉 그들이 다 같은 한 공간 안에 같이 있는 중, B라는 그 영혼들 무리가 그 A라는 1영혼을 집단으로 괴롭히는 것과도 같은 겁니다.

"그렇다면 마귀들이 안 들린 현상은 뭡니까?"

앞에와 다 다른 어느 독자님께서. 큼!

"그건 즉 여러 영혼들이 있는 중, 즉 C라는 1영혼과 B라는 영혼들 무리가, 즉 그들이 모두한 공간 안에 같이 있는 중, 그 B라는 영혼들이 그 C라는 1영혼을 안 괴롭히는 것과도 같습니다. 즉 마귀들에 들리고, 안 들리고의 차이가 그런 겁니다. 즉 그래서 마귀들에 들린 사람이 알고 보면, 이상한 사람이라기 보다, 즉 그런 본인도 그런 마귀들 때문에 괴로운 상태인 것입니다. 즉 여기서 실제 영적으로 그런 분의 영혼이, 그런 마귀들에게 괴롭힘을 받고 있는 중인 겁니다. 즉 그래서 그런 어려운 중인 사람인 거죠? 큼! 여기서 앞에 강도 마귀와의 권투 경기장으로 가봅시다! 큼!"

공작가.

* * *

와 ― 와 ― 와 ―

관람석 관중들.

"하나님의 종 대 강도 마귀, 강도 마귀 대 하나님의 종 대, 타이틀 메치 전이 펼쳐 졌습니다!"

"아, 저 하나님의 종 선수는 말이죠!"

해설가가 방금 그 아나운서 말에.

이 경기에서 저 상대 마귀를 이길 수 있는 힘을 안 믿으면, 그 힘이 발휘가 안 됩니다. 여기서 본 영혼이 쓰는 그 힘을 안 믿는 것과, 하나님을 안 믿는 것과는 같은 겁니다. 즉 본인의 영혼이 쓰는 그 힘이 곧 하나님이십니다. 큼! 여기서 그 힘을 안 믿으면, 저 상대 마귀를 이길 수 있는 힘이 발휘가 안 됩니다. 즉 그런 그 하나님을 안 믿을 수 록, 저 마귀 선수를 이길 수 있는 힘이 약해 집니다. 그래서 상대적으로 그 영혼보다 힘이 쎈 저 강도 마귀놈에게 패하게 되니까, 큼! 그래서 그 경기에서 패한 그 영혼은 그 이긴 마귀에 의해서, 지옥으로 보내 질 수 있습니다.

와 ― 와 ― 와 ― !

곤람석 관객들.

"이 자리를 빛내 주신 많은 방청객 영혼님들, 안녕하십니까? 아나운서 ○ ○ ○ 입니다!"

아나운서.

'!'

그 영혼.

여기서 그 영혼이 하나님을 믿습니다. 큼! 여기서 이 영혼 분 케이스는, 그 분의 인생 중간 부분부터, 하나님을 믿기 시작 했습니다. 여기서 하나님을 늦게 믿으신 분들 일 수 록, 그 하나님 믿음에 단수가 높습니다. 이는 왜냐면? 즉 그 하나님 믿는 그 일 밑에 기초가 되서 그렇습니다.

땡!

"1라운드, 공 울렸습니다!"

아나운서.

'저 마귀를 이겨야 천국에 갈 수 있다! 하나님! 꼭 저 마귀를 이기게 해 주세요!'

그 영혼이, 진심으로 하나님을 믿습니다. 큼!

'!'

그 상대는 그 하나님의 종에게, 천천히 다가 옵니다. 큼!

그리고 그 하나님의 종은, 본 영혼의 그 몸을, 약간 뒤로 뺍니다.

퍼, 벅!

그 상대방이 날린 주먹들을 카바 합니다.

'!'

본 영혼.

'아, 생각보다 쎄구나!'

본 영혼.

큼!

그리고

곧 그 상대에게 코너에 몰렸습니다.

퍼, 버, 벅!

그 상대가 카바를 하고 있는 본 영혼의 여기 저기를 마구 침니다.

땡ㅡ!

1라운드, 공 울렸습니다.

본 영혼은 링 한쪽 코너로 가서, 본 영혼의 메니져들의 도움을 받으며 쉬며, 그 상대를 쳐다 봅니다.

'!'

그 상대와 눈이 마주 쳤습니다. 그 상대는 본 영혼을 비웃습니다.

땡ㅡ!

2라운드, 공 울렸습니다.

서로 천천히, 그 상대에게 다가 감니다. 큼!

퍽!

본 영혼이 그 상대의 훅을 카바 합니다.

퍼, 버, 버, 벅!

그 상대는 카바를 하는 본 영혼에게 소나기 펀치를 날립니다.

그리고 어느세

그 상대에게 코너에 몰렸습니다.

퍼, 버, 버, 벅, 번 쩍!

그리고

그 상대방의 소나기 펀치 중 1방이, 본 영혼 카바의 그 헛점을 뚫고, 본 영혼의 왼쪽 얼굴을 강타 했습니다.

번 쩍!

그리고 그 상대의 주먹이, 본 영혼의 오른쪽 얼굴도 강타 했습니다.

번 쩍!

―

갑자기 눈앞이 노래 집니다.

하나, 둘, 셋!

정신이 들어 보니, 심판관이, ＫＯ 된 본 영혼에게 카운타를 세고 있 습니다.

본 영혼은 그 상대방의 주먹을, 본 영혼의 오른쪽 왼쪽 오른쪽 얼굴에 각 각 연속 1방 씩 맞고 본 영혼도 모르게 쓰러졌 었습니다.

본 영혼은 일어 납니다.

그 심판관은 그런 본 영혼에게, 경기를 계속 할꺼냐 묻습니다.

고개를 끄덕여 보이는 그런 본 영혼을 보고, 그 심판관은, 경기를 진 행 시킵니다.

그리고 그 상대가 다가 옵니다.

땡 ― !

2라운드, 공 울렸습니다.

다시 한쪽 옆 코너로 가서, 본 영혼의 메니져들의 도움을 받으며 앉아 쉽니다. 큼! 본 영혼은 저 상대를 못 이길 것 같단, 예감이 옵니다.

'하나님 저 상대를, 꼭 이기게 해 주세요! 예수님의 이름으로 기도 드 립니다! 아멘.'

본 영혼.

그리곤 그 상대를 쳐다 봅니다.

땡 — !

3라운드, 공 울렸습니다.

서로 천천히, 그 상대에게 다가 갑니다.

퍼, 벅!

그 상대가 날린 주먹들을 카바 합니다.

퍼, 버, 버, 벅, 퍽!

그리고

그 상대의 소나기 펀치에 어느덧 한쪽 코너로 몰렸습니다.

퍼, 벅, 번 쩍 !

그리고 그 상대는 본 영혼의 그 카바의 헛점 사이로, 본 영혼의 왼쪽 얼굴을 강타 했습니다.

번 쩍,

번 쩍!

셋, 넷!

의식이 들어 보니 심판관이 쓰러져 있는 본 영혼에게, 또 카운타를 세고 있습니다. 큼!

다 섯!

'아, 이젠 못 일어 나겠구나!'

"이젠 일어 나거라!"

'!'

본 영혼이 그 음성을 듣고.

본 영혼의 생각 속에 누군가의 음성이 들렸습니다.

그리고

왠지? 경기를 처음 시작 했을 때 보다 더 힘이 나는 것 같습니다.

'아, 방금 그 음성이 하나님의 음성인가?'

아 홉!

벌 떡!

그 심판관은 그런 본 영혼에게 더 싸울 의사가 있는가를 묻습니다. 본 영혼은 그 심판관에게 고개를 끄덕여 보입니다.

다시 경기가 진행이 됩니다.

다시 양 선수 서로가, 그 상대에게 천천히 다가 갑니다.

퍼, 벅!

카바.

'!'

그 상대의 주먹의 강도가, 앞에 번 보다 약합니다.

'아, 이게 하나님의 도우심인가?'

퍼, 버, 벅, 번 쩍, 번 쩍!

그리고

이번에도 그 상대에게 본 영혼의 카바 헛점 사이로, 본 영혼의, 왼쪽, 오른쪽 얼굴을, 연속 강타 당했는데, 이번엔 별 충격이 없습니다.

'아 역시, 하나님께서 임하셨구나!'

하나님의 성령의 힘이, 본 영혼에게 임했단 것이 강하게 느껴 집니다.

'넌 이제, 나가야 겠다!'

본 영혼.

퍼, 버, 벅!

그 상대에게 날린 펀치들을, 그 상대가 카바를 합니다.

퍼, 버, 벅!

그 상대를 계속 몰아치며, 그 상대를 코너에 몰아 넣었습니다.

그리고

잠시 그 공격을 멈추고, 그 상대의 헛점을 찾아보니, 그 상대는 본 마귀의 그 양팔 꿈치로, 그의 앞면을 가리고 있는 것 외에는, 큼! 다 헛점 입니다.

퍼, 버, 벅!

땡 — !

그 상대의 카바를 뚫으려고, 그 상대의 여기 저기를 가격 하던 중, 3라운드, 공 울렸습니다.

큼! 본 영혼은 코너 벤취로 가서, 그의 메니져 들의 도움을 받으며 앉아 쉬며, 그 상대를 쳐다 봅니다.

'!'

그리고 그 상대와 눈이 마주쳤습니다. 그 상대도 본 영혼처럼, 본 영혼을 쳐다보고 있었습니다.

땡 — !

4라운드, 공 울렸습니다.

서로 그 상대에게 천천히 다가 갑니다.

퍼, 벅!

상대의 오른, 왼 주먹이, 본 영혼의 그 카바에 꽂 힙니다.

잠시 후

퍼, 벅!

본 영혼의 오른, 왼 주먹을, 그 상대가 카바를 합니다.

'!'

그런데

상대의 그 카바를 때린 본 영혼의 주먹에, 상대가 받은 그 충격이 크단 감이 옵니다.

'아, 이것이 하나님께서 내게 주신 힘인가?'

본 영혼.

퍼, 버, 벅!

이에 자신감을 얻은 본 영혼은, 그 상대를 계속 몰아 붙입니다.

그 상대는 카바를 한 그 상태로 뒷걸음질 칩니다.

퍼, 버, 벅!

곧 코너에 몰린 그 상대의 여기 저기를 마구 때려 보다가, 잠시 그 공격을 멈추고, 그 상대의 헛점을 찾습니다.

그 상대는 그의 팔꿈치로 그의 얼굴 앞면을 가린 것 외엔, 다 헛점들인 것 같습니다. 큼!

퍼, 버, 벅!

퍼, 벅!

퍼, 벅!

계속 되는 본 영혼의 소나기 펀치에, 그 상대는 카바를 한 그 상태를 계속 유지를 합니다.

퍼, 벅!

퍽!

비, 틀~

퍽!

쿵!

계속 되는 본 영혼의 소나기 펀치, 그 중 한 방이, 그 상대의 왼쪽 얼굴을 강타했고, 그걸 맞으며 오른쪽으로 비틀 거리는 그 상대의 오른쪽 얼굴을 본 영혼의 왼 주먹으로 강타했고, 또 그걸 맞은 그 상대는 그의 왼쪽 옆으로 쓰러 졌습니다.

하 나, 둘, 셋, 넷!

K O 됐던 그 상대가 일어 납니다.

심판은 그에게 다가가 더 싸울 의사가 있는가를 묻습니다. 그리고 그 상대의 동의로 경기는 계속 진행 됩니다.

퍼, 벅!

퍼, 벅!

그 상대에게 다가가 주먹들을 마구잡이로 날림에, 그 상대는 그의 앞면을 카바 합니다.

퍼, 버, 벅!

그리고

또 그 상대의 여기 저기를 마구잡이로 가격 합니다.

퍽!

휘, 청~

퍽!

퍽!

쿵!

그 상대의 여기 저기를 가격하다가, 그 상대의 오른쪽 옆 얼굴을 정확히 강타 했고, 그걸 맞은 그 상대는, 그의 왼쪽 옆으로 휘청 거렸고, 이에 본 영혼의 왼, 오른 주먹을 각 각 맞은 그 상대는 그의 왼쪽 옆으로 쓰러짐니다.

하 나, 둘, 셋, 넷, 다섯, 여섯!

그 마귀는 다시 비틀 거리며 일어 남니다.

심판은 그에게 다가가, 다시 싸울 의사가 있는가를 묻고, 그리고 그 마귀의 동의에 의해 다시 경기는 진행 됩니다.

본 영혼과 그 마귀는, 서로 그 상대에게 천천히 다가 갑니다.

땡 ―!

4라운드, 공 울렸습니다.

큼! 본 영혼은 코너 벤취로 가서, 그의 메니져들의 도움을 받으며 앉아 쉬며, 그 상대를 쳐다 보니,

'!'

그 상대도 본 영혼과 같은 식으로 본 영혼을 쳐다 보고 있고, 둘은 눈이 마주 쳤습니다.

땡 ―!

5라운드, 공 울렸습니다.

서로 천천히, 그 상대방에게 다가 갑니다.

퍼, 벅!

그 상대의 여기 저기를 가격 함에, 그 상대는 그의 팔꿈치로 그의 앞면을 카바 하며, 뒷 걸음질 칩니다.

퍼, 벅!

퍼, 버, 벅!

그 상대를 코너에 몰아 넣고, 또 그 상대의 여기 저기를 본 영혼의 양 주먹으로 가격을 합니다.

퍼, 벅!

퍽!

퍽!

퍽!

쿵!

그 상대의 여기 저기를 계속 가격 하던 중, 본 영혼의 오른, 왼 주먹이, 그 상대의, 왼, 오른 얼굴을 강타 했고, 그 다음 왼쪽으로 휘청하던 그 상대의 왼 얼굴에, 본 영혼의 오른 주먹을 강타당한 그 상대는, 그의 오른쪽 옆으로 쓰러 짐니다.

하 나, 둘, 셋, 넷, 다섯, 여섯, 일곱!

상대는 비틀 거리며, 다시 일어 남니다.

심판이 다시 그에게 다가가 싸울 의사가 있는가를 묻습니다. 이에 동의를 한 그 마귀의 의해 다시 경기는 진행 됩니다.

퍼, 벅!

퍼, 버, 벅!

천천히 그 마귀에게 다가간 본 영혼은, 그 마귀의 아무 곳이나 가격을 합니다. 그 마귀는 그의 정면을 카바 하며, 천천히 뒷걸음질 칩니다.

퍼, 벅!

퍼, 벅!

본 영혼은 그를 코너에 몰아 계속 칩니다.

휘 청~

퍽!

퍽!

쿵!

그 주먹들 중, 한 주먹이, 그 마귀의 왼쪽 얼굴을 정확히 강타 했고, 그걸 맞은 그 상대는, 그의 오른쪽 옆으로 비틀거렸고, 이에 그런 그 상대의 왼, 오른쪽 얼굴에, 본 영혼의 오른, 왼 주먹을 날렸고, 이에 그 주먹들에 강타당한 그 상대는, 그의 왼쪽 옆으로 K O 됐습니다.

하 나, 둘, 셋, 넷, 다섯, 여섯, 일곱, 여덟, 아홉, 열!

땡, 땡, 땡!

하나님의 종의 5라운드 K O 승입니다.

즉 여기서 하나님 믿는단 것은, 즉 본인이 사용을 하는 본인의 몸의 힘을 믿는 것과도 같습니다. 즉 이는 본인이 본인의 힘을 믿어야 무슨 일이든 할 수 가 있겠죠? 즉 그 힘이란 것은, 즉 본인의 몸에서 나온 것이 아닙니다. 또 본인의 영혼에서 나온 것도 아닙니다. 또 다른 어떤 곳에서 나온 것도 아닙니다. 그렇다면 그 힘은 어디에서 나왔는가? 큼! 그건 즉 하나님께서 주신 겁니다. 즉 그 힘이란 것은? 강한 힘이 발휘가 될 수 있는데, 큼! 즉 그 힘을 기적의 힘이라고 합니다. 큼! 즉 여기서 그 기적의 힘이란 건, 즉 사람이 상상 할 수 없는, 그런 엄청난 힘의 강도입니다. 즉 여기서 옛날 이스라엘 역사에서 보면, 바다가 갈라진 사건이 있었는데, 그런 식의 일이 기적 입니다. 큼! 즉 여기서 사람의 기적적인 그 힘은 뭐냐? 그건 즉 사람은 누구나 현재 본인의 잠재력을 100%에서 20%를 쓰고 있습니다. 그런데 그런 인간의 잠재력을 100% 까지 쓸 수 있는데, 여기서 마약을 맞으면 그런 잠재력을 100%까지 쓸 수 있다고 합니다. 큼! 여기서 먼저 마약은, 담배의 10배의 중독성으로써, 그로 그 약을 1번 경험해 버리면, 평생을 못 끊습니다. 그런데 마약을 맞으면 그 100%의 잠재력을 썻던 것은 공짜가 아니라, 그 본인의 앞으로 남은 그 수명에서 빌려 와 쓴 것입니다. 즉 그래서 마약을 맞아 놓으면 한꺼번에 5배로 사니까, 기분은 아주 좋다고 합니다. 즉 여기서 그걸 맞고 난 후엔 어떤 현상이 생기느냐? 그건 즉 그 약이 깬 후에는, 본인의 몸이 늙어진 현상이 생깁니다. 또 그 약의 약 기운은, 5시간 간다고 합니다. 그런데 그 약을 맞고 본인의 잠재력이 발휘가 된 만큼의, 본인의 몸은 아주 빠르게 늙어 졌습니다. 즉 1×5=5, 즉 1개 살거를 한몫에 5개를 다 살은 겁니다. 여기서 우리가 사탕을 1개씩 쪽 쪽, 녹여 먹으면, 심심하죠? 여기서 보통 사탕이 여러 개가 있으면, 그 중 5개를 한꺼번에 포장을 다 까서 입에 다 털어놓고, 우드득, 우드득! 씹어 먹는 것과도 같습니다. 그러니까 그 사탕을 한꺼번에 먹으니 맛은 있는데, 나중에 두고 두고 먹을 사탕이 없어진 것과도 같은 식입니다. 그래서 마약을 하는 사람들은, 보통 40대에 늙어져 죽습니다. 여기서 마약 하는 사람들은, 즉 나이와 겉모습 보다 실제적으로 나이가 더 되 있습니다. 즉 여기서 3군데의 장기가 급속히 늙어지고 손상이 되는데, 그 곳들은, 즉 간, 신경, 췌장 입니다. 즉 여기서 하나님을 믿고, 안 믿고의 차이는, 하늘과 땅 차이 입니다. 큼! 즉 하나님을 안 믿는단 것은, 본인이 살아 가는데서, 본인이 본인의 힘을 안 믿는 것과도 같습니다. 즉 여기서 그렇게 되면, 즉 본인의 그 힘이 실제 안 써지겠죠?

'이 책을 오늘 중으로 30바닦까지 다 읽자!'

즉 그 책과 싸움을 함에서, 그 일을 해낼 수 있다는 믿음은, 즉 일단 본인의 몸의 힘이, 저 책을 이길 수 있단 걸 믿는 겁니다. 즉 여기서 그 본인이 본인의 몸의 힘을 안 믿는다면, 저 30바닦이란 책을, 그날 중으로 못 읽겠죠? 또 계속 그런 식으로 본인의 힘을 안 믿는다면, 그날 하루 그런 분량의 책을 못 읽는 걸로 그치는 게 아니라, 그런 날이 하루 하루 계속 가다가, 나중엔 1년도 갈 것이고, 10년도 갈 수 있고, 또 평생도 갈 수 있습니다. 이는 왜? 그렇게 되느냐, 그건 즉 본인의 힘이 저 책을 이길 수 있단 걸 본인이 안 믿으니까 그렇습니다. 이도 끝이 없습니다. 즉 여기서 그럴 수 록 상대적으로, 하루 하루 그런 본인보다 더 강해지는 마귀들에게 패해서, 여기서 그 마귀들의 습성대로, 그 이긴 마귀들에 의해 지옥으로 끌려 갈 수 있습니다. 큼!

'저 책을 다 읽어 낼 수 있다!'

이 반면에 하나님을 믿음에서는, 즉 본인이 본인의 힘을 믿는 것과도 같습니다. 또 그런 믿음이 본인의 힘을 더 잘 써지게도 할 수 도 있습니다. 즉 그런 속에서는, 마약을 안 맞아도 인간의 잠재력이, 100% 까지 발휘가 될 것 입니다. 큼! 여기서 그런 힘을 기적의 힘이라고 합니다. 즉 여기서 이 세상에 쓸데없이 있는 마귀들이 그 힘 받는 걸 방해를 합니다. 즉 하나님께 은혜 받는 걸 방해를 하는 겁니다. 이는 왜? 그런가, 그건 즉 그 사람이 하나님께 은혜를 받아 가서 그 사람의 일이 잘 되면 잘 될 수 록, 상대적으로 마귀들이 그런 그 사람을 못 이기기 때문입니다. 큼! 여기서 저 강도 마귀와의 1대1 권투 경기에서, 그 마귀에게 패하면, 그 이긴 마귀에 의해 지옥으로 끌려 갈 수 있습니다. 이 반면, 그 영혼이 저 마귀를 이긴다면, 그런 그 마귀들을 쫓아 내고, 천국으로 갑니다. 여기서 저 마귀 선수를 이길 수 있는 힘은, 그 하나님을 믿고, 그로 그 하나님께 정식으로 은혜를 받는 겁니다. 큼! 이 마귀들은, 항상 그 놈들 집 된 사람을 지옥으로 보내려고 합니다. 큼! 이제 부터 도둑 마귀들을 이길 수 있는 방법에 대해 알아봅시다! 큼! 즉 상대를 알고 나를 알면, 그 상대와 백 번 싸워도 다 이긴다고 합니다. 즉 여기서 그 상대는 마귀들 입니다. 즉 여기서 본인은 누구냐? 즉 하나님의 종인데요. 즉 여기서 그런 본인의 몸이나, 본인의 영혼은, 없는 겁니다. 즉 그래서 누구나 본인의 자립, 이런 것의 실상은, 즉 그 일이 불가능한 일입니다. 즉 여기서 하나님이시란 근본적인 힘이 있는데, 여기서 그 힘이 본인의 몸과 영혼을 따라오게 하시는 겁니다. 즉 여기서 저 상대 마귀들을 모른다는 것은, 즉 거기서는 하나님을 믿고 의지를 해도, 본인에게 왜? 이상한 증상이 나타났는지를 모르니까, 그 자리에서 빙글 빙글 맴 돌 수 밖에 없습니다. 큼! 즉 문제가 뭔지 알아야 그 문제를 풀 수 가 있죠? 그래서 저 상대 마귀를 알아야 되는 겁니다. 또 본인도 알아야 됩니다. 그래야 저 상대 마귀를 이길 수 있습니다. 여기서 그 앎은, 하나님께서 주시는 겁니다. 큼! 즉 그 도둑 마귀와의 1대1 권투 시합에서 본인이 상대 마귀를 안다는 것은, 즉 본인의 눈에 상대 선수가 보이는 것과도 같습니다. 거기서 그 상대와 싸울 수 있는 겁니다. 큼! 즉 그래서 본인이 본인의 힘이 있단 걸 알고, 또 그 힘을 믿고, 그로서 그런 본인이 어떤 일을 하니까, 거기서 그런 일들을 이겨 내는 거죠? 즉 여기서 그 힘은 하나님께서 주신 겁니다. 여기서 그 힘은 하나님 마음대로, 즉 인류 각자에게, 주시고, 안 주시고, 하시는 겁니다. 큼! 즉 여기서 그 본인들 각자 1영혼도 빠짐 없이, 그 힘의 주인에게서 얻어먹는 존재들입니다. 다시 말 해, 큼! 즉 다 그 힘의 주인에게서 거지들이라 할 수 있습니다. 큼! 즉 여기서 본인을 살려 주시고 도와 주시는 그런 하나님을 큼! 본인이 안 믿는다면, 즉 그런 하나님께선 그런 본인을 살려 주시기 싫으실 꺼고, 또 도와주시기 싫으실 꺼고, 또 본인 일 이루어 지게해 주시기 싫으실 꺼고, 또 본인이 구하는 걸 주시기 싫으실 꺼고, 즉 뭐든 좋은건 주시기 싫으실 겁니다. 큼! 즉 여기서 그걸 받아 가는 존재는, 그걸 주시는 분에게 안 쫓겨 나게 그걸 주시는 분에게 잘 보여야 되겠죠? 큼! 그래서 이런 일을 인정 하는 데서,

 '아, 하나님을 믿을 수 밖에 없구나!'

큼! 즉 이런 마음이 생기겠죠? 여기서 하나님께서는 그 하나님을 믿는 자에겐 정식으로 그런 힘을 주시고, 또 그걸 받아 가는 그런 본인은 그 힘을 어딘가로 가져가서 씁니다. 큼! 즉 여기까지가 그 하나님 믿는 자의 도리인 것입니다. 큼! 즉 이 다음은 본인의 자유의사에 따라, 그 하나님의 일을 하는 것인데, 즉 거기서 하나님의 눈에 띄여서 그 하나님의 쓰임을 받을 수 있습니다. 큼!

"그렇다면 그 하나님의 눈에 띄여, 그 쓰임을 받을 수 있는 일은 뭡니까?"

앞에와 다 다른 어느 독자님께서. 큼!

"예, 그 일은 전도하는 일입니다."

공작가.

* * *

여기서 그 하나님께 힘을 받아 간 것은 그 하나님께 은혜를 받아 간 겁니다. 즉 그런 그 일을 정식으로 하는 것이 하나님을 믿는 길입니다. 큼! 즉 여기서 이 세상에 쓸데없이 있는 마귀들의 목적은, 즉 그 놈들의 집 된 사람의 영혼을, 영원한 지옥으로 보내는 것입니다. 즉 1영혼, 1영혼 씩 누구나에게. 즉 여기서 사람에게 마귀들이 들린 상태에서, 그 분이 그 사실을 전혀 모를 것 같으면, 어떻게 되느냐? 그건 즉

1. 그 분에게 마귀들 들린, 여러 증상들이 나타난다.
2. 환각 현상이 안 나타난다.

이 1, 2번의 경우가, 즉 본인에게 마귀들이 들린걸 본인이 몰랐을 때 나타나는 현상들입니다. 즉 여기서 그런 마귀들이 도둑놈 마귀입니다. 즉 여기서 분명히 알 수 있는 건, 즉 그런 도둑 마귀들에 들린 사람은, 반드시 자멸을 합니다. 이는 왜? 그런가면, 즉 본인에게서 나타나는 마귀들 들린 이상한 증상들의 원인을 본인이 전혀 모르니까 그렇습니다. 큼! 또 그런 도둑 마귀들 들린 사람들이 위험한 것이, 즉 그가 다신 일어

날 수 없는, 그런 큰 사고를 저질러 놓기도 합니다. 큼!

"그렇다면 그런 사곤 어떤 사곰니까?"

앞에 그 독자님께서.

"예, 그 일은, 마약을 경험해 본다던지, 그 외에 나쁜 중독되는 것을 경험 한다던지, 또 본인의 눈알을 본인 스스로 뽑는 다던지, 또는 묻지 마 살인을 해 버린다던지, 또는 성형 수술을 했다던지, 큼! 또는 문신을 새궈 놓는 것도 안 좋겠죠? 큼! 또는 본인이 감당을 못 할 큰 빚을 써 버렸다던지, 등 등의."

공작가.

* * *

즉 그리고 도둑 마귀들 들린 사람은, 지멸로 고생스럽게 엉망으로 살다가, 단명하는 경우가 많을 겁니다. 즉 이 도둑 마귀들 말고, 또 강도 마귀들이라고 있는데, 즉 그 강도 마귀들이란, 즉 본인에게 마귀들이 들렸는데, 여기서 그 들린 사실을 본인이 알아 버린 겁니다. 즉 여기서 그 사람에게 붙어먹고 있던 도둑 마귀들이, 계속 붙어 있을려면, 강도 마귀들로 직업을 바꿔야 되는 겁니다. 즉 돈을 주인 모르게 가져가는 것이 도둑인데, 돈을 주인이 아는데서 뺏아 가는 것이 강도가 되죠? 여기서 강도 마귀의 정의를 내리 자면, 즉

1. 본인에게 마귀가 들렸단 걸 본인이 알 수 도 있고, 모를 수 도 있다.
2. 그런 본인에게 환각 현상이 나타난다.

즉 누구네 집 안 어딘가에 도둑들이 숨어 들어와 있는데, 큼! 그 도둑의 목적은 뭔가? 그건 즉 그 집 안 어딘가에 있는 돈을 훔쳐 가는 것입니다. 큼! 즉 여기서 그 도둑들은 그 집 주인이 그 집을 비우고 외출 나가기만을 기다립니다. 즉 여기서 그런 식으로 10년, 20년, 계속 기다린다고 칩시다! 그런 와중에 그 집 주인이 그 집에서 뭐 하다가 그 집 안 어딘가에 숨어 있던 그 도둑들을 발견했다고 칩시다.

"!"

그 도둑들.

여기서 방금 처럼의 일상에서 발각된 도둑들이, 그 도둑질을 포기 안 한다면, 그 도둑들이 흉기를 들고, 그 집 주인을 위협 할 겁니다. 큼!

"야, 말 안 해도 알지?"

그 도둑들이, 칼을 드리대며.

즉 여기서 그 도둑 마귀들 들렸던 증상이 나타나는데서, 강도 마귀들 들린 증상으로, 전환이 됨니다. 큼! 즉 그 붙어먹고 있던 마귀들이 직업을 바꾼 겁니다.

"그렇다면 그 도둑놈 마귀들 들렸을 땐, 왜? 환각 현상이 안 나타났습니까."

다 앞에와 다른 어느 독자님께서.

"큼! 그건 즉 A란 1사람과 B란 여러 사람들이 한 공간 안에 같이 있던 중, 여기서 B란 여러 사람들은 A란 1사람에게, 그들과 같이 있단 걸 모르게 하기 위해, 즉 B란 여러 사람들이 A란 1사람에게 아무런 자극을 안 주는 것과도 같습니다. 큼! 즉 여기서 한 공간 안에서 B란 여러 사람들이 A란 1사람 모르게 숨어 지내는 거죠. 즉 여기서 어떤 자극을 안 주느냐? 그건 즉 5가지의 자극을 안 줍니다."

공작가.

"아니 그렇다면, 그 강도 마귀놈들 들린 사람에겐 왜? 환각 현상이 나타나는 겁니까."

앞에와 다 다른 어느 독자님께서.

"예, 큼! 그건 즉 A란 1사람이 B란 여러 사람들과 같이 있던 중, 그 A란 1사람이 B란 여러 사람들과 한 공간 안에서 같이 있단 걸 알았습니다. 여기서 A란 1사람은 B란 여러 사람들이 그와 같이 1공간 안에서 있단 걸 1번 알아 버리니까, 거기서 부터 B란 여러 사람들이 A란 1사람 모르게, 그 A란 사람과 같이 있는 것이 안 되는 것입니다. 즉 B란 여러 사람들이 그 A란 1사람에게 1번 인식이 됐으니. 즉 여기서 B란 여러 사람들은 마귀들에 비유를 한 검니다. 큼!"

공작가,

"그렇다면 그 강도 마귀들 들린 사람에게서, 환각 현상은 어떻게 나타납니까?"

앞에 그 독자님께서.

"예, 그건 즉 한 공간 안에서 A란 1사람이 B란 여러 사람들과 같이 있단 걸 아니까, 여기서 B란 여러 사람들이 A란 1사람에게 그들과 같이 있단 걸 모르게 하는 것은 더 이상은 안 되는 검니다. 여기서 이 다음 단계로, 즉 B란 여러 사람들이 A란 1사람에게 그들을 안 드러낼 수 없습니다. 그래서 A란 1사람에게 자극 주기를 억지로 숨기고만 있는 것이 더 이상은 안 되는 검니다. 즉 그래서 A란 1사람에게 1번 인식이 된 B란 여러 사람들이 A란 1사람에게 그들을 안드러 낼 수 가 없는 검니다. 즉 여기서 B란 여러 사람들이 A란 1사람에게 그들을 어떻게 드러내느냐면? 그건 즉

1. 그들을 보이게 한다거나.
2. 그들의 말 소리가 들리게 한다거나.
3. 그들의 냄새를 맡히게 한다거나.
4. 그들의 어떤 맛이 느껴지게 한다거나.
5. 그들이 A란 1사람에게 어떤 피부적 자극을 준다거나.

즉 마귀들이 이 중, 어느 1가지로만 환각 현상을 일으킵니다. 즉 한 공간 안에서 B란 여러 사람들이 A란 1사람에게 큼! 즉 그들이 인식이 된다면, 큼! 즉 그 B란 그들은 A란 1사람에게 더 이상은 그들을 안 드러 낼 수 가 없는 검니다. 즉 이는 그 도둑 마귀들 들린 1사람이, 어느 날 큼! 그에게 어떤 마귀놈들이 들렸단 그 사실을 본인이 알아 버린다면,

인류 모두가 지옥 안 가기 145

큼! 즉 여기서 그 사람에게 그런 마귀들이 인식이 됐고, 여기서 들켜 버린 그 도둑 마귀들이 그 집에서 나가지 않는 이상은 강도 마귀로 되서, 그 사람에게 어떤 자극을 줄 수 밖에 없습니다. 즉 여기서 그런 자극들을 환각 현상이라고 합니다. 큼!"

공작가.

"그렇다면 그 환각 현상은 어떻게 나타납니까?"

앞에 그 독자님께서.

"큼! 그건 즉 그 자극들은 2가지 이상으로 오는 게 아닌, 어느 1가지씩으로만 계속 적으로 나타납니다. 여기서 그 환각 현상들은, 즉

1. 시각적으로 자극 받기.

2. 청각적으로 자극 받기.

3. 후각적으로 자극 받기.

4. 미각적으로 자극 받기.

5. 피부적인 촉각적으로 자극 받기. 큼!"

공작가.

"그렇다면 그 도둑 마귀 들린 것과 강도 마귀 들린 것의 차이점은 뭡니까?"

이번엔 앞에와 다 다른 어느 독자님께서.

"큼! 예, 그건 즉

1. 도둑 마귀들 들린 것은, 즉 본인에게 그런 마귀들이 숨어 있는데, 여기서 그걸 본인이 모르고, 그리고 그 마귀들 들린 증상이 나타나고, 그리고 특별한 환각 현상이 안 나타나고, 여기서 그 마귀들 들린 것을 본인이 알면, 거기서 부터 환각 현상이 나타나며, 그 도둑 마귀들은 강도 마귀들로 나타납니다. 큼!

* * *

2. 강도 마귀들 들린 것은, 즉 본인에게 숨어 있던 마귀들이 본인에게

나타난 겁니다. 즉 여기서 본인에게서 마귀들 들린 걸 본인이, 알 수 도 있고, 모를 수 도 있습니다. 즉 그리고 그 마귀들 들린 증상과 환각 현상이 나타납니다. 큼! 그리고 본인에게 마귀들이 들린 걸 모르고 살아가시다가, 어느날 갑자기 그런 본인에게 환각 현상이 나타날 수 있습니다. 즉 이는 그 분에게 붙어 있던 마귀들이, 도둑에서 강도로 직업을 바꿨고, 여기서 그 강도 마귀들 들린 걸 본인이 모르는 겁니다. 즉 여기서 그 강도 마귀들이 그 사람에게서 환청을 일으킨다면,

'어, 이게 무슨 소리지? 사람 소린데, 나한테 누군가가 텔레파시를 보내나?'

즉 여기서 그 마귀들 집 된 사람은, 그 본인의 귀에 들리는 환청을 이상하게 생각합니다. 즉 여기서 그 목소리가 사람의 목소리인지, 누구의 목소리인지? 뭔지 모르니까 그렇습니다. 큼! 즉 여기서 그런 환각 현상이 나타났다고 해서, 현재 그 강도 마귀들 들린 그 사람이 그 강도 마귀들 들린 그 사실을 알지 못 할 수 도 있습니다. 내나 앞에 도둑 마귀들 들렸을 때 처럼. 즉 방금 그런 분 경우는, 그 분에게 도둑 마귀들이 들렸었는데, 그 마귀들이 강도로 직업을 바꾼 겁니다. 즉 여기서 그 분에게 환각 현상이 나타나는 이유는, 즉 그 분에게 붙어있던 그 마귀들이, 도둑에서 강도로 직업을 바꿨기 때문입니다. 즉 여기서도 그 분에게 강도 마귀들 들린 그 사실을 그 분이 모릅니다. 즉 여기서 그런 분에겐 이 3가지 문제가 주어 집니다. 그건 즉

1. 본인에게 붙은 강도 마귀들을 본인이 모른다.
2. 뭔가 안 되는게 있는데, 이 세상이 이상하다.
3. 환각 현상이 나타난다.

즉 여기서 그런 본인을 하나님이 지켜 주시겠죠? 즉 여기서 마귀들에 들린 걸 본인이 안다면 이 3갈레 길 중, 어느 1길 이상으로 갑니다. 큼! 그건 즉

1. 기독교를 믿는다.
2. 기독교 외에 타 종교를 믿는다.
3. 그 마귀들과 손을 잡고, 그 마귀들을 믿고 따른다.

즉 여기서 그런 마귀 놈들도, 인간의 능력을 초월 하는게 있어서, 그래서 어느 정도는 사람의 바램을 들어 줄 수 있다고 합니다. 그런데 사람이 그런 마귀들에게 얻어서, 본인의 일을 이루면, 이에 그 분은 그 분의 사후에 그 마귀들의 의해 지옥에 간다고 합니다. 즉 그 마귀들이 그들에게서 얻어 먹었으니까, 그래서 그런 그들의 의해 지옥으로 끌려 가는 검니다. 큼! 그리고 지옥에 안 가면 천국으로 갑니다. 즉 여기서 그 지옥에 강제로 끌려 가져야 되는 영혼들은 2부류가 있는데, 그건 즉 큼!

1. 마귀들 일체, 즉 그들은 거기 가야 되는 날이 되면 다들 가야 됨니다. 큼!
2. 살아가다 하나님을 믿던가, 안 믿던가, 그게 문제가 아니라, 그 분 사후에 하나님을 안 믿고 죽은 분.

* * *

여기는 지옥.

"하나님, 저는 하나님을 믿지 않았습니까?"

지옥에서 벌 받고 있는 목사분들 중.

"저 사람들은 세상에 있을 때, 교회에서 목사 하던 사람들이다!"

예수님.

"아니, 그런 분들이 왜? 여기 와 있습니까."

지옥에 견학 온 어느 간증자분.

"저 들은 처음엔, 나를 믿었었는데, 그로 그들은 하나님께 은혜를 받아, 조금씩 그들의 살림이 늘어 났었다. 그런데 약간 그렇게 되가다 보니, 그들의 마음 속엔 겸손이 아닌 교만심이 일어난 것이었다. 큼! 그로 그들이 그 교만심에 빠져 정신없이 해 가다가, 그로 그들의 마음 속엔 하나님을 불신 하쟌 마음이 점점 생긴 것이었다. 그래서 결국 그들이 그들의 그런 마음이 생긴데로 행동을 했었는데, 즉 그런 행동들이 하나님을 안 믿는 행동인 것이었고, 그건 하나님을 배신한 행동이었다. 그러다가 그런 그가 죽을 때 까지 하나님을 불신 하다가, 결국 지옥에 떨어진 것이다. 큼!"

예수님.

* * *

여기서 지옥은, 물이 존재하지 않는 담니다. 또 지옥은, 불들이 있는 곳이람니다. 또 지옥은, 뱀들이 와글 와글 모여 있는 곳이람니다. 또 그 외에 이상한 괴물도 있다던데요. 즉 그 괴물은, 사람보다 더 큰 바퀴벌래라는데, 여기서 그 괴물이 거기 떨어진 영혼들을 뜯어 먹는 담니다. 즉 여기서 하나님을 안 믿고 죽은 죄만 안 걸린다면, 누구나 천국에 감니다. 큼! 즉 살인을 많이 했든, 작게 했든, 또는 도둑질을 많이 했든, 작게 했든, 또는 강도질을 많이 했든, 작게 했든, 또는 강간을 많이 했든, 작게 했든, 등 등의. 큼!

* * *

"여기서 지옥에 안 가려면, 어떻게 해야 되겠습니까? 독자님들!"
공작가가 모든 독자님들에게.

. . . .

"하나님 믿어야 되고, 또 그 믿음이 죽을 때 까지 가야 됨니다!"
어느 독자님께서.

"맞습니다. 즉 지옥에 가고, 안 가고는, 즉 앞에 하나님을 믿고, 안 믿고가 문제가 아니라, 즉 죽을 때 하나님을 믿나, 안 믿나에 달려 있습니다. 여기서 잘 살고, 못 살고, 또 선과 악, 또 착하고, 못 되고, 또 부자고, 가난하고, 등 등의, 즉 이런 것들은 다 필요가 없습니다. 이 점에 대해 어떻게 생각 하십니까? 독자님들!"

공작가가 모든 독자님들에게.

"즉 이 세상을 잘 살고 못 살고가, 지옥 안 가는 것과 아무 상관이 없는 것이, 즉 세계 4대 성인 중 2분인, 즉 불교의 창시자 석가모니님과, 또 유교의 창시자 공자님, 즉 그 분들 다 지옥에 가시지 않았습니까? 큼! 즉 그래서 그런 분들이 지옥에 가고 싶어서 갔겠습니까? 또 그 분들이 나쁘게 살았겠습니까? 즉 그런 분들이 지옥 간걸 보면, 즉 지옥에 가고 안 가고는, 선과 악, 그런 것과는 전혀 상관이 없단 얘기가 되겠죠?"

방금 그 독자님께서.

"큼! 그런 것 같습니다."

공작가.

"여기서 원수들이 지옥에 떨어지는 이유는, 결국 하나님 안 믿고 죽었기 때문입니다. 큼! 즉 여기서 하나님 믿음의 길을 끝까지 가는데 있어서, 그 길을 쉽게 가는 길이 있고, 어렵게 가는 길이 있겠죠? 여기서 그런 각 각의 길들은 뭐라고 생각 하십니까?"

공작가가 모든 독자님들에게.

. . . .

"즉 그 길을 쉽게 가는 길은, 세상을 잘 살아가면서 하나님을 믿는 길이고, 반면 그 길을 어렵게 가는 길은, 이 세상을 못 살아가면서 하나님 믿는 겁니다!"

방금 그 독자님께서.

"그런 것 같습니다."

공작가.

* * *

하나님 믿음의 쉽고, 어려운, 이 2길 중, 하나님의 믿음의 단수가 더 높은 길은, 즉 하나님을 어렵게 믿는 길입니다. 즉 고난으로서 하나님을 믿는 길입니다. 즉 속담에, 하늘은 크게 쓰일 자에게 일 수 록, 고생을 시킨단 말이 있습니다. 즉 그래서 이 세상의 고생을 많이 겪은 분 일 수록, 이 세상살이에 기초가 된 분입니다. 큼! 그래서 어렵게 하나님을 믿는 그 길을 통과 한분 일 수 록, 그 하나님 믿는 일의 기초가 된 분입니다. 큼! 즉 이 비유가, 우리가 수학을 공부하려면, 그 수학의 기초가 되야지, 그 공부를 할 수 있듯이, 즉 이 세상을 살아가는 데서 고난을 겪는 것도, 그와 같은 겁니다. 큼! 즉 물론 다 놓두고 하나님께서 주시는 기적이란 것도 있지만. 즉 여기서 일체의 영혼들은, 지옥에 가려는 영혼이 단 1영혼도 없습니다. 즉 여기서 자살해 돌아가신 분들도, 큼! 본인이 자살해 죽고 나면 그의 사후 세계에서 그의 영혼이 어떤 사는 길로 갈 줄 알고, 자살해 죽은 거겠죠? 큼! 여기서 원수들 중에서는, 즉 마귀들을 우상 숭배하는 사람들도 있습니다.

'아, 이 길이 지옥으로 가는 길이었구나! 아, 이 길로 가면 나는 죽는구나!'

그런 본인이 여기까지 알았다면,

탕, 탕, 탕, 탕!

일단 마귀들 모시던 걸 다 때려 부숩니다.

"에 이!"

그 다음 마귀들 따르던 그 일을 때려 치웁니다. 즉 이 세상에서 기독교 외의 길은, 다 하나님 불신의 길입니다. 큼! 즉 여기서 그 기독교의 이론으로는, 즉 이 하나님을 끝까지 믿는 길만이 지옥을 면하는 길이랍니다. 큼!

"하나님을 믿느니, 내 손가락을 믿어라!"

즉 원수들이 천국 가는 사람들에게 가서 그들과 같이 지옥에 가자고 나옵니다. 큼! 여기서 그 천국 갈 그 사람이, 그 원수들과 같이 지옥에 안 가려고 나온다면, 여기서 이 양 측이 서로 대립이 됩니다. 큼! 여기서 그 하나님께서 그 신자 분과 연합을 하셨고, 그 하나님께선 그 신자 분을 보호하십니다. 큼!

"야, 우리와 놀자! 너는 우리가 불쌍하지도 않냐?"

원수 마귀들.

그 하나님께선 그 하나님의 울타리 안에서 밖으로 나오라는고 하는 그 원수 마귀들로 부터, 꼭 보호를 해 주십니다. 즉 여기서 이 원수 마귀들은, 그 하나님의 신자 분을 밖으로 나오게 하기 위해 머리를 씁니다. 즉 여기서 하나님의 신자 분이, 그 하나님의 울타리 밖으로 안 나가는, 그 하나님의 믿음을 끝까지 지켜 간다면, 그 영혼은 천국에 갑니다. 즉 여기서 원수 마귀들은, 사람들 누구를 안 가리고 지옥으로 같이 가자고 건듭니다. 즉 이는 같은 원수들에게도 그렇습니다. 즉 이는 그들과 같이 지옥에 가자는 현상이죠? 즉 여기서 사람은 아무리 원수라도 그가 완전히 죽기 전에는, 그의 영혼이 지옥에 간다는 것이 확정 안 되 있습니다. 큼! 여기서 사람이 하나님을 안 믿는데도, 그런 그 분들 중, 본인이 알게, 모르게, 이미 하나님의 관리 안에 있는 분이 있습니다. 큼!

"우리와 같이 가자!"

"!"

즉 지옥에 같이 가자고 건드는 그 원수, 마귀들 때문에, 즉 하나님의 길과, 원수, 마귀들의 길, 이 2갈림 길이 생깁니다. 큼! 즉 여기서 사람이 하나님의 길로 간다면, 거기서 본인을 건드리는 그 원수 마귀들을 이기는 겁니다. 또 그 길로 가면 갈 수 록, 더 그런 식으로 됩니다. 즉 이는 왜냐면? 즉 그 길의 끝엔, 그 분의 영혼이 천국으로 가니까요. 그래서 그 원수 마귀들이 건드리는 속에서도, 즉 그 분이 돌아가실 때 까지 그 천국 가는 그 길을 지켜 냈다면, 그 분을 건들던 그 원수, 마귀들을 끝내 이겨 냅니다. 큼! 거기서 그 분의 영혼은, 천국으로 가는 겁니다. 이 반면 건드는 그 원수, 마귀들 쪽으로 간다는 것을 알아 봅시다! 큼!

* * *

여기는 하나님의 울타리 밖.

그곳은 하나님의 관리 영역 밖으로 나간 것 입니다. 즉 이는, 마치 식구들 몇 분이 사는 가정집에서, 그 집 식구들 중, 어느 1분이 그 집을 무단 가출한 것과도 같습니다.

방금 그런 식으로 어느 1영혼이 그 하나님의 관리 영역 밖으로 나왔습니다.

'!'

'혹시 이 길에 계속 있다가, 지옥으로 가는 것 아닌가 모르겠네? 불안하네!'

하나님의 관리 영역 밖으로 나온 영혼.

"잘 나왔다!"

원수, 마귀들.

앞에 그 하나님 영역 안에 끝까지 있었으면, 나중 천국 갈 때 되면, 천국으로 가게 될 것인데, 여기서 원수, 마귀들, 즉 그들을 따라 다니는 것은, 즉 그들에게 패하는 것입니다. 이는 왜냐면? 즉 그 길의 끝엔 지옥으로 가니까요. 즉 여기서 이미 마귀들은 지옥 형이 확정이 되 있는데, 그러나 원수들은, 아직 지옥 형이 확정이 안 되 있습니다. 즉 여기서 원수, 마귀들이 같은 길을 가는 원수에게는 살 살 꼬웁니다. 이는 왜냐면? 즉 원수들도 사람이라, 그로 그들도 숨이 끊어질 때 까지, 지옥에 가는 것이, 확정이 안 되 있어서 그렇습니다. 즉 여기서 원수들은, 마귀들의 종이 아니라, 즉 마귀들에게 속고 있는 중인거죠? 즉 그래서 근본적으로는 원수들이 나쁜게 아니라, 마귀들이 나쁜거죠. 큼!

* * *

'누굴 데려 갈까?'

어떤 마귀 하나가, 지옥에 보낼 1영혼을 고릅니다.

'음, 이걸로 하자!'

그 마귀.

여기서 천국 갈 영혼은, 하나님의 울타리 안에 있습니다. 여기서 그 울타리 안에 있는 영혼들 중, 만만한 1영혼을 상대로 그 영혼을, 그 울타리 밖으로 나오게 해야 됩니다. 큼! 즉 이것이 성공을 하면 그 다음 수가, 즉 그 영혼이 다시 그 울타리 안으로 못 들어가게 해야 됩니다. 큼! 즉 여기서 그 울타리 밖으로 나온 그 영혼이, 그 원수, 마귀들과 같이 계속 밖에 있다면, 결국 그들과 같이 지옥으로 가는 겁니다. 큼! 여기서 지옥 가는 길 외엔, 천국 가는 길뿐입니다. 여기서 누구나, 그가 가는 길이 죽는 길인 지옥이란 걸 알면, 그 길을 갈 사람이 아무도 없습니다.

인류 모두가 지옥 안 가기 기도문

∴

　세상 사람들 1영혼도 지옥 안 가게 해 주세요! 큼! 즉 그들 중, 지옥에 가려는 분이 아무도 없습니다. 큼! 그리고 인류 외에 일체의 몸 있는 생명체, 그들에겐 천국과 지옥의 심판이 없는 것 같습니다. 즉 그로 그들은, 그 천국과 지옥 외에, 다른 어딘가로 보내질 것 같습니다. 큼! 즉 여기서 그 천국과 지옥의 심판을 받을 그 대상이, 이 지구상에 있는 생명체들 중, 인류뿐입니다. 큼! 또 그들은 잠시라도 죽는 것을 싫어 합니다. 이 반면 그들은 끊임없이 살려고 합니다. 그래서 그들의 바람대로 인류 모두, 지옥에 안 가게, 해 주세요! 큼! 즉 사람은 누구나 죽으면, 그의 몸에 깃들어 있던 그의 영혼이, 그의 몸에서 분리가 됩니다. 큼! 즉 여기서 죽은 그 사람의 몸에는 마귀가 못 붙습니다. 큼! 즉 그래서 마귀가, 사람의 영혼을 지옥에 보내는 일에 할 수 없이 그 일을 끝내야 될 때가, 그 마귀들의 집 된 사람의 죽음입니다. 즉 여기서 하나님 불신자 분은 그런 상태에서 그런 그가 오늘 당장 죽으면, 지옥에 가고, 이 반면 하나님 신자 분은 그런 상태에서 그런 그가 오늘 당장 죽으면, 천국에 갑니다. 큼! 즉 여기서 언제부터 하나님 신자로 사는 분이, 계속 그런 식으로 살아가다가, 언제 뭣 때문에 그 분이 하나님을 불신할지? 이를 본인이 모릅니다. 또 이를 마귀들도 모릅니다. 즉 이런 식으로 하나님 신자 분이, 처음 하나님 믿는 그 이후로, 그가 하나님을 다시 불신 할까 싶어? 그래서 마귀들이 사람들을 건드는 거거든요. 즉 여기서 누구나가, 하나님을 믿다가 큼! 다시 하나님을 불신할 수 있습니다. 이는 마치, 어떤 사람이 어떤 직장에 알바 하러 들어 갔다가, 그 처음 그의 계획관 달리, 그 직장 생활 중간에, 언제 거길 나오게 될지? 이를 본인이 모르는 것과도 같습니다. 큼! 또 본인이 앞으로 언제, 어디서, 어떻게 죽을지? 모르는 것과도 같습니다. 큼! 그리고 본인이 어떤 행동을 했는데, 그 행동이 알고 보니 법에 걸려, 법적으로 실형을 받기도 하고, 또는 본인이 어떤 서류에 물려서, 금전적인 손해를 보기도 하고, 또는 악의적인 사람에게, 육체적인 폭행을 당하기도 하고, 또는 악의적인 사람에게, 금전적인 사기를 당하기도 합니다. 큼! 즉 본인이 어떤 행동을 했는데, 누군가 그 행동이 죄라고 하며, 그 죗값을 묻는 경우가 있습니다. 큼! 즉 여기서 모르고 지은 죄도 벌을 받습니다. 즉 이에 형사 입건도 됨니다. 이 예 하나가, 즉

"예! 이 안에서 사진을 찍으시면 안 됨니다!"

거기 직원 남자 1분이 와서.

"!"

신혼부부들.

"저기 푯말 보이지요?"

그 남자 분.

"아! 예, 죄송 합니다!"

그 신혼부부들 중.

어느 신혼부부 1쌍이, 그 분들의 사진을 찍는다고, 공원 안에 들어가서 사진을 찍고 있는데, 큼! 여기서 그 남자 분이, 그 신혼 부부들에게, 거기 푯말 글씨데로 벌금 10만원을 구지 요구를 한다면, 큼! 여기서 그 신혼 부부들은 어떻게 되지겠습니까?

* * *

"여기서 이 법은, 누구의 편을 들것 같습니까?"

공작가가 모든 독자님들에게.

. . . .
"신혼부부의 편을 듦니다!"
어느 독자님께서.
"벌금을 요구하는 사람의 편을 듦니다!"
다른 어느 독자님께서.
"큼! 이 법은, 즉 벌금을 요구하는 사람의 편을 듦니다. 큼!"
공작가가 방금 그 두 독자님에게.
* * *
여기서 그 신혼부부들은 난데없이, 벌금 10만원을 써야 됩니다. 큼! 즉 이 신혼부부의 예기는, TV 뉴스에 보도가 된 실제 있었던 일이 랍니다. 큼! 즉 그 분들의 내용이, 벌금을 청구 받았단 그 다음으로는 없더라구요. 즉 이런 식에 법을 모르고 범해도, 벌을 받듯이, 즉 하나님께서 정해 놓으신, 그 천국과 지옥의 법도, 즉 인류 중, 개개인이 그 법을 모르고 어길 수 있습니다. 즉 그러면 그 법은 뭔가? 그건 즉 사람의 죽음 직전에, 그가 하나님을 안 믿으면 그는 지옥에 간다, 이 반면 그런 그가 하나님 믿고 죽으면 천국에 간다. 즉 여기서 앞에 신혼부부의 예 대로, 즉 그런 식으로 모르고 지은 죄도, 큼! 그 관계자가 구지 그 죄를 갚으면, 그 처벌을 받듯이, 큼! 즉 사람들은 타고 날 때부터, 본인이 모르게 천국과 지옥의 법이 적용이 되 있습니다. 큼! 즉 여기서 알 수 있는 건, 사람은 누구나가 각자 그런 그가 살면서, 그가 지옥에 갈지, 안 갈지? 그걸 그가 모릅니다. 큼! 그리고 그런 그가 지옥에 간다, 안 간다, 그것도 정해져 있지 않습니다. 큼! 즉 그래서 마귀들이 이 사람, 저 사람, 그들 각자가 사는 그의 인생 중간을 건드는 이유가? 즉 그런 그가 하나님을 안 믿고 있다가, 덜컥 죽는 것을 원하는 검니다. 큼! 그리고 장의사 일하시는 분들이 주로 하신다는 말씀이, 즉 그 시체의 얼굴 표정을 보면, 그 시체가 죽기 직전에, 예수를 믿고 죽었는가, 안 믿고 죽었는가를 알 수 있담니다. 즉 여기서 그 시체의 얼굴 표정이, 험악한, 고통에 겨워하는, 즉 그런 시체들은, 그가 예수를 안 믿고 죽은 사람이고, 큼! 반면 그 시체의 얼굴 표정이 밝고, 뭔가 즐거운 것 같고, 또 얼굴에 복숭아 빛이 나는 큼! 그런 시체들은, 그가 예수를 믿고 죽은 사람들이랍니다. 즉 여기서 예수를 믿음의 중요한 것이, 즉 성실한 믿음입니다. 또 사람들 각자 그의 입장에서 보면, 즉 그런 그가 오늘 죽을지, 내일 죽을지, 1년 후에 죽을지, 10년 후에 죽을지, 본인이 언제 죽을지를 모릅니다. 즉 누구나 100년 안에 큼! 본인이 죽는다고 정해져 있는데요. 큼! 즉 여기서 남, 녀, 노, 소, 본인의 죽음이 언제 닦칠지, 그걸 하나님 만이 아시는 검니다. 여기서 큼! 한국에 사형 제도, 즉 이 사형수들에 대한 예기를 들어보면, 즉 그들 각자는 언제 사형을 받아 죽을지? 그걸 본인이 모르고, 한 5년 정도 살다가 사형으로 죽었담니다. 큼! 즉 여기서 그 사형 집행 날짜는 그 교도소 내에 교도관들도 알 수 없고, 큼! 여기서 그 사형 집행 날짜를 아는 유일한 분은, 즉 대한민국의 법무부 장관 1분 뿐이랍니다. 그러니 그 사형수들에게는 누군지 모르는 그 법무부 장관이 하나님이 되신거죠? 또 나이가 노환으로 새벽녘에 곱게 주무시다 돌아가신 분들도 있죠? 여기서 유교에서는, 사람이 죽을 때 탈 없이 죽는 것이 5복 중 1가지 람니다. 즉 여기서 그런 죽음은 늙어져 새벽녘에 자는 잠에 돌아가시는 건데, 여기서 그렇게 돌아 가신 분들도 그렇게 돌아 가실지 몰랐겠죠? 큼! 여기서 본인의 죽을 날을 알고 죽는 죽음이, 어떤 죽음인가를 본다면, 즉 이 2경우 외에는, 그 어느 누구도 본인의 죽을 날을 본인이 모릅니다. 여기서 그건 즉

  1. 본인의 자살의 의한 죽음.
  2. 미국의 사형 집행법은, 그 집행 날짜를 그 사형수들에게 알려 준답니다.

  큼! 여기서 예수를 믿으며 살던 중, 큼! 오늘 갑자기 죽음을 만났다면,

그런 그분의 영혼은 천국으로 갑니다. 이 반면 예수를 안 믿고 살던 중, 오늘 갑자기 죽음을 만났다면, 그런 그분의 영혼은 지옥으로 갑니다. 큼! 그리고 남, 녀 분이, 젊은 분 일 수 록, 마귀가 그분의 영혼을 지옥 보내는 데서, 시간이 넉 넉 합니다. 큼! 이 반면 나이가 드신 분 일 수 록, 그분의 영혼을 지옥 보내는 데서, 시간이 부족 합니다. 그리고 그 사람이 하나님을 믿느냐, 안 믿느냐? 여기에 따라도 마귀들이 달리 나옵니다. 큼! 여기서 그가 하나님을 믿는 분이라면, 그 분이 하나님을 안 믿게 만듭니다. 이 반면 그가 하나님을 안 믿는 분이라면, 그런 그가 그 상태로 살다 죽게 만듭니다. 큼! 즉 여기서 사람이 살아 가는데서, 본인의 소유물들을 생각해 봅시다! 큼! 즉 누구나 본인의 소유물들이 있습니다. 그러면 그것들은 뭔가? 그건 즉 하나님을 믿는 것이 그것일 수 있고, 또 본인이 가진 재산이 그것일 수 있고, 또 본인의 부인이나, 또 본인의 남편이, 그것일 것이고, 또 본인의 기술도 그것일 것이고, 또 본인의 명예도 그것일 것이고, 또 본인의 권력도 그것일 것이고, 큼! 또 본인의 건강도 그것일 것이고, 등 등, 큼! 즉 이런 소유물들은 긍정적인 것들입니다. 즉 본인이 살아가기가 좋고 편안하게 만드는 것들이죠? 즉 이 반면 본인이 가지길 원치 않는데, 본인에게 억지로 주어진 소유물들이 있습니다. 그러면 그것들은 뭔가? 그건 즉 저 처럼 본인에게 마귀들이 들어와 있을 수 있고, 또 본인의 몸에 암이 올 수 도 있고, 또 큼! 본인이 에이즈에 걸릴 수 도 있고, 또 본인의 집안이 불화에 휩싸일 수 도 있고, 또 본인이 담배에 중독이 될 수 도 있고, 또 본인이 마약에 중독이 될 수 도 있고, 등 등, 즉 이런 소유물들은 본인이 원치 않았는데 할 수 없 이 본인이 갖고 있는 겁니다. 즉 여기서 이런 소유물들은 크게나, 작게나, 즉 본인이 사는 데서 지장을 줍니다. 큼! 즉 이런 좋고, 나쁜, 소유물들 각각을 본인이 가지는 것과, 또 사람이 죽어서 그의 영혼이 지옥에, 가고, 안 가고와는, 이 무슨 상관이 있는가? 그건 즉 사람들 각자 다르게 가지고 있는 소유물들을 봐 봅시다! 큼! 즉 여기서 불교에서는 과거 본인이 어떤 노력을, 했고, 안 했고에 따라, 즉 현제 본인이 어떤 소유물들을 가지고 있는 것이고, 또 미래에서는 현제 본인이, 어떤 삶의 노력을, 하고, 안 하고에 따라, 그 어떤 소유물들을 본인이 가지게 된답니다. 즉 이런 이론은, 즉 신을 부정하고 본인을 인정 한다는 데서 생겼겠고, 또 이런 이론은 귀신과 타협을 한다는 것입니다. 즉 그들 이론은, 마구니도 구제의 대상이니, 그로 그들도 부처님의 자비로 해서 깨닫게 해야 된다, 즉 여기서 그들이 말하는 마구니가, 기독교에서 말하는 마귀입니다. 큼! 즉 여기서 기독교의 이론은, 즉 본인을 부정하고 하나님을 인정합니다. 큼! 즉 여기서 앞에서 설명드린 그런 소유물들은, 다 하나님께서 사람들 각자에게 주신 겁니다. 즉 여기서 마귀들이 사람들을 지옥 보내는 것을 봐 봅시다! 큼! 즉 마귀들이 사람들 1명씩 지옥으로 보내는 데서, 그 일을 어떻게 하는가? 그건 즉 그 사람이 하나님을 안 믿고 살게 하고, 또 그 하나님을 안 믿고 죽게 만듧니다.

'누구 아무개의 영혼은, 꼭 지옥으로 보낸다!'
어느 마귀.

즉 마귀가 이렇게 장담을 못 합니다. 큼! 즉 여기서 하나님을 어느 때부터 믿어 왔던 분이, 큼! 즉 그 중간에 본인의 마음의 변화로 그 하나님을 안 믿고, 그 고집을 계속 피우다가, 하루는 그 분이 그렇게 죽어서, 그 분의 영혼이 영원한 지옥에 갈 수 있고, 아니면 큼! 예수를 계속 안 믿어 오다가, 그 분의 죽음 직전 때, 그 분의 마음 변화로, 다행히 예수를 믿고 죽어서, 그 분의 영혼이 천국으로 갈 수 도 있고, 큼! 즉 그래서 살날이 많이 남은 분 일 수 록, 그런 그가 지옥에 안 간다는 것을 장담을 못 합니다. 큼! 즉 우리가 죽음 직전 부분에서, 하나님을 믿을 수 있어야 됩니다. 큼! 즉 여기서 살아가면서 하나님 믿을 때는, 그 하나님께서 그런 분들에게 특별히 잘해 주시니까, 그래서 그런 분들에겐 뭔가 좋은 것이 잘 생깁니다. 즉 이를 그 분이 알게, 모르게. 큼! 즉 그런데 그런 하나님의 믿음은, 큼! 그런 그가 지옥에 안 간다는 것과는 상관이 없습니다. 큼! 즉 그런 그 분이 앞에 하나님을 아무리 믿었어도, 즉 여기서 본인의 죽음 직전 부분에서, 하나님을 안 믿고 죽는다면, 그 분의 그 영혼은 지옥으로 보내 짐니다. 그래서 우리가 하나님을 믿어 가는 삶이란, 즉 본인의 죽음 직전 부분에서, 본인이 하나님을 믿고 죽는 그 연습을 하는 것과도 같습니다. 큼! 즉 그래야 그 분이 지옥에 안 가니까요. 큼! 여기서 이 마귀가 사람들의 어떤 약점을 잘 이용하느냐? 큼! 그건 즉 그 사람의 죽음의 공포입니다. 즉 그걸 이용해서 하나님 신자로 사는 분도 그 분의 죽음 앞에서 그런 그가, 하나님을 안 믿고 죽게 합니다. 큼! 그리고 하나님의 불신자로 사는 분 경우는, 그 분의 그 죽음 앞에서도, 계속 하나님을 안 믿게 합니다. 큼! 즉 여기서 사람이 살아가면서 하나님을 믿어 간다는 것은, 즉 그런 그의 죽음 직전에, 그 죽음의 공포 앞에서, 그런 그가 하나님을 믿고 죽는 그 연습을 하는 것과도 같습니다. 큼! 즉 여기서 사람이 그의 죽음 직전에 그의 죽음의 공포 앞에서, 그 죽음의 공포에 굴하지 않는 하나님 믿음, 큼!

"아, 왜? 이리 시끄럽노!"

"!"

공작가.

"아, 또 니가, 이번엔 또 뭐꼬?"

하나님께서.

"큼! 앞에 설명 드렸듯이 사람들의 영혼 일체, 지옥 안 가게 해 주세요! 즉 사람은 아무리 그가 원수라도. 그래서 이 세상 1사람의 영혼도 지옥에 안 가게, 해 주세요!"

공작가.

"아니, 그러면 지옥이, 텅 비어서 되겠냐?"

인류 모두가 지옥 안 가기 기도문

하나님께서.

"거긴 마귀들을 다 채워 넣으면 되죠! 원래 마귀들은 다들 지옥 행이니까요."

공작가.

* * *

여기서 사람들 일체 각자는, 즉 태어나면서 부터, 하나님께서 정 해 놓으신 그 천국과 지옥의 법에 걸려 있습니다. 큼! 즉 그렇다면, 그 천국과 지옥의 법은 뭔가? 그건 즉 일체의 사람들 각자가, 즉 그의 죽음 직전에, 그런 그가 하나님을 믿고 죽어야 지옥에 안 가지, 방금 그 부분에서 그런 그가 하나님을 안 믿고 죽으면, 그런 그의 영혼은, 영원한 지옥으로 갑니다. 즉 여기서 이를 하나님께서 정 해 놓으신 건데요. 즉 여기서 누구나 그가 살아 가면서 하나님을, 믿고, 안 믿고는, 즉 그런 그것이 그의 영혼이 지옥에 안 가는 것과는 상관이 없습니다. 큼!

"이런 법이 있는지 몰랐잖 습니까? 형사님!"

형사 앞에서 조사 받고 있는 사람이. 큼! 소용 없습니다.

즉 우리들 일상 속의 법도, 큼! 즉 모르고 지은 죄도 그 처벌이 따를 수 있습니다. 즉 그런 국가의 법처럼, 하나님께서 정 해 놓으신 그 천국과 지옥의 법도 마찬가질 검니다. 큼! 즉 여기서 사람들 각자, 그가 죽기 직전, 그가 반드시 하나님 믿기를 맹세하고 이 땅을 떠나가게 해, 주세요! 큼! 그런데 이 부분에서 마귀들이 그 일을 최고로 방해 할 검니다. 큼!

"어이, 거기 잠깐!"

"!"

본 영혼.

"널 기다리고 있었다!"

죽음의 공포 마귀.

하나님의 종, 그가 죽기 직전, 하나님 믿기를 맹세하고, 그가 죽고 나서, 천국에 가려는데, 저 마귀가, 그가 가는 그 길목을 막아 지키고 서 있습니다.

그 놈은 단단한 근육질의 몸이고, 그의 오른 손엔, 검은 검 1자루를 쥐고 있습니다. 큼!

"하나님 살려 주세요!"

'!'

어디선가? 사람들의 처절한 비명 소리가 들립니다.

그 마귀 옆엔 끝없는 낭떨어지가 있는데, 그 안에서 나는 소립니다.

확, 확!

'이 낭떨어지 밑에서 불의 화기가! 앗 뜨거!'

'아, 저 속이 지옥이구나!'

하나님의 종.

그 마귀가 하나님의 종, 그가 그의 죽음 앞에서 큼! 하나님을 안 믿고 죽어라는 그 죽음의 공포의 검 1자루를 들고 서 있습니다. 큼!

'하나님, 저는 하나님을, 꼭 믿습니다! 하나님, 저 놈을 꼭 이기고, 저를 천국으로 가게 해 주세요!'

번, 쩍!

"어!"

순간! 본 영혼의 오른 손에 검 1자루가 쥐어 집니다.

그런데 그 검은 단단히는 생겼는데, 싸구리 같습니다.

'이 검은 1, 2만원 할 것 같은데, 이왕이면 주시는것 좋은 것 주시지, 그래도.'

척!

하나님의 종, 그는 그의 검 자루를 그의 양 손에 말아 쥐고, 그 검을 1자로 치켜 듭니다.

이 영혼 분은, 앞에 하나님의 신자로 살아오던 분이라, 그로 그 분이 죽음을 만났을 그 때 하나님을 믿고 죽어야 본 영혼이 지옥에 안 간다는 걸 잘 알고 있었고, 또 그 죽음 직전 부분에, 마지막 마귀와 싸움을 할 건데, 그런데 그 상대는 마귀들 중, 최고로 쎈 죽음의 공포 마귀고, 그리고 그 마귀가 그 분의 죽음의 공포를 이용해서, 그 분이 하나님을 안 믿는 맹세를 하고 죽게 해서, 그로 그 분의 영혼을 마지막으로 지옥에 보낼 것이란 걸, 미리 예상하고 있었습니다. 큼! 그래서 그의 예상대로 그 일에 미리 대비를 해 왔습니다. 그렇다면 그 준비는 뭔가? 그건 즉 그가 살면서 하나님 믿음을 성실히 해가는 일이었고, 또 그가 천국 가길 바라는 마음입니다. 큼! 여기서 그 하나님께서 약속 하신 그 천국 가길 바라는 믿음을 소망이라고 합니다. 큼!

'아, 내 예상이 맞았구나! 저 놈이 마지막 놈이로구나!'

본 영혼.

저 죽음의 공포 마귀에게 지면, 저 지옥의 낭 떨어지 아래로 떨어질 것 같습니다. 큼!

"살려 주세요! 하나님, 하나님!"

저 낭 떨어지 밑에서, 처절한 비명소리들이 들려 옵니다. 큼!

잠시 소리 나는 쪽을 바라 봅니다. 그리고 그 상대를 봅니다.

본인이 본인의 죽음 직전에, 하나님 믿는단 그 맹세를 하고, 본인의 죽음을 맞음에서, 저 죽음의 공포를 이겨야 됩니다.

큼! 속담에, 감나무 밑에 드러누워 있다면, 이왕이면 그 감 떨어질 걸 예상을 해서, 그 나무 밑에 삿갓을 받쳐 놓고 있는게 좋다고, 즉 기회를 만났다면, 그걸 잡으려는 노력이 있어야 그 기회를 안 놓친다고, 즉 그래서 누구나, 즉 본인의 죽음 직전 와 있단 것은, 어찌 보면 본인에게 천국에 갈 수 있는, 절호의 기회를 만났단 예기가 됩니다. 즉 여기서 그 천국 가는 기회는, 죽어 가는 그런 본인의 힘을 써야, 그 기회를 잡을 수 있습니다. 그런데 끝판 대장인, 저 죽음의 공포 마귀가, 그 일을 막고 있습니다. 저 끝판 대장인 마귀가, 마귀들 중에서, 최고로 쎕니다. 큼!
 '하나님, 저 마귀를 꼭 이기고, 천국 가게 해 주세요!'
 본 영혼.
 본 영혼의 하나님의 믿음이 더 쎄냐, 죽음의 공포 마귀가 더 쎄냐? 큼!
 스 렁 —
 탁!
 죽음의 공포 마귀가, 그의 검집에서 검을 빼고, 그 검집을 버립니다.
 '하나님, 저 마귀를, 꼭 이기게 해 주세요! 제발!'
 반 짝 반 짝!
 '어!'
 본 영혼의 오른 손에 쥐어진 그 검에, 초록 빛이 반짝 거립니다. 상대의 검은 검은 색으로, 단단하게 생겼습니다.
 상대가, 오른쪽으로 한발짝씩 한발짝씩, 천천히 걸음을 때며, 본 영혼의 헛점을 노립니다. 이에 본 영혼은, 왼쪽으로 한발짝씩 한발짝씩, 천천히 걸음을 때며, 그 상대의 헛점을 노립니다.
 "하!"
 먼저 본 영혼이 상대 영체를 오른쪽 대각선으로 뱀니다.
 찰나!
 상대가 그의 검으로 본 영혼의 검을 오른쪽으로 막으면서, 연이어 본 영의 왼쪽 대각선으로 그어 옴니다.
 깡!
 본 영혼의 검으로 그 상대의 검을 막았습니다.
 '!'
 본 영혼.

그 상대의 검에 강한 충격이 옵니다. 그리고 급히 본 영체를 뒤로 뺍니다.

'!'

그리고 본 영혼의 그 초록빛 검을 보니, 그 검에 금이 가 있습니다.

'이, 이런, 검을 주시다니, 큼! 하나님, 저를 지옥으로 보내 시렵니까? 제발 살려 주십시오!'

삭 —

'어!'

그 검이, 초록빛에서 흰빛으로 색이 바뀌면서, 금이 가 있던 곳이 사라 집니다. 큼!

상대가 그 검을 보고, 한발짝 뒷 걸음질 칩니다.

'아, 이게 하나님의 도우심인가?'

. . . .

곧 그 검으로, 상대 머리를 정 세로로 내려 칩니다.

삭 —

상대가 이를 왼쪽 옆으로 피합니다.

"흑!"

순간 통증이 옵니다.

상대의 검이, 본 영체의 왼쪽 허리를 노리고 그어 온 것이, 다행히 본 영체의 왼 손등 살갗을 그었습니다. 그런데 본 영체의 그 상처 부위에 피가 안 납니다. 이는 본 영체가 육체가 아니라 그렇습니다. 큼!

. . . .

각기 그 상대의 검에 베이지 않을 그 사정 거리 밖인, 3m 이상의 거리를 사이에 두고, 각기 오른쪽으로 1걸음씩, 천천히 땝니다.

'윽! 저 놈이 상당한 놈이구나! 잘 못 하면 저 놈의 손에 지옥으로 떨어지겠구나! 하나님, 제발 저 놈을 이기게 해 주세요!'

찰나!
상대의 검이, 오른쪽 가로로 그어 옵니다. 순간! 본 영혼의 흰빛 검을 세로로 세워, 상대의 그 검을 막습니다.
'!'
그런데 그 마귀의 검이 갑자기 방향을 틀어, 본 영의 왼쪽 대각선으로 그어 옵니다. 이는 예상 밖이라, 얼른 본 영체를 뒤로 뺍니다.
"으 ― !"
이번엔 상대의 검이, 본 영의 왼쪽 어깨를 그었고, 그리고 그곳에 살이 벌어져 있고, 통증이 있습니다.
'아, 저 놈의 손에, 잘 못 하면 지옥에 가겠구나! 하나님, 제발 저 놈을 이기게 해 주세요!'
. . . .
본 영혼, 상대 마귀, 이 각기 서로가 그 상대의 검에 안 베일 그 사정 거리 밖인 3m 이상의 거리를 사이에 두고, 서로 그 상대의 틈을 엿 봅니다. 그리고 서로가 천 천 히 오른쪽으로 한발씩, 한발씩, 땜니다.
'아! 빈 틈이 없구나! 역시 만만한 놈이 아니구나!'
상대가 겁이 납니다.
찰나!
상대의 검이, 오른쪽 대각선으로 그어 옵니다.
그리고 급히 본 영체를 뒤로 뺍니다.
그리고 이번엔, 상대의 검이, 왼쪽 대각선으로 그어 옵니다.
콰, 광!
그 상대가 못 쫓아 오게 그 주위에 보이는 잡동사니들을 쓰러 트리며, 그 상대에게서 도망을 갑니다.
"뭐 야!"
각! 각! 각!

상대가 그 잡동 사니들을 그의 검으로 두부 자르듯 베며, 그 토막난 잡동 사니들을 발로 차 가며, 다가 옵니다.

'아, 이젠, 저 놈 손에, 지옥 가겠구나!'

순간! 큼! 상대를 못 이기고, 그 상대의 의해, 저 지옥의 나락 속으로 떨궈 진다는, 불길한 예감이 옵니다.

'아, 졌구나!'

'어!'

순간! 쥐고 있던 그 검에서 강한 힘이 느껴 집니다. 이는 마치 그의 검이 상대의 검과 부딪쳤을 때, 그의 검이 그 상대의 검을 설 렁! 베어 지나간 느낌입니다. 이에 본 영의 오른손에 들려진 그 검을 봅니다.

반 짝 반 짝!

이번엔 그 검에 노랑 빛이 납니다.

'아, 하나님께서! 큼!'

. . . .

'하나님, 저 놈을, 꼭 이기게 해 주세요!'

"하!"

찰나!

상대가 본 영혼을 비웃으며, 그의 검을 빠르게 오른쪽 대각선으로 그어 옵니다.

쨍!

그 영의 노랑 검으로, 그 상대의 검을 막습니다.

쨍!

곧 다시 왼쪽으로 그어 온 상대의 검을, 또 그런 식으로 막았습니다.

쨍, 쨍, 쨍, 쨍!

앞에 그런 식으로 서로 주거니 받거니 하다가, 서로가 그 상대의 틈이 보이지 않자, 일단 상대의 그 검이 안 그이는, 그 사정 거리 3m 정도 거리로 서로 떨어 집니다.

'!'

본 영혼.

상대의 검이, 반으로 조각나 있습니다. 상대가 그걸 확인하고, 또 한 발 뒷 걸음질 칩니다.

'아, 이 노란 검이 상대의 검 보다 쎄구나!'

상대는 그의 검이, 반 길이로 부러져 있어도 왠지? 도망을 안 갑니다. 그런데 저 마귀가 죽고, 사는게, 문제가 아니라, 본 영혼이, 저 마귀의 방해에서 벗어나, 천국으로, 갈 수 있느냐, 못 가느냐? 이것이 문제입니다.

상대는, 그의 검이 반 길이로 부러진 불리한 상황이라, 이에 그 상대는 이 싸움에 승산이 떨어져, 그로 그의 목숨을 건지려면, 이 자리를 도망가면 될텐데, 아직은 저 죽음의 공포 마귀가, 본 영혼을 이길 승산이 있는 모양입니다.

'이건 하나님께서 주신 것이다! 하나님, 참 고맙습니다! 큼!'

척!

본 영혼의 노랑빛 검을, 곧게 세워 말아 줍니다.

꽉!

말아 쥔 검 자루에 힘을 줍니다.

싹ㅡ!

오른쪽 대각선으로 그 상대를 가릅니다.

설 렁ㅡ!

"악!"

상대는 그의 부러진 검으로, 본 영혼의 검을 막았지만, 상대의 검이 본 영혼의 검에 부딪친 순간, 칼에 두부가 잘려 지듯, 잘려 나갑니다. 그와 동시에 상대 마귀의 영체도, 본 영혼이 그은 검의 그쪽 대각선으로 2

동강이 남니다.
　부르르—!
　그 2동강 난 마귀의 영체에서, 약간의 떨림이 있더니, 곧 그것이 사라짐니다.
　반 짝 반 짝!
　그의 검을 보니, 이번엔 그 붉은 빛이 남니다.
　'음! 하나님이 인도 하셨구나!'
　. . . .
　'흠!'
　본 영혼은, 움직임이 없는 그 2동강 난 죽음의 공포 마귀를 쳐다 봄니다.
　'흠!'
　'하나님, 저 마귀의 영혼을, 꼭 천국으로 인도 해 주세요! 예수님의 이름으로 기도 드립니다! 아멘.'
　"하나님, 이 죄인을 용서 해 주셔서 고맙습니다! 하나님, 이 죄인을 받아 주셔서 고맙습니다!"
　상대의 의해, 본 영혼의 왼 손등과 왼 쪽 어깨에 살이 깊이 벌어진, 그 깊은 상처 부위들을 그 영의 오른손으로 감 싸고, 또 그의 검을 들고서, 상대가 막고 있던 그 길을 지나, 천국의 영역 안으로 들어 감니다.
　'아, 여기가 천국이구나!'
　* * *
　여기서 사람의 인생 중간에, 즉 그 분이 하나님을, 믿거나, 안 믿거나, 그것이 그 분의 영혼이 지옥에 안 떨어진다는 것과는 상관이 없습니다. 그렇다면 우리가 구해야 될 문제는 뭔가? 큼! 그건 즉 사람들 각자, 그 분의 죽음 앞에서 하나님을 믿고 돌아 가셔야 천국에 갑니다. 큼! 그래서 그 분이, 저 죽음의 공포 마귀를 만나기 전, 짧게는 몇 달간은, 큼! 꼭 하나님을 만나서, 최소한 거기서는 그 분이, 하나님을 알게 해 주시고, 또 믿게 해 주세요! 큼! 그래서 하나님과 친해지게 해 주세요! 큼! 그리고 결국 그분도, 그 분의 죽음 앞에서, 저 죽음의 공포 마귀란 놈이, 마지막으로 예수를 안 믿고 죽어 지옥에 가자고 찾아 왔을 때, 그 분의 그 영혼이 하나님을 믿고, 그 마귀를 이기고, 천국에 갈 수 있게, 해 주세요! 큼! 즉 사람이 죽어서 된 그 영혼이, 앞에 몸 있었을 때, 그 몸의 감각이 그대로 있답니다. 즉 여기서 지옥은, 영원히 심하게 죽는 곳이 랍니다. 이 반면 천국 그곳은, 영원히 사는 좋은 곳이라던데요. 여기서 사람들 영혼에게만, 그 천국과 지옥의 심판이 있습니다. 또 사람들, 각자의 영혼은, 다들 잠시라도 죽기 싫어 합니다. 이 반면 끝없이 살려고 합니다. 그래서 인류 모두의 영혼, 그들 각자의 바램대로, 그들이 끝없이 사는 곳인, 저 천국으로 가서, 영생을 누리게, 해 주세요! 아멘.

왜 사는가

•
•
•

　인류에게 만이 천국과 지옥의 심판이 주어진다. 큼! 즉 여기서 인류 외에 몸 있는 일체의 생명체, 즉 그들은 그들의 사후에 그 천국과 지옥의 심판이 없다. 즉 여기서 큼! 그들은 다 천국과 지옥 외에 다른 어딘가로 보내진다. 즉 여기서 그들에겐 왜? 천국과 지옥의 심판이 안 주어지냐면, 그건 즉 그들 일체는 언어가 없기 때문에, 그래서 그런 그들은 하나님을 모른다. 여기서 그런 그들에게 그 천국과 지옥의 심판이 주어진다면, 그들은 다 하나님 안 믿고 죽은 죄로 지옥으로 가야 되니까 그렇다. 여기서 이 지구상엔 4종류의 영혼들이 있는데, 그건 큼! 즉

　1. 하나님의 영혼.
　2. 사람들의 영혼.
　3. 인류 외에 몸 있는, 일체의 생명체들의 영혼.
　4. 마귀들 영혼.

　알고 보면 이 세상에 이 마귀들에 대한 말들이 많다. 즉 여기서 이 마귀들에 대해, 대강 설명을 드리자면, 즉 각종 귀신, 악마, 등 등, 이런 것들이 다 마귀들이다. 즉 이 마귀들 각 각이 하는 그 일은 뭔가? 그건 즉 사람들 1사람씩의 영혼을, 하나님 안 믿고 죽게 해, 영원한 지옥으로 보내는 일을 한다. 이에 기독교의 가르침엔, 즉 사람들이 싸워야 할 대상은, 즉 본인이나, 본인 외에 다른 사람들이 아니라, 마귀들이라고 한다. 또 기독교에서의 가르침엔, 즉 이미 오래 전, 하나님께서는 영의 세계에

서의 그 하나님의 군대와 그 마귀들의 군대와의 전쟁을 선포하셨고, 그로 현제 이 지구상에서는, 그 하나님의 군대와 마귀들의 군대가 영적 전쟁 중이라 볼 수 있다. 큼! 또 그 예수님께서 이 땅에 오신 이유는? 즉 마귀들을 멸하기 위해 오셨다고 한다. 이에 예수님께서는 마지막으로 십자가에 못 박혀져 돌아가셨고, 그로써 완전한 시체가 된 다음 3일 이후에 그 시체가 다시 살아나셨고, 여기서 예수님께서는 그런 마귀들을 이기셨다고 한다. 여기서 그 마귀들의 영혼들은, 천국과 지옥의 그 최종적인 심판 날이 왔을 때, 그런 그들 일체는 그 천국과 지옥의 심판이 적용될 것 없이, 다들 지옥으로 보내진다. 여기서 그들을 사람으로 치자면, 즉 교도소 안에 갇혀 있는, 사형수들과 같다. 즉 여기서 사형수들이 그 안에서 언제 사형을 받아 죽을지? 모르듯이. 즉 여기서 마귀들은, 아무 잃을 것이 없으니, 큼! 여기서 그들은 겁날 게 없는 것이다.

"나는 이 집에서 못 나간다!"

그래서 이 지구상에 있으면서 그 최후의 발악으로 사람들 중, 아무나를 붙잡고, 인질극을 벌이는 것이다.

"내가 지옥에 가야 된다면, 그 길동무로, 이 집 주인과 같이 가겠다!"

즉 어느 만만한 사람의 몸 안에 들어 가서, 그 집 된 사람을 붙잡고 하나님에게 말을 한다. 즉 여기서 이 마귀들의 이런 죗값이 공짜가 아니다. 즉 이런 그들 각각은, 나중에 그 죄의 계산을 받게 되는데, 여기서 그걸 어떻게 받냐면? 그건 즉 그 지옥의 고통이 쎈 곳이 있고, 약한 곳이 있는데, 여기서 그 중 죄가 무거운 마귀들은, 그 중 고통이 쎈 지옥으로 보내진다. 큼! 즉 인간 세상에서도, 큼! 즉 무거운 죄로 법을 어긴 사람일 수 록, 큼! 그 죄의 처벌이 무겁듯이. 즉 그런데 이 세상에 천사들이라고 하는 그들이 있다는데, 그런데 그들이 이 세상에 있다면, 여기서 그런 그들도 사람들의 인구 수 처럼 많을 것이고, 또 그런 그들도 사람들을 도와준다고 하는 하나님의 편이라고 할 것이다. 그렇다면 여기서 이 세상이 그런 세상이라면, 즉 이 세상에 하나님도 계시고, 그런 천사들도 있을 것이다. 즉 여기서 사람들은 그런 천사들도 무시를 못 할 것이다. 왜냐면? 즉 그런 천사들도 사람들에게 좋은 영향을 준다고 하니까. 큼! 즉 그렇다면 사람들은 하나님도 믿어야 되고, 천사들도 믿어야 될 것이다. 큼! 즉 여기서 그렇게 된다면 이 세상엔, 하나님과 천사들이란 그 수 많은 신들이 존재할 것이다. 여기서 이 세상엔 하나님 1분 뿐이시니까, 그래서 그런 천사들은 이 세상에 아예 없는 것이다. 큼! 그런데 영혼의 세계, 그런 나라 어느 곳엔, 그런 천사들이 있는 모양이다. 즉 여기서 기독교의 말씀으론, 왜? 마귀들이 마귀들이 됐느냐면, 그건 즉 원래 마귀들이 하늘 나라에 천사들이었다는데, 그런데 거기 사는 천사들 중, 어떤 죄를 지은, 그런 그들이 있었고, 이로서 하나님께서 그런 그들을 다 잡아들여서, 그들을 다 이 지구로 보내셨다고 한다. 여기서 이 지구로 보내진 천사들이 마귀들이라고 한다. 큼! 여기서 환청 목소리가 마귀들의 목소린데, 여기서 그 소리를 할 수 없이 들어 보면, 즉 남자, 여자 목소리, 등 등, 각 각 다르다. 즉 이는 사람들 남, 녀, 노, 소, 각자 그들의 목소리가 다르듯이. 즉 여기서 환청 소리가 같은 한국말인데, 여기서 각 각의 사투리가 있다. 즉 경상도, 경기도, 전라도 말씨, 등 등, 즉 이는 사람들 각자가 그가 살아 온 지역에 따라 사투리를 달리 쓰듯이. 또 한국 마귀, 일본 마귀, 이 양쪽이 언어가 안 통하는데, 이는 즉 사람들 끼리, 즉 한국 사람과 일본 사람 서로가 언어가 안 통하듯이다. 큼! 그리고 환청 들리는 그런 본인이, 환청이란 그 상대를 모르면, 이에 그 환청을 이상하게 생각하는데, 여기서 어떤 사람이 그런 본인에게 텔레파시를 보낸 줄로만 안다. 여기서 그런 각 각의 환청 목소리의 실체는, 어떤 사람들이 그런 본인에게 텔레파시를 보낸 것이 아니라, 즉 남 녀 노 소의 마귀들이 말한 것이다.

"나는 지옥에 못 간다. 내가 지옥에 가야 된다면, 이놈과 같이 가겠다!"

 즉 몸이 없이 돌아다니던 마귀들이, 어느 사람의 몸에 들어가, 그 집 주인인 그 영혼을 인질로 붙잡고는 말을 한다. 즉 여기서 의문점이? 큼! 즉 환청 목소리 들이, 남, 녀 각 각의 그 목소리가 구분이 되는데, 그렇다면 그런 마귀들도 남, 녀가 각 각 있다는 예기가 되는데, 그렇다면 그들은 왜? 남, 녀가 있을까, 사람들이 남, 녀가 있는 이유는, 즉 그들끼리만의 자식을 만들기 위함인데, 여기서 마귀들도 그런 그들 끼리만의 자식을 만들려고 그런 그들이 남, 녀가 있나? 이 마귀들은, 이 지구에서 얼마간 더 있다가 때 되면 다들 지옥에 끌려 가져야 되는데. 큼! 여기서 이 세상의 모든 만물들은 다 하나님 맘대로 하시는데, 즉 여기서 사람들 각자 그가 살아가다가, 그런 그가 죽은 그 다음, 그런 그의 영혼이, 영원한 지옥으로 안 간다고들 해도, 즉 그 일도 본인의 맘대로 되는 것이 아니다. 큼! 즉 그 일도 하나님의 뜻대로 되는 것이다. 또 마귀들도 하나님의 관리 영역 안에 있는데. 그리고 본인이 하나님을 큼! 믿고 죽어야, 그런 본인의 영혼이 천국으로 가진다. 여기서 누구나가, 그런 본인이 살아가면서 하나님을 믿어 간다면, 즉 그런 그 믿음은 그런 본인이 죽는 그 날, 하나님을 믿고 죽는 그 연습을 해 가는 것과 같다. 이 반면, 그런 본인이 하나님을 안 믿고 살아간다면, 즉 그런 본인이 죽는 그 날, 하나님을 믿고 죽는 연습을 안 하는 것과도 같다. 즉 여기서 본인이 죽는 그날, 그 하나님을 믿고 죽는 그 일 성공시키는 것을, 여러 가지 일들 중에, 고졸 검정고시 시험 합격하는 그 일과 비교를 해 본다면, 즉 우리가 하나님을 믿는 그 목적은, 즉 각자 본인의 사후 본인의 영혼이 천국으로 가기 위해서입니다. 큼! 즉 이에 비해, 즉 우리가 고졸 검정고시 시험을 준비해 가는 목적은, 즉 그 시험에 합격을 하기 위해서입니다. 여기서 고졸 검정고시 시험에 합격을 하려면, 그 시험 준비 기간이 충분히 있어야 됩니다. 큼! 또 그 시험에 대한 책들을 공부해서 그 책들 안의 내용들을 알아야 됩니다. 즉 여기서 우리가 천국으로 가는 그 일은, 즉 그 시험 날짜가 정해져 있지 않습니다. 즉 큼! 우리들 중, 누구는 3년 후인 어느 날에 죽고, 누구는 10년 후인 어느 날에 죽고, 큼! 즉 그런 식으로 각자 본인의 죽는 날짜가 안 잡혀 있고, 큼! 그래서 우리들은 즉 교도소 안에 잡혀 있는, 그 사형수들이나 마찬가집니다. 즉 그 사형수 그들도 각자 본인의 그 사형 집행 날짜를 모르듯이. 그리고 그 사실은 그 교도소 내에 직원들도 모르고, 여기서 그 사실은 대한민국의 법무부 장관만이 알았답니다. 여기서 보통 그 사형수들은 5년 정도 살려 줬던 모양입니다. 큼! 즉 그런 식으로 사람들도, 오늘 죽을지, 내일 죽을지, 1년 후에 죽을지 모르는데, 여기서 그 일은 유일하게 아는 분은 하나님이 십니다. 즉 여기서 일상의 사람들의 사형 집행 일은, 즉 각자 개개인들 마다 차이가 납니다. 여기서 그 사형 집행일이, 본인이 죽는 그날인데요. 여기서 그 본인이 천국으로 가느냐, 못 가느냐의 그 기로에 놓이는 것입니다. 그리고 본인이 돌아가시는 그 날, 하나님을 믿고 있었다면, 그런 본인의 영혼은 천국으로 가지는 것이고, 반면 그 날 본인이 하나님을 안 믿고 죽었다면, 그런 본인의 영혼은, 영원한 지옥으로 끌려 가집니다. 즉 여기서 큼! 하나님을 믿고 천국에 간 일과, 또 고졸 검정고시에 합격을 한 그 일과 같은 겁니다. 즉 여기서 사람이 살아가면서 하루 하루 하나님을 믿는 그 일은, 즉 언제 올지 모르는, 본인의 그 죽음 앞에서

'나는 오늘도 하나님을 믿고 있다!'

이 일을 이루기 위해서입니다.

'아, 천국은 있을 것이다. 그리고 그 반대되는 무서운 지옥도 있을 것이다. 나는 꼭 하나님 믿고 천국에 가야지!'

즉 이렇게 천국에 가길 바라며 살아가는 것을, 기독교에서는 소망이라고 합니다. 즉 사람은 100년이란 그 시간 안엔 언젠간 죽는다는 사형 선고를 누구나가 받아 놓은 상태입니다. 여기서 하나님을 길게 믿었느

냐, 짧게 믿었느냐, 그것이 문제가 아니라, 성실한 하나님의 믿음, 이것이 중요한 검니다. 이 반면 과거 어느날 부터 하나님을 믿었다가, 큼! 또 어느날 부터는 하나님을 안 믿다가, 즉 그런 식으로 하나님을, 믿다가, 안 믿다가, 즉 그러던 어느날 그런 본인이 그 날 하나님을 안 믿고 돌아 가셨다면, 여기서 그분의 영혼은, 그날 중으로 지옥으로 가지는 검니다. 여기서 고졸 검정고시 시험 준비를 해 가려면, 물질이 있어야 됩니다. 그것은 돈인데. 여기서 천국으로 가는 그 일은, 그 일에서 돈이 안 듭니다. 또 고졸 검정고시 시험을 준비해 가는 그 일을 본다면, 즉 그 일을 본인이 해 감에서, 즉 서로가 서로를 원하는 그 선 이상에서의 그런 본인과 서로 도움을 주고 받을 수 있는, 그런 사람 1명 이상을 만드려고 합니다. 여기서 주로 그런 사이는 남 녀 연인 관계입니다. 여기서 사람이 결혼을 하고 자식을 낳고 사는 것이, 즉 그런 남 녀 서로가 도움을 주고 받는 그런 관계가 고정이 되는 것이겠고, 큼! 즉 여기서 그런 남 녀 서로가 서로를, 도저히 안 찾을 수 가 없는 이유는, 즉 남 녀 노 소 그들 각자에게는 성욕이란 것이 있는데, 만약 남 녀 그들에게 그것이 없다면, 그런 그들 각 각의 다른 육체는, 마치 고양이, 개, 호랑이, 낙타, 등 등의, 즉 그들 각기가 서로 다르게 생겼듯이, 그런 식 일검니다. 큼! 즉 여기서 그런 남 녀 누구나는 그 본인의 성욕 해결을 하고 나서, 돌아서면 그 성욕이 생기고, 또 그걸 해결하고 나서 돌아서면, 또 생기고, 즉 그런 식으로 끝이 없습니다. 즉 살아가면서 채워도 채워도 돌아서면, 비워지는 것 중 한 가지가 성욕입니다. 또 어느 분은, 큼! 그분의 일생 전체적으로 큼! 하나님을 안 믿는 분이 계신데, 여기서 그런 분들도 돌아가실 때 그 하나님을 안 믿고 돌아 가셨기 때문에, 큼! 여기서 그분의 영혼도 지옥으로 가집니다.

'아, 나도 언젠간 저 사람처럼 저렇게 될 것이다!'

여기서 죽음을 만나 이 지구를 떠나 간 사람들을 우리들 각자 주위에서 매일 하루에도 몇 번 이상씩 봅니다. 큼! 즉 이에 죽음은 두렵습니다. 여기서 사람이 살아가면서 제일 무서운 것이, 바로 본인의 죽음입니다. 그 다음 무서운 것이, 본인이 죽고 난 다음 그런 본인의 영혼이, 진짜 지옥에 가지는 겁니다. 그 다음 무서운 것이, 즉 본인의 사후에 본인의 영혼이, 천국으로 가는 것입니다. 이는 왜냐면? 즉 천국이란 그 곳을 본인이 안 가봐서, 그로 거길 몰라서 그렇습니다. 즉 천국 그 곳이 사람들 사이에서 소문만 좋게 난, 그런 이상한 곳인지도 모르죠? 큼! 즉 여기서 천국 그곳이 어떤 곳인지 거기의 풍경은 모르는데, 즉 그렇기 때문에 그 천국에 대한 두려움도 있습니다. 즉 이 세상 사람들이 그 좋다는 천국이, 즉 그들끼리도 다들 서로가 속고 있는지도 모릅니다. 큼! 즉 그곳이 겉 다르고 속 다른, 그런 이상한 곳인지도 모르죠? 큼! 즉 우리들 일상에서, 즉 어떤 곳이 사람들 사이에서 좋다고 소문이 났는데, 그래서 본인이 거길 가보고 그곳을 본인의 눈으로 확인을 해 알기 전에는, 즉 그곳에 대한 약간의 두려움이 있습니다. 큼! 즉 이는 본인이 거길 안 가 봐서, 그로 거길 몰라서 그런 겁니다.

전도

　　　•
　　　•
　　　　•

"전도를 해라!"
'어! 방금 뭔 소리가 들리던데? 큼! 잘 못 들은 모양이네!'
그 분 옆에는 타인이 몇분 있습니다. 다시 본인이 하던 독서를 합니다.
"나의 사랑하는 종아, 내 말을 들어 봐라!"
'어!'
또 주위를 둘러 봅니다.
극적 극적!
'누가 한 말이지? 내가 잘 못 들었나.'
손으로 머릴 극적이며. 큼!
"내 말을 들어 봐라!"
'다시 그 목소리가!'
* * *
"나는 하나님이다!"
"그런데 그 말을 어떻게 믿습니까? 요즘 세상이 어떤 세상인데!"
여기서 그 하나님께선 그 분에게 복음을 전하라는 말씀을 10 여분간 조목 조목 하십니다. 큼!
* * *
"내가 너의 하나님이란 걸 믿느냐?"

하나님께서.
. . . .
"이 일을 할 것이냐, 말 것이냐? 결정을 내려라!"
하나님께서. 큼!
"하나님, 제가 그 일을 할 것 인가, 말 것 인가를, 한번 생각을 해 보고 결정 내리겠습니다!"
"그러면 얼마나 시간을 줄까?"
"오늘 이후로 3일간, 시간을 주십시요!"
"그래 그럼 3일 후에 다시 보자!"
사 악 ― !
하나님 께선, 그 자리에서 사라 지셨습니다.
잠 잠.
'아, 하나님이시라?'
＊ ＊ ＊
여기는 그 장소에서 최고 가까운 교회 안.
'큼! 아, 여기가 교회구나!'
그 분은 그 일을 만나고 나서 그 날 중, 막연히 아무 교회 안에 들어가 봤습니다.
그 안엔 사람이 아무도 없습니다.
어슬렁 ~ !
거기 예배당 안에 들어가 봅니다.
'큼! 여기가 예배당인가? 큼! 저기가 목사가 설교하던 자린가?'
그 예배당 정 중앙 끝부분엔, 서서 설교하는 책상이 보이고, 또 그 책상 앞 부분엔, 십자가 마크가 보이고, 또 그 설교 책상 뒷쪽 벽에는 대형 십자가가 걸려 있습니다.
'큼! 전도, 하나님?'

* * *

3일 후인 하나님과의 그 약속날.
'하나님께서 오신다던 날이지? 흠!'
* * *

"내가 너의 하나님이란 걸 네가 그걸 믿음에서 그 일의 의사를 너에게 묻는 것이다. 큼! 그 일을 하겠느냐?"
하나님께서.
* * *

여기서 마귀들의 음성이 환청입니다. 이 반면 하나님의 음성은 따로 있다고 합니다. 여기서 그 하나님의 음성과 환청은 다를 겁니다. 즉 여기서 그 음성들을 어떻게 구분 할 수 있을 것인가? 그건 즉

1. 환청은 그 환자가, 잠 잘 때만 빼고, 24시간 매일 들립니다. 큼! 그런데 하나님의 음성은 옆에서 보여지는 사람들 처럼, 본인에게서만 그 말씀이 들릴 때가 있고, 안 들릴 때가 있을 겁니다.

2. 마귀들은 그 사람에게서 저주만 줍니다. 그래서 마귀들에 들린 사람은, 그가 살아가는 데서 안 좋은 영향만을 받습니다. 즉 여기서 하나님의 음성이 들린단 것은, 즉 그런 본인의 몸에 성령이 들어 오셨단 것이고, 그로 그 성령은, 본인을 잘 되게 해 주실 것이고, 그로 그런 본인은 그런 본인이 살아가는 데서, 좋은 영향만을 받을 겁니다. 큼! 또 그 성령은 그런 본인의 영혼을 결국 천국으로 인도해 주실 겁니다. 큼! 그리고 마귀들이 그 붙어먹던 사람에게서 떠나 간다면, 여기서 그 사람에게서는 그 마귀들의 목소리가 아예 안 들린다고 합니다. 즉 이는 그 마귀들에게 들렸다가, 그 놈들을 쫓아내 본 사람들에게서 나온 말입니다. 큼! 즉 그런 식에 마귀들의 목소리가 안 들린다면, 앞에 언제 그런 일이 있었냔 듯이, 아예 그렇게 된다고 합니다. 또 그런 본인에게서는, 그 마귀들이 있었을 때의 안 좋던 여러 나쁜 기운들이 없어지고, 그리곤 본인

의 본 모습으로 되 돌아 가 진다고 합니다. 큼! 또 그렇게 쫒겨 간 마귀들은, 한동안 거리의 노숙 마귀가 되다가, 또 새로운 사람의 몸으로 들어 갑니다. 그리곤 앞에 그 사람에게 했듯이, 그 사람에게도 합니다. 이 마귀들은 어느 누구에게나 그런 식으로 합니다. 즉 여기서 그런 마귀들의 행동은, 즉 하나님의 법을 어긴 것이고, 그로 하나님에게 대적 중인 것이고, 그로 하나님과 대치 상태입니다. 즉 여기서 그 성령은 유일하게 하나님 한분 뿐입니다. 즉 그 성령님도 어느 사람에게 붙어도 그 성령님이 하시는 일은 마찬 가짐니다. 또 그 성령님을 믿는 분의 그 사후엔, 그 분의 영혼이 영원한 천국에 가질 수 있습니다. 그 성령님이 그 사람의 몸에 임하는 것은, 즉 본인이 하나님을 믿음에서만 임합니다. 그래서 누구에게나 큼! 그 성령님이 들어 올 수 있는데요. 그런데 그 성령님을 받아 들이는 것은, 즉 본인의 선택입니다. 즉 하나님을 믿으면 그 성령님이 본인의 몸에 임하는 것이고, 반면 하나님을 안 믿으면, 본인의 몸에 마귀란 악령들이 임합니다. 즉 마귀가 사람의 몸에 들어 오는 것은, 즉 그 놈들 맘대로 들어 옵니다. 즉 여기서 그 대상자는 즉 1사람씩입니다. 여기서 사람의 몸에 그런 악령들이 들어 오면, 여기서 그 놈들은 그 사람의 일생동안 그 사람의 몸에서 잘 안 나갑니다. 여기서 사람의 몸에서는 성령이 들어 올 수 있고, 큼! 반면 악령들이 들어 올 수 있는데,

"마귀들아, 당장 그 사람 몸에서 나가라!"

큼! 성령이 이렇게 악령들에게 명령 하면, 그 악령들은 그 사람 몸에서 나 와야 되는 모양입니다. 여기서 성령과 악령들 중, 성령의 힘이 더 쎈데요. 여기서 악령들은, 그 성령의 관리 안에 있다고 합니다. 여기서 그 성령과 악령들은, 그 사람의 몸에서 공존을 못 합니다. 즉 여기서 그 사람의 몸 안에 성령이 들어앉아 있으면, 그 악령들이 못 있습니다.

"아, 화가 난다, 이 놈의 마귀 새끼들!"

하나님께서.

여기서 마귀들이 하는 일은, 즉 인류 중, 1 영혼이라도 더 영원한 지옥으로 보내는 것, 큼! 이에 하나님께서는 인류 중, 영혼들이 마귀들에게 잡혀 영원한 지옥에 끌려가 지는 것을, 아주 안타까워 하시고, 그로 그 일을 막으려 하십니다.

"아니 공작가님, 그렇다면 사람들이 그 마귀놈들의 일을 막으려면 어떻게 해야 됩니까?"

어느 독자님께서.

"큼! 즉 그 일은 사람들 1명이라도 더 하나님을 믿고 죽게 만드는 일입니다. 즉 그 일을 전도라고 합니다."

공작가.

"큼! 그렇다면 그 전도하는 방법은 뭡니까?"

방금 그 독자님께서.

"큼! 그 방법은 모르겠습니다."

공작가.

"큼! 그렇다면 기독교를 믿고 전도를 하는 그 일을 하려고, 교회에 다니면 그 교회에서 돈 줍니까?"

다른 어느 독자님께서.

"돈은, 그 어느 교회에 가서 전도 일 한다고는 안 줄 겁니다. 즉 그 교회에서 전도 일을 10년을 했어도요. 그래서 그 전도하는 일은 본인의 취미 생활이라고 생각을 하고, 해야 될겁니다. 즉 그 대신 그런 본인의 그 몸 안엔 몇만원, 몇십만원의 돈이, 본인 걸로 임하는게 아니라, 그런 본인의 몸 안엔 하나님이 임하실 겁니다. 즉 여기서 그 하나님께선 그런 본인에게 뭘 주시느냐? 그건 즉 당장 본인 손에 잡히는 몇만원, 몇십만원, 몇백만원인, 그런 돈 보다 큼! 더 귀한 것들을 주십니다. 그건 즉 본인의 바램들이 이루어지게 해 주십니다. 큼! 그리고 본인이 교회에서 월급으로 매달 100만원 씩, 10년 동안 받아 간 그 금액을 싹 몰아 주시기도 합니다. 즉 억대의 돈이 갑자기 생긴 다던지 그런 것이죠. 큼!"
공작가.
* * *
즉 우리가 하나님 믿음에서, 교회만 다니는 그런 믿음 생활만 하는 것 같으면, 하나님께선 그런 분은 별 안 좋아 하십니다. 여기서 큼! 그런 본인이 하나님을 믿어 가다가 그러던 어느날 그런 본인이 본인의 죽음을 만났고, 그로 본인이 하나님을 믿고 죽었는데,
* * *
여기는 천국과 지옥의 심판대.
"큼! 하나님을 믿고 죽어 천국으로 분류가 됐긴 했는데?"
천국과 지옥의 심판관이, 그곳 심판대 책상에 앉아 거기 서류를 뒤적거리며.
"전도한 일은 없네요?"
'!'
천국과 지옥의 심판관의 말에 그 영혼이.
큼! 여기서 그 심판관이 방금 그 영혼에게 지옥으로 떨어질 영혼들을 다 놔두고 온 그 죄를 묻는다면?
* * *
여기는 천국.
"왜? 다른 영혼들은 다 놔두고 너만 살려고 왔느냐."
하나님께서.
'!'
그 영혼.
여기서 하나님께서는 그 영혼에게 구차한 변명은 듣기 싫으시겠죠?
퍽, 퍽, 퍽!
"이 새끼!"

"하나님 잘 못 했습니다!"

즉 우리의 할 일은, 되도록 많은 영혼들이 마귀들에 의해서 지옥에 안 가게 하는 것입니다. 큼! 즉 여기서 독자님들께선 방금 그 영혼의 입장이라면, 그 하나님에게 어떻게 대답 하시겠습니까?

그리고 전도 그 일은 천국과 지옥을 남들에게 알려서 그로 1분의 영혼이라도 더 하나님을 믿게 만드는 일인데,

* * *

"구체적으로 그 전도 일은 어떻게 합니까?"

앞에와 다 다른 어느 독자님께서.

"큼! 그 일은, 저 처럼 글로써 남들에게 하나님을 알린다던지, 큼! 그 외에 설교 활동도 있겠고, 봉사 활동도 있겠고, 등 등 일 겁니다. 큼!"

공작가.

* * *

앞에 하나님과 그 분이 있었던 장소.

"큼! 왜? 전도 일을 해야 됩니까."

앞에 하나님의 음성을 들은 그 분.

"1영혼이라도 마귀들에게 뺏앗기는게, 너무도 안타까워, 그로 그들의 일을 막기 위해서다!"

하나님께서.

"큼! 알겠습니다. 꼭 그 전도 일을 하겠습니다!"

그분.

인류 모두가 천국 가기 기도문

•
•
•

"큼! 인류 모든 영혼들이 다 천국 가게 해 주세요!"
공작가.
"큼! 그렇게 하긴 해야 된다. 그런데 문젠, 그 일을 막는 마귀놈들이다!"
하나님께서 .
"큼! 그렇다면 하나님께서는 그 마귀놈들을 못 이기십니까?"
공작가.
"이 세상 마귀가 다 나 한테 덤벼도, 나를 못 이긴다!"
하나님께서.
"그렇다면 하니님께선 하나님을 믿는자에겐 1분도 빠짐없이 임하십니까? 큼!"
공작가.
"그런데 사람들 각자, 그가 나와 같이 하고, 안 하고는, 그 사람의 선택에 달려 있다. 여기서 나와 함께 하길 원치 않는 사람에겐, 내가 임하지 않는다. 이는 왜냐면? 즉 나는 사람들 모두를 사랑한다. 그래서 나를 싫어하는 사람에겐 내가 같이 안 있는 것이다. 큼! 그리고 나를 안 믿는 큼! 그런 사람에겐, 내가 임하질 않으니까, 그로 그 사람 주위에 있는 마귀 한 놈 이상이, 그 사람에게 붙고, 여기서 그 사람은 나의 보홀 못 받아 그로 결국 나를 안 믿고 죽어, 지옥으로 가는 것이다. 큼! 그리고 맨 처음 그 천국과 지옥을 내가 만들었고, 또 그 만든 이유는, 이 지구상에 있는 영혼들 중, 일부를 지옥에 보내쟌 것이었는데, 그래서 그 천지 창조 그 초반부에 그 일을 좀 했다가 그 초과부터는 그 일을 아예 안 한다. 큼! 여기서 사람들 영혼들을 내가 관리를 하는데, 그래서 그들이 나고 내가 그들과 같다. 여기서 그 때 한동안 그들의 영혼들을 영원한 지옥에 보내 놓는 그 일을 해 봤더니, 큼! 아이고! 그 일들을 해 놓고 보니까, 밤이면 밤마다 그 영혼들이 너무 걱정이 되서 잠을 못 잤다. 그래서 그 일들 한 것이 지금껏 내 양심에 걸리는 것이다. 흑, 흑! 니가 그 죄를 용서해 주라! 다신 안 그럴께!"

하나님께서.

'큼!'

공작가.

"큼! 그래서 그 때 내 마음이 너무 아파, 그 일 초과 부터는 아예 그 일을 안 한다!"

하나님께서.

"큼! 그러시군요."

공작가.

* * *

큼! 누구나 마귀들을 싫어합니다. 또 누구나 고통을 싫어합니다. 또 누구나 죽음을 싫어합니다. 또 누구나 그의 사후 그의 영혼이 영원한 지옥에 가길 싫어합니다. 큼! 이 반면 누구나 삶을 좋아합니다. 또 누구나 즐거움을 좋아합니다. 또 누구나 그의 사후 그의 영혼이 영원한 천국에 가길 원합니다. 큼! 여기서 사람들 각자의 인생 중간에서, 길게나, 짧게나, 하나님을 믿게 해 주시고, 큼! 그리고 그 믿음이, 본인이 죽을 때 까지 가게 해 주셔서, 그로 그의 영혼이, 꼭 하나님 나라 천국으로 가게, 해 주세요! 아멘.

죽음은 뭔가

●
●
●

큼! 몸이 있는 살아 있는 생명체들은 다 죽어야 된다. 그 다음 그들 각자, 각기의 몸에서 분리가 된 그 영혼, 그들은 다 영원히 산다. 즉 여기서 사람이 죽은 일체의 영혼, 즉 그들은 그 천국과 지옥의 심판대 앞에 놓이는데, 여기서 그들 외에 몸을 가진 일체의 생명체, 즉 그들 사후 그 영혼들은 다 어떻게 되는가? 여기서 그런 그들은 다 그 천국과 지옥의 그 심판을 안 받는데, 여기서 그들은 그 천국과 지옥 외에, 다른 어딘가로 보내진다. 큼! 그리고 쓸떼 없이 이 세상에 있는 마귀들은 이 지구상에서 안 죽는데, 이는 왜냐면? 즉 그들은 다 영혼이 때문이다. 여기서 그들은 다 때가 되면, 지옥으로 보내지는데, 여기서 그 지옥에 가서도 이 지구상에서 처럼 영원히 산다. 즉 여기서 그 지옥은 아주 고통스럽게 영원히 죽는 곳이라고 한다. 큼! 즉 여기서 몸을 가진 일체의 생명체, 그들은 끝없이 죽는 걸 싫어하고 사는 걸 좋아한다. 큼! 여기서 그런 그들을 보면, 즉 그들의 종족 별로, 각 각의 수명들이 다른데, 큼! 즉 여기서 그들 중, 사람과, 거북이, 이 2종류가 오래 사는데, 여기서 사람들의 수명은, 7, 80년, 큼! 그리고 거북이들의 수명, 2, 300년, 즉 여기서 그 중간 정도의 삶을 사는 그런 그들의 수명, 2, 30년, 즉 여기서 그런 그들은, 즉 호랑이, 사자, 고양이, 개, 등 등. 여기서 거북이가 사람보다 오래 살거나, 말거나, 아니면 사람이, 고양이, 개, 등 등, 들 보다 오래 살거나, 말거나, 일단 사람들 각자, 본인이 100년 안에 죽어야 된다는 그 피할 수 없는 숙제를 맡아 놓단 것이 문제인 것이다. 큼! 즉 여기서 남들이 아무리 많이 죽어 나가도 문제가 아닌데, 즉 본인 1사람 죽는 것이 문제인 것이다. 큼! 그리고 제 경우, 즉 제가 키우던 흰 새끼 고양이 2마리가, 각 각 병으로 한 10일 정도씩 시름 시름 앓다가 그러던 어느날 제 눈 앞에서 죽은 경우를 봤는데,

'아! 나도 언젠간 저렇게 되겠지?'

여기서 그렇게 죽어 간 그들의 모습은, 마치 살아 있던 그들이 피곤한 몸을 쉬기 위해, 잠에 빠져든 것과도 같아 보였습니다. 즉 그런 그들이 죽어 가는 모습들은, 아무 고통이 없어 보였습니다. 큼! 즉 여기서 유교에서 5복 중 1가지가, 즉 본인의 명대로 살다가, 고통 없이 죽는 것이라고 합니다. 즉 여기서 그렇게 죽는 것은, 즉 본인이 늙어져, 그러던 어느 날 그런 본인이 주무시던 새벽녘에 돌아가시는 것이죠. 즉 이 부분에서 가상의 몇 분과 이야기를 나눠 보겠습니다. 즉 사람들이 죽음에 대해 어떻게 생각을 하시는지를 알아보기 위해서요. 먼저 몇 살 대의 남자 어린이에게 가서 죽음이 뭔가를 물어 보겠습니다.

"저, 안녕 하세요?"

"!"

그 어린이.

"큼! 저, 죽음을 뭐라 생각하시는가요?"

공작가.

"죽음이 뭐예요?"

큼! 그 어린이는 공작가에게 반문을 합니다.

즉 어린이는 죽음에 대해 아무 생각이 없을 것입니다. 이 다음 10대의 여자 청소년에게 가서 죽음이 뭔가를 물어 보도록 하겠습니다.

"큼! 저, 안녕하십니까? 다름이 아니라 학생께서는 죽음을 뭐라고 생각하십니까?"

공작가.

"음, 죽음이란 것은, 우리들이 만날 수 있는 재수 없는 그런 것이죠!"

그 여학생.

10대 청소년들에게서의 죽음이란 것은, 큼! 즉 그런 본인에서는 일어나지 않는, 즉 남들에게만 일어나는 일일 것이라고들 생각들을 하나, 그런데 실제적으로 그런 청소년들 중에게서도 죽음이 오긴 옴니다. 큼! 이 다음은 20대의 미혼 여성분에게 가서 죽음이 뭔가에 대해 물어 보겠습니다. 큼!

"저, 안녕하십니까?"

'!'

그 여자분.

"큼! 저, 죽음에 대해서 어떻게 생각하십니까?"

공작가.

"뭐, 저 보고 죽으라구요!"

'!'

공작가.

그 여자 분께선 공작가에게 화를 내시는 모양입니다.

이 20대 때에도 그런 남 녀 대부분들은, 혹시 본인에게서 무슨 사고가 닥쳐와 그로 그런 본인이 재수 없이 죽지나 않을까? 큼! 겁을 내지, 즉 그 외에 각자 그 본인의 죽음에 대해 그렇게 신경을 안 씁니다. 큼! 이번엔 30대의 기혼 여자분에게 가서, 죽음이 뭔가를 물어보겠습니다. 큼!

"저, 안녕하십니까?"

'!'

그 여자분. 큼!

"저, 죽음이 뭐라 생각하십니까?"

공작가.

"음, 요즘 제 주위에 60대 이상의 나이 드신 분들의 조언을 들어 보면, 즉 앞으로 4, 5, 60대가, 총알 같이 지나간다 더라구요. 이제 막 나온 이 애도 커갈 꺼고, 또 앞으로 다가 올 40대는 본인이 가진 그 얼굴에 본인의 책임이 따른다 하고. 큼!"

방금 그 여자분. 큼!

그런데 이 30대 말까지도, 즉 죽음이란 것은, 그런 본인에겐 안 일어나는, 즉 남의 일처럼만 느껴 집니다. 큼! 이번엔 40대의 기혼 남자분에게 가서, 죽음이 뭔가를 큼! 물어보도록 하겠습니다. 큼!

"저, 안녕하십니까?"

"!"

그 남자분.

"저, 죽음이 뭐라고 생각하십니까?"

공작가.

"큼! 제가 어떤 책을 읽어 보니까 그 책에선, 즉 사람의 나이 40대에는 그 본인에게 다가 올 죽음이란 것을 생각해 보게 된다 더라구요. 여기서 제가 큼! 그 나이가 되 보니까, 진짜 그렇킨 그렇터라구요. 그리고 앞으로 다가 올 5, 6, 7, 80대, 아, 정말 싫고, 겁이 납니다!"

그 남자분. 큼!

여기서 이 40대 때의 큼! 결혼할 생각이 있는 미혼 남 녀 분들은, 그런 각자 본인의 나이에 쫓기기 시작할 때입니다. 큼! 또 이 40대 때 부터는, 즉 이 세상의 유혹에 잘 안 넘어 가진다고 합니다. 그리고 70대의 할아버지에게 가서 큼! 죽음이 뭔가에 대해 물어 보겠습니다.

"큼! 할아버지, 안녕하십니까?"

"!"

그 할아버지께서.

"할아버지, 할아버지께선 죽음을 뭐라고 생각하십니까? 큼!"
"죽음?"
그 할아버지께서.
여기서 말기 폐암에 걸려, 곧 다가 올 본인의 죽음에서 못 벗어 나는, 50대의 남자분에게 가서 죽음이 뭔가에 대해 물어보겠습니다. 큼!
"저, 안녕하십니까?"
"!"
그 남자분.
"큼! 저, 죽음에 대해 어떻게 생각하십니까?"
공작가.
"저는 담배로 폐암에 걸려 콜록, 콜록! 죽음을 맞게 됬는데요. 콜록! 그래서 저는 콜록! 크 ― 음! 죽는 그 순간까지 콜록! 이 담배를 1대라도 더 피우다 죽을 겁니다. 콜록, 콜록!"
그 남자분.
"죽음이 겁 안 나십니까?"
공작가.
". . . ."
그 분께선 침묵하십니다.
이 남자분 경우는, 곧 그 분에게서 피할 수 없는 죽음이 닦칠 것이란 걸, 그 분은 누구보다도 잘 알고 있을 것입니다. 여기서 그분께서는 그 본인의 그 죽음이 겁 안 날 것 같습니다. 이는 왜냐면? 즉 속담에, 도마 위에 놓인 살아 있는 물고기가 식칼을 겁 안 낸다고, 큼! 이 뜻은, 즉 일체의 몸 있는 살아 있는 생명체들에게, 막상 죽음이 다가 온다면, 여기서 그 죽음을 받아들여 지게 되고, 그로 그 죽음이 겁 안 나지게 된다고 합니다. 큼! 즉 그로 방금 그 말기 폐암에 걸린 남자 분은, 곧 그런 본인에게 다가 올 그 죽음에 대해 겁이 안 나 질 것 같습니다. 큼! 이 다음 에

이즈에 걸려 사형 선고를 받은 30대의 미혼 여성분에게 가서 죽음이 뭔가를 물어 보도록 하겠습니다. 큼!

"저, 안녕하십니까?"

'!'

그 여자분.

"저 다름이 아니라, 죽음을 뭐라고 생각하십니까?"

공작가.

"죽기 싫어요!"

'음!'

공작가.

"제가 최고로 한이 되는 것이, 시집을 못 가 보고 죽는 것입니다. 저와 섹스 하실래요? 제가 잘해 드릴께요!"

방금 그 여자분.

"아, 그건 안 됩니다! 왜냐면? 저도 죽기 싫으니까요. 저도 장가는 가 보고 죽어야죠!"

공작가.

큼! 이 에이즈에 걸리면 6개월까지 살다 죽는다던데, 여기서 그 병으로 죽을 때는, 심한 감기 몸살 증상이 나타난다 더라구요. 그런데 그런 본인의 죽음도 고통스럽겠지만, 여기서 그런 본인이 이 세상에서 없어진다는 것이 겁이 나겠죠?

"그 죽음의 고통도 고통이겠지만, 이 세상에서 본인이 죽어 없어진다는 것이 겁 안나십니까?"

공작가.

". . . ."

그 분께선 말이 없으십니다.

이 에이즈에 걸린 그 분께서도, 막상 본인의 코 앞에 다가 온 그 죽음에 대해 겁이 안 나는 모양입니다. 여기서 남들이 볼 땐, 즉 그 본인의 코 앞에 다가 온 그 죽음에 대해, 그런 본인에게 큰 고통일 것만 같은데, 이번엔 마약을 오래 해 온, 30대 말의 남자분에게 가서, 죽음이란 뭔가에 대해 물어 보도록 하겠습니다.

"저, 안녕하십니까?"

"!"

그 남자분.

"저, 죽음이 뭐라고 생각하십니까?"

공작가.

"저 마약은, 처음 1대 하자마자, 마약 귀신이 달라붙어요. 이 마약 귀신이 귀신들 중에서 최고로 쎄요. 제발 당신은 저처럼, 마약 만은 꼭 하지 마시기 바랍니다!"

그 남자분.

"음, 알겠습니다!"

공작가.

"아, 무릎 관절이 움직일 때 마다 삐그득 삐그득 소리가 나요!"

이 남자 분께선, 즉 오랜 세월간 마약을 해 와서, 그로 현제 본인의 나이는 30대 말인데, 그런데 현제 본인의 몸은 노인이 됬기 때문에, 그로 그분의 몸을 움직일 때 마다, 그분의 무릎에서 삐그득 삐그득 소리가 나는 검니다. 흠!

"큼! 죽음은 어떻게 생각하십니까?"

공작가.

". . . ."

이 분도 특별한 답이 없습니다.

그리고 큼! 마약을 해 보셨단 어느 분의 말씀으론, 즉 그 약의 중독성이 담배 10배 이상이라고 합니다. 큼! 즉 그래서 이 마약은 그 중독성이 너무 강하기 때문에, 그로 그 약을 단 1번 경험을 해서, 이 세상에 마약이 있단 걸 그런 본인이 한번 알아 버린다면, 즉 거기서 부터 그런 본인이 돌아가시는 그 날 까지 그 약을 하다가 돌아가십니다. 그런데 그 약 중독자들의 영혼은 큼! 그 약에 중독이 안 되 있을 겁니다. 즉 이는 담배, 큼! 카페인에 중독이 된 분들과도 같을 겁니다. 즉 내나 물질에 중독된건 다들 같은 식일 것이니까요. 즉 그래서 그 약에 중독이 된 분들도, 앞에 그런 중독자들 처럼, 그런 그들의 정신이 악한 원수, 마귀들의 정신으로 되는 건 아닐 겁니다. 즉 그런 그들의 정신도 그 약에 중독이 안 된 일반인들의 정신과 같은 거죠. 큼! 즉 여기서 그 약에 중독이 된 분들 각자의 그 처지는 누구보다도 본인 당사자들 각자가 잘 아시나, 여기서 그 약을 오래 한 분일 수록, 그 약을 한 것 때문에, 그런 본인의 몸은 급속히 늙어져, 그로 앞으로 그 분의 살날이 얼마 안 남았기 때문에, 여기서 사람이란 누구나, 즉 본인이 돌아가시고 나서, 이 세상에 그런 본인이 욕을 들을 짓은 해 놓고 가기가 싫기 때문에, 그로 그런 그의 감정 상태는 일반인들 보다 더 양심적인 쪽으로 쏠릴 겁니다. 즉 여기서 만약, 그 약에 중독이 된 분들의 영혼이 악한 원수, 마귀들의 정신으로 되 버린다면, 여기서 그런 그들은 아주 무서운 존재들로, 이 세상과 대적이 될 겁니다. 즉 이는 왜냐면? 즉 그 약을 1대 맞아 놓은 그 사람의 모든 힘은, 그 약을 안 한 보통 사람의 모든 힘보다 5배로 쎄집니다. 즉 여기서 그 약을 안 한 보통 사람의 머리 보다 5배로 좋아 지는데, 즉 여기서 그것이 어떤 식으로 되느냐면? 그건 즉 평소 그런 본인이 기억하지 못했던, 본인의 3살 때 일도 기억을 한다고 합니다. 큼! 또 그 약을 맞아 놓은 상태에서 그런 본인이 독서를 한다면, 여기서 그 약의 기운이 도는 5시간 동안, 그 자리에서 꼼짝 않고 가만히 책만을 잃는다고 합니다. 또 그렇게 잃을 때 그 책의 내용들이 그런 본인의 머릿속에 잘 들어온다고 합니다.

죽음은 뭔가 195

팍, 팍, 팍!

즉 여기서 그 약 중독자들도 머리를 씁니다. 여기서 그 약 중독자들은 자신들의 세력을 넓히기 위해, 여기서 그들의 첫째 목적은, 즉 모든 일반인들을 그들처럼 만드는 것 일 겁니다. 큼! 즉 여기서 그런 그들의 의해 1번 그 약을 경험해 버린 일반인들은 큼! 그 1번의 경험으로 그 약 중독자들과 같은 그 약 중독자가 되 버립니다. 즉 여기서 이런 식으로 일반인들 사이에서 그 약 중독자가 급속히 늘어날 것이고, 그로 그 일을 막는 일반인들의 군대와 그들의 군대가 대대적인 전쟁이 벌어질 것입니다. 그리고 그것이 전세계적으로 퍼질 것이고, 그리고 그 약 중독자들의 군대를 일반인들의 군대가 이기기는 생각보다 어려울 것입니다. 여기서 그 약 중독자들과 일반들 사이에서, 즉 앞에 설명한 그런 일이 한번도 안 일어났기 때문에, 그래서 그 약에 중독이 됐다고 해서, 그런 그 분의 정신이 악한 원수, 마귀들의 정신으로 바뀌는건 아닌 거죠. 즉 그래도 그 약에 중독이 안 된 일반인들은 그 약에 중독이 된 분들과는 멀리하는 것이 좋습니다. 이는 왜냐면? 즉 그런 그 1분 이상과 같이 어딜 다닌다던지 하다가, 혹시 그런 그들의 손에서 그런 그 약을 배울 수 있으니까요. 큼! 즉 여기서 그 약은 어디에 가면 있느냐면? 즉 나이트클럽, 술집, 노름을 하는 곳, 즉 여기서 특히 전문적으로 은밀히 노름을 하는 곳인 하우스라는 곳에 계속 노름을 하러 다니다가 보면, 꼭 그 말로가 마약을 배우게 된다고 합니다. 즉 여기서 그런 본인이 그 약을 극구 안 배우려고 해도, 여기서 그런 본인과 같이 노름을 하던 마약 중독자들이 그런 본인을 살짝이 속여서, 그런 그들과 같이 마약을 하게 만든다고 합니다.

"그렇다면 그 약을 어떻게 가르칩니까?"

어느 독자님께서.

"예, 그 약을, 즉 술, 음료수, 음식, 그런 곳에 그 약을 섞어서, 그것을 그런 본인이 먹게 만듧니다. 즉 여기서 그 약은 먹어도 그 약기운이 나 타는데, 여기서 먹으면 그 약 기운이 서서히 나타난다고 합니다. 그래서 마약을 먹어도 그 약에 중독이 됩니다. 여기서 물에 희석시킨 마약을 주사기 안에 넣고, 그런 주사 바늘을 혈관에 꽂아하면, 그 약 기운이 직통으로 나타난다고 합니다. 큼!"

공작가.

* * *

여기서 사람들 각자가, 오늘 죽을지, 내일 죽을지, 모래 죽을지, 10년을 더 살다 죽을지? 즉 본인이 본인의 죽을 날을 모릅니다. 그런데 그런 본인이 언제 죽을지를 알고 죽는 죽음 중, 즉 본인의 자살에 의한 죽음이 있습니다. 큼! 즉 여기서 자살은 몇 가지가 있습니다. 그건 즉

1. 안락사.
2. 우울증에 의한 자살.
3. 본인이 화가 나서, 그런 본인의 홧김에 해 버린 자살.
4. 본인이 사후, 그런 본인의 영혼이 천국으로 가진다고 믿고 하는 자살.

"제발, 나를 고통 없이 죽여 주세요!"

이 안락사의 경우는, 즉 본인에게 얼마간의 짧은 고통스러운 생이 남았고, 큼! 그리고 그런 본인에게 다가올 그 죽음이 너무 큼! 고통스러워, 그로 그 죽음이 오기 전에 그런 본인의 쾌락과 함께 편안하게 돌아가시는 죽음입니다. 큼! 즉 여기서 이런 죽음은, 남을 보고 그런 본인을 죽여 달라고 시켜서 그런 본인이 죽은 죽음입니다. 즉 여기서 무슨 일을 본인이 한 일도 본인이 한 일이지만, 큼! 그런 본인이 남에게 시켜서 된 일도 본인이 한 일이죠. 큼! 그래서 이 안락사는, 즉 본인이 남 보고 본인을 죽여 달라고 시켜서 그런 본인이 그 사람 손에서 죽은 죽음이니까, 그래서 이 안락사는 자살입니다. 큼! 그리고 이 안락사는, 2000년도 쯤에,

한국 사회에서 법적으로 있어야 된다, 없어야 된다는 논쟁이 있었는데요. 큼! 그 때의 결론이, 이 안락사는 법으로 없어야 된단 걸로 났었습니다. 그 이유는, 즉 이 안락사가 법으로 있게 된다면, 그 안락사를 빌미로 한 살인사건들이 우후죽순 처럼 일어난다고 해서 였답니다. 큼! 즉 그리고 우울증에 의한 자살은 무엇인가? 그건 즉 먼저 이 우울증은 2가지의 공통분모를 가지고 있습니다. 그러면 그것들은 무엇인가? 그건 즉

(1). 본인이 남들보다 못 하다는 열등감.

(2). 본인만이 혼자라는 소외감.

즉 이들이 섞인 감정이 우울감입니다. 큼! 즉 여기서 이 우울감에 깊이 빠질 수 있고, 안 빠질 수 도 있는데, 여기서 이 우울감에 깊이 빠질 수록, 자살할 확률이 높아 질 것입니다. 큼!

'아, 나는 ㅇㅇ보다 못하고, ㅇㅇ보다 못 해, 아 왜? 나만 혼자일까, 나는 이 세상에서 뭘까?'

"흐, 흐, 흐, 귀여운 것!"

큼! 밖에서부터 그 분에게 붙어 그 분의 집으로 따라들어 온 우울감 마귀들, 그 중 하나가 사람들 귀에 안 들리는 말을 합니다.

여기서 이 우울감에 잘 빠지는 부류는 누구들인가? 그건 즉 경제가 부유한 층에 속한 분들 인 것 같습니다. 큼! 그렇다면 그건 왜? 그런가, 그건 즉 그런 분들 큼! 각자는, 그 우울감을 받게 되면, 즉 그 때 그 우울감에서 피할 수 없이 노출이 되서 그런 것 같습니다. 즉 여기서 그런 본인이 그 우울감과 매일 싸워야 되는데, 큼! 즉 여기서 그런 우울감에 지는 날이 많을 수 록, 그 우울감 마귀들은 그런 본인이 알게, 모르게, 그런 본인을 자살하고픈 충동이 들게 하겠죠? 이 반면

우울, 우울!

'아!'

가난한 분에게도 우울감이 왔습니다.

"빨리 술먹어! 빨리 집 나가!"

이 마귀들의 말은 사람들 귀에 안 들립니다.

방금 그런 가난한 분도 본인이, 알게, 모르게, 밖에서 그 우울감 마귀들이 붙어 집으로 와서, 찜찜 하지만 할 수 없단 기분입니다.

'아, 집에 쌀이 다 떨어져 가네! 아, 월세도 2달치나 밀렸는데! 이번달 말까지 이걸 다 못 낸다면 이 집 주인이 쫓아낼 텐데 큰일이네! 아, 내일은 또 어떻게 살아갈까? 아, 나는 언제 팔자가 풀릴까? 아, 노력, 노력, 노력 뿐이 답이 없구나! 큼!'

그래서 가난한 분 일 수 록, 즉 그런 본인의 삶에 욕구와 애착, 그런 의지가 더 강합니다. 즉 여기서 그런 가난이 그 우울감에서의 방패 역할을 하는 겁니다.

'꼭 이 어려움에서 살아남자!'

여기서 그런 가난한 분에게, 그 분의 가족까지 딸려 있다면, 즉 그런 그 분에겐 그런 우울감에 젖을 정신이 더 없는 겁니다. 큼! 즉 여기서 당장 그런 본인이 풀어야 될 문제는? 즉 그런 본인의 가난에서 이 세상을 살아남는 일이지, 즉 그런 본인의 어깨가 축 처져지는 그런 우울감에 빠지는 것이 아닌 것입니다. 큼!

"그렇게 할 것 같으면 당장 나가서 죽어 버려!"

이 말을 듣던 그 상대방은 그 집 베란다로 뛰어 가 그 베란다 난간 밑으로 그대로 뛰어내려 자살을 했다고 합니다. 즉 이는 어느 10대의 남자분인지, 여자분인지? 즉 그분이 그분의 부모님들 중 어느 한 분에게 꾸중을 듣던 중, 그 청소년이 갑자기 그런 일을 벌였다고 합니다. 즉 여기서 그 장소는, 그들이 사는 몇층 높이의 아파트였다고 합니다.

'아, 나만 없어지면 되겠지?'

아마도 그 자녀분은 평소 우울증이 있어왔던 것 같고, 그로 평소 자살에 대한 생각이 있어왔었던 것 같습니다. 그리고 이 사건은 실제 있었던 일입니다.

　그리고 어느날 하루는 TV뉴스에 보도가 된 내용이, 즉 아프리카에 어느 나라, 어느 지역, 어느 건물 안에서, 사람들이 불을 지르고, 그리곤 그 안에 있던 그들은 다 그 불에 타 죽었다고 합니다. 즉 여기서 그런 그들은 어떤 종교 집단이었고, 여기서 그런 각자들은, 즉 사후에 천국에 간다고 믿고 그렇게 했다고 합니다. 즉 여기서 그 사건이 있기 전 그들 각자는 큼! 그 전날 밤 정도 때에 그 근처에 있던 그들 각자가 아는 사람들에게 찾아가서, 이 세상을 떠나가는 그 마지막 작별 인사를 했다고 합니다. 큼! 그리고 자살 한 예를 몇가지 더 들자면, 즉

　떼구르르ㅡ!

　"어, 앗! 위험해!"

　꽝!

　즉 이 이야기도 실화로써, 즉 어느 군대에서 하루는 큼! 그 군인들이 훈련 하던 중, 큼! 안전핀이 뽑힌 그 수류탄 하나가 그 훈련병들이 훈련 하던 그 바닥에서 굴러 갑니다. 여기서 그 수류탄을 발견한 군인들 중, 1분이 그 수류탄 위에 본인의 몸을 완전히 엎드려 덮었고

　꽝!

　그 수류탄이 터져서 방금 그 분은 즉사했고, 그리곤 그 옆에 훈련받던 다른 훈련병들은 다 무사했다고 합니다. 큼! 즉 이렇게 돌아가신 그분은 거기 군인들 중, 계급이 높은 편이었고, 그리고 그분의 성이 강씨인데, 이름은 모르겠고. 즉 그분은 대한민국에서 인정을 한 의인 중, 1분이라고 평하더라구요. 큼! 그리고 2번째 예는, 즉 일제 시대 때, 일본이 전세계를 지배할 목적으로 그 일에서의 맨 처음 공격 대상이 미국이었고, 그 다음 다른 여러 나라들을 뚫자! 이 계획하에, 그 미군이 주둔해 있던 진주만 부터 공격을 했는데, 여기서 그곳은 태평양 어디에 있었고, 여기서 그 일본 군대가 큼! 그 일에 선봉으로 세운 사람들이 가미가제

특공대, 즉 그들은 일본 전투기 조종사 들이었는데, 큼! 여기서 그들은 다 일본인들이었고, 그리고 큼! 그 일 처음에, 그 일본군 측에서, 그들 각자에게 그 일을 시킴에, 그런 그들에게 아주 큰 보상을 약속했을 것입 니다.

"하 이!"

이에 상대 되는 그런 그들 각자는, 그들의 나라에게서 받은 그 큰 은 혜와, 또 그 큰 사명감과, 또 그 큰 충성심! 큼! 즉 그런 감정들로써 그 일을 하기로 굳게 결심을 하고,

"천 황 폐 하, 만 세 — !"

즉 그런 그들 각자는 그곳 군대 말고 다른 곳으로 가서 만일, 만 몇 천 일을 살다가 죽을 것인가, 아니면 그들 나라를 위해 몇달만 살다가 죽을 것인가? 즉 여기서 그들은 그들 나라를 위해 짧은 생을 택했습니다.

'아, 나는 몇 달 후, 이 나라를 위해 죽는다!'

큼!

여기서 그들 각자는, 하루 하루 몇달 살아 가다가,

'!'

드디어 그런 본인들의 죽을 날이 왔습니다. 큼! 여기서 그들이 그 미 국을 공격하던 그 날, 그 일본 군이 그들 각자의 혈관에 마약을 가득히 주사 시키고, 그런 그들 각자의 전투기에 태워 그 미국을 공격하라고 날 려 보냈다고 합니다. 큼! 그리고 사람이 살아가면서 사람들에게서 최고 로 많이 듣고 보는 예기가? 즉 어떤 사람이 죽었단 것 입니다. 그 다음 은 사람들 끼리의 섹스에 대한 것 입니다. 즉 여기서 누구나 본인이 언 젠간 죽는단 걸 잘 아는데, 그래서 이왕 죽을 것, 최대한 고통이 없이 좋 게 죽길 바랍니다. 큼! 그렇다면 그런 죽음은 어떤 죽음인가? 그건 즉 그런 본인이 늙어져 그러던 어느날 그런 본인이 주무시던 그 새벽녁 잠 에 죽는 죽음입니다. 큼! 즉 여기서 사람들을 보면, 즉 남 녀 노 소 그런

각자들이, 즉 그의 성욕을 이루면 그 즉시 그런 본인의 몸에선 큼! 남자에겐 정자, 큼! 여자에겐 난자가, 각 각 배출이 됩니다. 그러면서 그런 각자의 몸엔 큼! 오르가즘인 쾌감이 휘 감습니다. 큼! 이 처럼 모든 몸 있는 생명체 각 각에게 하나님께서 그런 그들 보고 이 세상에 그들 각 각의 종족들을 유지 하라고 큼! 그들에게 오르가즘을 주신 것입니다. 여기서 이 오르가즘 때문에 이 지구상에 있는 그들 각 각의 종족들이 대가 안 끊기고 계속적으로 이어지는 것입니다. 큼! 그리고 이런 오르가즘을 큼! 많이 경험한 사람 일 수 록, 그런 그의 수명이 짧아 집니다. 큼! 즉 여기서 그 오르가즘은, 즉 우리가 식사를 계속적으로 해야 살 수 가 있듯이, 즉 그런 식으로 그것을 채워도 채워도 끝없이 그런 욕구가 생깁니다. 큼! 즉 여기서 한방선 사람이 너무 오르가즘 경험을 안 하면, 몸에 무리가 오는 열병이 생긴다고 합니다. 큼! 즉 여기서 어떤 책을 보니, 즉 조선 시대 때의 왕, 즉 그들 각자가 각 각 몇 년도에서 부터 몇 년도 까지 살았다 하는 그런 내용이 있던데요. 여기서 그 부분을 읽어 보니, 의외로 40대에 돌아가신 분이 제일 많았고, 그 다음은 50대입니다. 즉 이는 과연 그 소문대로 그런 왕들이 일찍들 돌아가셨습니다. 큼! 즉 여기서 한글의 창시자인 세종 대왕, 그 분도 50대의 나이에 돌아가셨습니다. 또 몽골의 대제국을 건설한 징기즈칸, 그분의 이름은 테무친, 즉 그도 50대의 나이에 돌아가셨습니다. 큼! 즉 여기서 그 분들이 다 자연사를 했는데, 여기서 큼! 방금 설명드린 그 분들이 왜? 그렇게 빨리들 돌아 가셨는가면, 즉 그런 그들 각자들은 섹스를 많이 해서 그렇습니다. 큼! 즉 여기서 조선 시대 왕들 경우는,

"이러한 여자가 있는데, 그 여자를 데려오너라!"

"누구? 아, 예! 알겠습니다!"

즉 그런 그가 마음에 드는 여자분이 있으면 신하에게 다가가.

여기서 이렇게 되면 그 신하들은 그런 여자 1명 이상을 데려온 모양

이었고, 그리고 그 데려와진 여자분과 성관계를 한 모양이더라구요. 즉 이런 식으로 그런 왕이 매일 같이 하루에도 몇번씩 성관곌 하니까, 그로 그런 본인들 각자는 오르가즘을 너무 많이 경험을 했기에, 그로 빨리들 돌아가신 것이고, 또 징기즈칸 이 분 경우는, 즉 어느 여자 1분 이상과의 성관계를 하고, 그리고 그런 그 여자분이 본인의 맘에 들면, 본인의 첩으로 삼고, 그로 나중에 첩으로 삼은 여자가 50명이 넘었다고 합니다. 여기서 그분도 오르가즘 경험을 많이 했기에, 그래서 그도 50대의 나이에 돌아가셨습니다. 큼! 그리고 미혼자인 그런 남 녀 노 소 분들께서는, 즉 성적인 호기심이 더 할 것입니다. 즉 이는 왜냐면? 즉 그런 각자 분들은, 그 이성과의 성행위를 못 해 봐서, 그로 그런 분들은 그런 이성의 대한 성욕 불만과, 또 그런 이성의 몸의 대한 성적인 호기심, 즉 그런 것들이 섞여서 그런 것이죠? 큼! 또 누구나의 그런 본인의 수명을 단축시키는 것이 마약입니다. 즉 이 마약을 하면 그런 본인의 남은 수명에서의 절반 이상의 수명이 단축 됩니다. 즉 여기서 어떤 분이 20대 부터 마약을 했다고 가정하고, 여기서 그런 본인은 원래 70살까지 살 꺼라고 보고, 즉 여기서 그런 본인의 원래 남은 수명은, 즉 70 — 20 = 50년입니다. 또 여기서 그런 본인은 마약을 하기 때문에, 그로써 그런 본인의 남은 수명은, 원래 본인의 남은 그 수명에서 절반 이상으로 줄어 듭니다. 여기서 즉 50 곱하기 1/2 = 25. 즉 그런 본인의 남은 그 수명이 25년이 남았는데, 여기서 그런 본인의 남은 수명을 대충 잡아서 20년 정도가 남은 겁니다. 큼! 즉 보통 마약을 하시는 분들은 40대를 못 넘긴다고 합니다. 즉 그런 본인은 마약을 계속해 왔음으로써, 앞으로 그런 본인의 그 남은 수명이 큼! 50년의 절반 미만이 남은거죠. 즉 그로써 앞으로 그런 본인의 살날이 20년 정도가 남은 겁니다. 큼! 즉 이런 식으로 계산을 한다면, 즉 50대에 마약을 시작하신 분, 즉 그런 본인의 원래의 남은 수명이 20년인데, 여기서 큼! 그 20년의 절반 미만인 세월이 남은 거죠. 큼! 즉 그래서 마약을 시작하게 된다면 방금 그런 식으로 현제 본인의 그 남은 수명에서 큼! 절반 미만의 시간이 단축이 됩니다. 큼! 즉 이 마약 외에도 법으로 금지를 시킨 중독 되는 물질들, 그것들은, 즉 대마, 본드, 까스, 등 등, 즉 큼! 여기서 그런 류들도 법으로 금지를 시킨 걸 보면, 즉 그런 물질들도 마약과 같은 영혼을 팔아서 늙어지는 그런 안 좋은 현상을 줄 것 같습니다. 큼! 즉 여기서 방금 그런 물질들의 그 중독성은 마약 보단 덜 하겠만 담배 보단 강할 것 같습니다. 즉 여기서 그 불법적인 마약류들 외에 합법적인 중독 되는 나쁜 물질이 담배입니다. 이 담배의 중독성이 아주 강해서, 그로 그 담배 맛을 1번 봐서, 그로 그런 본인이, 이 세상에 담배가 있다는 걸 1번 알아 버린다면, 거기서 부턴 그런 본인은 그 본인이 돌아가시는 그 날 까지 매일 담배를 피우십니다. 즉 사람의 삶 언제 부턴가 그런 본인이 담배를 피우기 시작을 했다면, 즉 그런 본인은 앞으로 10년이 가도, 20년이 가도, 30년이 가도, 또 그 30년 보다 더 한 세월이 가도, 즉 담배를 안 피우던 그 때의 삶으로 되돌아 가기가 아주 어렵습니다. 즉 여기서 흡연자 그런 본인이 금연을 시도하신다면 즉 여기서 본인의 의지력만으로 그 금연에 성공할 확률이, 100에서 5%입니다. 그런데 그런 본인이 타인의 도움으로 금연에 성공할 확률은, 100에서 30%입니다. 즉 여기서 대한민국 각 도 안에 있는, 시, 읍, 면, 즉 그곳 내에 있는 보건소, 또 그곳 내에 있는 금연 클리닉, 즉 그곳을 방문 하셔서 그곳의 도움을 받아 금연을 하시면, 즉 그런 본인이 타인의 도움으로 금연을 시도한 것이라, 그래서 그런 본인의 금연 성공률이 30%가 됩니다. 즉 저도 예전에 담배를 한 15년 이상 피워 가다가 어느날 하루는 어디에서 주최를 하는 금연 클리닉, 거길 참가 했다가, 그 때 부터 지금까지 금연을 하고 있습니다. 큼! 즉 담배를 끊으려면, 큼! 본인이 금연자가 되겠다는 그 강한 의지가 있어야 됩니다. 큼! 즉 제 경우, 그 때 그 교육에서 그 교육 참가자들이 한 30명 정도

왔었고, 그 중 금연자가 2명 나왔었는데, 그 나머지 1분은 어느 중년의 여자 분이었습니다. 즉 이 처럼 그곳 말고 다른 금연 클리닉, 거기 교육에 참가를 하셔도 큼! 즉 거기 교육 참가자들도 회당 한 30명 정도가 모일 것 같고, 여기서 그 들 중, 3분 정도가 진짜 담배를 끊고 나가시는 분이실 겁니다. 큼! 즉 담배는 마약 처럼 본인의 남은 수명이 드러나게 단축이 되진 않는데, 그런데 그 흡연자 그런 본인이, 그 담배로 인해 골병이 드는 건 있습니다. 그러면 그건 어떤 것들인가, 그건 즉

'아, 가슴이 답답한데! 앞으로 폐암이 오면 어쩌지?'

또는

'아, 담배를 피우면 니코틴 때문에, 혈관이 점 점 좁혀지다가 나중엔, 어느 쪽 혈관이 크게 막혀, 그로 그 막힌 혈관이 터져서, 죽게 된다던데, 아 나도 그렇게 되면 어쩌지?'

또는

'아, 담배를 1대 피우고 나니, 역시 밥맛이 없구나!'

또는

'요즘엔 1갑에 5000원인데, 아! 이틀에 5000원씩 담뱃값도 많이 드는구나!'

또는

'아, 내 몸에서나, 내 방에서나, 내가 있는 곳 어디에나, 담배 냄새가 나는구나!'

또는

'아, 나도 담배를 안 피우고 싶다!'

어떤 분은 담배를 입에 물고 피우시면서, 이런 말씀을 하십니다.

즉 담배란 건, 그런 본인이 그 담배 맛을 1번 봐서, 그로 이 세상에 담배가 있단 걸 1번 알아 버린다면, 그로 그런 본인은 앞으로 그 담배를 안 피우는 삶으로 되 돌리기가 아주 어렵습니다. 즉 이는 그 담배의 중

독성이 아주 강하기 때문인데, 그로 그런 본인의 삶은 여러모로 지저분해 집니다. 즉 흡연자 그런 본인은 비흡연자보다, 식욕이 떨어지고, 큼! 또 그런 본인은 폐암이나, 또 그런 본인의 혈관이 점 점 좁혀지다가, 그로 인해 어떤 죽을 병이나, 골병이 올까봐? 겁이 나고, 또 그런 본인은 어딜가나 그런 본인 주위에서, 항상 담배 냄새가 납니다. 또 금전적으로, 큼! 즉 그런 분들의 뒷끝이 지저분해 지는데, 이는 왜? 그런가면, 즉 그런 본인은 매일 담배를 1/2갑 정도씩을 본인 돈 주고 사서 피워야 되는데, 여기서 2000년 정도 땐 한 갑에 2000원씩 했는데, 요즘엔 1갑에 5000원 정도씩 합니다. 여기서 누구나 이틀에 5000원씩 구하기가 쉬운 일이 아니죠? 그로 그 담뱃값을 못 구하면, 그 값을 남들에게 손을 벌리기 때문입니다. 여기서 큼! 돈이 여유가 되시는 그런 분들이 아니라면, 이틀을 주기로 계속 5000원씩 구하기가 어려운 일입니다. 큼! 또 흡연자는 비흡연자 보다, 몸이 나른하고, 쉬 피곤해 집니다. 그로 흡연자 본인은, 비흡연자 보다 활동력이 덜 합니다. 그로 그런 비흡연자 보다 게으른거죠. 또 흡연자 그런 본인은 2시간을 주기로 계속 담배를 피워야 됩니다. 이는 왜? 그런가면, 즉 그런 본인은 다가오는 그 2시간 정도 때 마다, 재흡연을 하고 싶어지는데, 여기서 그런 본인이 그 담배를 안 피우게 되면, 그런 본인에겐, 불안, 초조, 허무, 그런 증상들이 한꺼번에 나타납니다. 즉 여기서 그런 본인이 그 담배를 한대 피우면, 방금 그 본인에게 있었던 그 증상들이 싹 없어지고, 그와 동시에 그 담배 연기를 본인의 폐 안으로 흡입한 그 포만감이 옵니다. 큼! 또 그런 흡연자가 비흡연자 보다 음주하고픈 생각이 더 납니다. 큼! 이 다음은 술을 본다면, 즉 술은 그것을 마시다가 안 마시면, 그 술을 먹고 싶은 생각이 안 납니다. 즉 그래서 음주는 습관성이라고 볼 수 있겠죠? 큼! 즉 여기서 술을 드시는 분들 중, 술에 심하게 빠지신 분이 있고, 약하게 빠지신 분이 있는데, 여기서 술에 심하게 빠지신 분 경우는, 즉 매일 하루 종일 많이 술로만 사시다가 나중엔 그런 세월을 10년이 넘게도 사시다가, 결국 너무 엉망이 된, 그런 분들도 있고, 또 술에 약하게 빠진 분들 경우는, 즉 주로 혼자가 아닌 여러분과 함께 드십니다. 큼! 즉 그런 분은, 구지 술을 찾아 다니진 않는 모양이고, 주로 옆에서 권해서 마시는 모양이던데, 즉 그런 분들을 보면, 즉 한 몇 일은 술을 안 드시다가, 그러던 어느 날은 술 드시는 모습이 보이고, 또 그분의 술 드시는 것을 잊을 만하면, 그러던 어느날 그런 그 분의 술 드시는 모습이 보이기도 합니다. 큼! 즉 여기서 국어사전에 광약이란 단어가 있는데 이 뜻, 즉 술은 사람을 미치게 만드는 약이라고 합니다. 큼! 즉 사람이 술을 먹어 놓으면, 큼! 그런 본인이 아무리 그렇게 안 되려고 해도, 그런 본인은 그 술을 먹었다는 자체에서 미쳐지는 것입니다. 큼!

"돌아이!"

여기서 큼! 즉 마귀 놈들이, 그들의 집 된 사람에게 주로 이런 식으로, 말을 합니다. 큼! 즉 여기서 정신병원에서는 그곳의 환자들을 2부류로 분류를 합니다. 큼! 그건 즉

1. 조현병.
2. 알콜 중독.

큼! 이 마귀들은 사람들의 어떤 약점을 잘 이용하느냐면? 즉 그 사람의 정신적인 혼란인데요.

"야, 사람들이, 다 너만 죽길 바라고 있어!"

또는

"우리가 너 같은 돌아이를 만났다니, 아! 진짜 짜증 난다 짜증나!"

또는

"우리가 가고 나면 니 혼자서, 니 눈깔 뽑을까봐, 그래서 우리가 안 간다!"

또는

"니가 하는 일들은, 다 이해가 안 가!"

마귀들 중 각 각.

즉 마귀들은, 이런 식에 말이 안 되는 말들만 하는데요. 즉 여기서 이 마귀들의 이런 목소리들을 정신병원에서는 환청이라고 합니다. 즉 여기서 평소에 술을 드시는 그런 분에게 방금 그런 마귀들의 목소리에 그 본인을 지킬 방패막이 없어지는 겁니다. 큼! 이는 왜? 그런가면, 즉 이는 그런 본인이 평소 술을 드셨기 때문입니다. 즉 그래서 그런 본인은 방금 그런 마귀들의 말들처럼, 진짜 미쳐 있기 때문입니다. 큼! 즉 이 증명이, 즉 속담에, 어떤 약점이 있는 사람에게 다른 사람이 다가가서 그 사람에게 그의 그 약점을 예길 한다면, 여기서 그 말 들은 사람은 화를 낸다고 합니다. 큼!

"야, 너 미쳤지?"

즉 어떤 분이, 평소 본인 미쳐 있다고 생각하는 그런 사람에게 다가가서 그런 말을 했다면,

"!"

여기서 방금 그런 말을 들은 분은 화를 냅니다. 큼!

또

"야, 너는 얼마나 못 났으면 거지가 됬냐?"

"!"

여기서 즉 돈이 아예 없게 된, 그런 어려운 분에게 다가가서, 방금 그런 말을 했다면, 여기서 방금 그런 말을 들은 그 상대방은, 화를 냅니다.

또

"야, 너는 왜? 그렇게 성격이 못 됬냐."

즉 평소 본인이 생각하기로 본인의 성격이 옹졸하다고 생각을 하시는 그런 분에게 다가가서, 큼! 방금 그런 말을 했다면,

"!"

여기서 그런 말을 들은 그 상대방은 화를 냅니다.

또

"아저씨가 사형수라면서요? 이제 좀 있으면 죽을껀데,"

여기서 교도소 안에 풍경이, 즉 사형수들 일체가, 즉 타인에게 그런 본인이 죽는단 말을 듣기 싫어한다고 합니다.

"그런 죽음이 겁 안 납니까?"

"뭐 이 새끼야!"

그리고 또 큼!

"야, 너 미쳤지?"

즉 여기서 평소 술을 드시는 분과, 술을 안 드시는 분, 이 2분 각 각에게 다가가, 방금 그런 말을 했다면, 여기서 그분들 각 각의 반응들은 어떨까요? 큼! 즉 여기서 평소 술을 드시는 분에게 다가가서, 방금 그런 말을 했다면, 큼! 여기서 방금 그런 말 들은 분은 화를 냅니다. 즉 이는 왜? 그런가면, 즉 그런 본인의 그 처지와 방금 그 상대방의 말뜻과 같기 때문입니다. 그렇다면 큼! 방금 그런 본인은 왜? 그렇게 돌았는가, 이는 즉 평소 본인이 술을 먹었기 때문입니다. 여기서 누구든지 큼! 술을 먹음으로써, 일단 그런 본인은 미쳐지는 것입니다. 즉 여기서 큼! 어떤 분이 독약을 먹어 놓으면, 그런 본인은 곧 죽고, 또 어떤 분은 마약을 먹어 놓으면, 즉 그런 본인에겐, 즉 물에 희석을 시킨 마약을 주사기 안에 넣은 것을, 본인의 혈관에다 주사 맞아 놓은 그런 약기운이 서서히 나타납니다. 또 어떤 분이 감기에 걸렸는데, 여기서 그런 본인이 감기약을 구해 와서, 그 감기약을 먹어 놓으면, 여기서 그렇게 먹어 놓은 감기약이 그런 본인에게 붙은 그 감기를 이기려고 합니다. 큼! 즉 여기서 그런 본인이 사람을 미치게 만든다는 술을 먹어 버린다면, 여기서 당연히 그런 본인은 미쳐 질 수 밖에 없는 것입니다. 즉 그런 본인이 아무리 그렇게 안 되려고 해도요. 즉 여기서 이 외에, 사람이 미쳐지는 다른 원인은 무엇인가? 그건 즉 그런 본인의 몸에, 마귀 하나 이상이 들어와서, 그로 그런 그놈들이 그런 본인의 몸에 집으로 삼았기 때문입니다. 큼! 즉 그런 병을 정신병인 조현병 중, 한가지인 환각 현상입니다.

"야, 너 돌아이지?"

"그걸 이제야 알았냐? 히 히 히!"

즉 평소 술을 안 드시는 그런 분 일 수 록, 그런 남들의 말에 화가 안 납니다. 즉 이는 그런 본인이 안 미쳤기 때문입니다.

"큼! 그렇다면 그 환각 현상은 어떻게 나타납니까?"

어느 독자님께서. 큼!

"예, 그 환각 현상이 나타나는 분이, 바로 마귀 하나 이상이 붙은 분입니다. 큼! 즉 여기서 그 환각 증상들의 종류는, 즉 환청, 환시, 환미, 환후, 환촉, 이 5가지들이고, 또 그들 중, 어느 1가지 씩으로만, 그 증상이 계속적으로 나타납니다. 큼!"

공작가. 큼!

"그렇다면 큼! 그 환각 현상 5가지들 중, 2가지 이상으로 안 나타난다는, 그 부분에 대해 자세히 가르쳐 주십시오!"

다른 어느 독자님께서.

"큼! 즉 그 증상들 각 각은, 즉 큼! 환청이 들리는 분에겐, 그 환청만 계속적으로 들리고, 큼! 또 환시가 보이는 분에겐, 그 환시만 계속적으로 보이고, 큼! 또 어떤 안 좋은 맛인 환미가 느껴지는 분에겐, 그 환미만 계속적으로 느껴지고, 큼! 또 어떤 안 좋은 냄새인 환후가 느껴지는 분에겐, 그 환후만 계속적으로 느껴지고, 큼! 또 어떤 안 좋은 느낌인 환촉이 느껴지는 분에겐, 그 환촉만 계속적으로 느껴집니다. 큼! 그리고 이 세상엔, 방금 그런 일들을, 거짓말이라고 안 믿는 분들이 의외로 많으신 것 같더라구요!"

공작가.

. . . .
잠시들 조용.

"큼! 그리고 이 마귀들에 들린 사람들, 개개인 중, 그런 본인을 공격하는 그 마귀 하나 이상을 잘 막아 내시는 분이 있고, 반면 큼! 잘 못 막아 내시는 분도 있습니다!"

공작가가 침묵을 깨고 모든 독자님에게. 큼!

"그렇다면 그 환각 현상 각 각, 즉 그 마귀들 들린 그 본인 외에 그 본인 주위에 있는 다른 사람에게도 그런 현상이 나타남니까?"

또 다른 어느 독자님께서.

"큼! 그건 즉 그 사람이 어딜 가나, 그 주윗 사람들에게도, 그 환각 현상이 전염이 됨니다. 즉 그로 그 마귀들 들린 사람이 있는 곳 곳 마다에서 악취가 나고 또 금전이 잘 막히고, 또 잘 쫓겨 남니다. 그래서 결국 갈데가 없게 됨니다. 큼! 그런데 저는 이 마귀들도 마귀들이지만, 그것보다 더 신기한 건, 하루 하루가 다르게 점 점 발달해 가는 과학입니다. 즉 인류의 역사가 5000년 뿐인데, 즉 큼! 50세대죠. 즉 허허벌판에서부터 요즘에 이르기 까지입니다. 즉 요즘의 그 컴퓨터다, 스마트 폰이다, 등 등의, 즉 그런 인터넷 기기들만 봐도 그렇죠?"

공작가. 큼!

* * *

또 속담에, 즉 사람이 매일 하루 밥 3끼만 잘 먹어 간다면, 능히 귀신을 이겨 낸다고 합니다. 여기서 귀신이란, 기독교에서 말하는 마귀입니다. 큼! 즉 여기서 방금 그 뜻을 보면, 즉 마귀들 들린 사람이, 어떻게 해서든, 죽지만 않고 살아간다면, 그런 본인에게 붙은 그들을 이겨낸단 뜻이겠죠? 즉 그들 각기가 쎈놈들이고, 또 그 놈들이 많이 붙어있어도. 큼! 그리고 그런 본인이 그 마귀놈들에 대해 잘 알고, 또 그런 본인 자신도 잘 알고, 즉 그렇게 그런 본인에게 붙은 그 마귀들에 잘 대처를 해 간다면, 큼! 즉 그 사람이 그 마귀들에게 능히 승리를 할 수 있다는 그런 뜻이 되겠죠? 큼! 그런데 이 기독교에서는, 즉 그런 마귀들이 결코 만만한 놈들이 아니라고 합니다. 즉 그 마귀 하나가, 즉 제 아무리 똑똑한 사람보다 더 똑똑하고, 또 제 아무리 부지런한 사람보다 더 부지런하다고 합니다. 즉 알고 보면 그 놈들이, 그들 집 된 사람이 있는, 그 동네, 또 그 동네를 넘어 온 시내를, 막 싸 돌아다닌다고 합니다. 즉 여기서 왜? 사람들 각자가, 그런 마귀들을 못 이기기는가? 그건 즉 사람들은 육체의 존재인데, 그 마귀 놈들은 영적 존재라서 그렇탑니다. 큼! 즉 여기서 하나님에게는 그런 마귀들이 제 아무리 많이 덤벼들어도 다 이기시고, 또 그 분께선 사람들 각자 모두를 다 사랑하시며, 그로 그들을 보호해 주시며, 결국 그런 그들을 하나님 믿고 죽게해서, 영원한 천국으로 보내주시길 원하시니까, 그래서 사람들 각자는, 그 하나님의 보호를 받아야죠? 큼! 즉 여기서 그 하나님과 그 마귀들과는 같이 그 사람 몸에 못 있으니까, 그렇게 되면 그 사람에게 붙어 있던 마귀들 각기가, 다 알아서 나가는 겁니다. 큼! 그리고 속담에, 큼! 즉 사람이 살아가면선 부귀가 최고고, 반면 죽고 나서는 학문이 최고라고 합니다. 큼! 즉 이 뜻은? 사람이 살아가는 데선, 그런 그가 어딜가나 귀한 대접을 받고, 또 물질이 풍족한 그런 삶이, 최고의 삶인데, 여기서 그건 본인이 죽고 나선 이 세상에 안 남는데, 여기서 사람이 죽고 나선 학문이 최고란 뜻은, 즉 그런 본인이 이 세상에 글을 써 남겨 놓고 죽음으로써, 큼! 그로 본인의 몸은 없어졌지만, 큼! 그 본인이 남긴 글과 함께, 본인의 이름이 이 세상에 오랫동안 남겨진단 말입니다. 또 속담에, 큼! 즉 사람은 죽어서 명예를 남기고, 호랑이는 죽어서 가죽을 남긴다, 이 뜻은, 즉 짐승은 태어나서 그런 그가 아무 생각이 없이 살다가, 그로 죽으면 그 짐승의 시체만이 남는데, 여기서 사람은 그런 그가 명예롭게 이 세상을 살다가 그로 그런 그가 죽었을 때, 이 세상에 명예를 남겨 놓고 간 것이, 사람으로선 이 세상을 최고로 잘 살다 간 것이다. 큼! 즉 그렇다면 그런 명예는 무엇인가? 큼! 그건 즉 그런 본인이 새로운 내용의 학문을 이 세상에 남겨 놓고 죽은 그런 죽음일 것 입니다. 큼! 그러면 그 학문은 무엇인가? 그건 즉 글, 어떤 이론, 예술 작품, 등 등입니다. 큼! 즉 여기서 사람들이 흔히 하는 예기로, 즉 사람이 이 세상을 살아가면서 가질 수 있는 부귀란 것은, 참! 허무한 것이다. 즉 여기서 그 말은 무슨 말인가? 큼! 그건 즉 본인의 그 죽음 뒤에 그런 본인의 부귀가 이 세상에 안 남는단 것입니다. 큼! 즉 그렇다면 사람의 그 죽음 뒤에 이 세상에 남길 수 있는건 뭔가? 그건 즉 학문이라고 합니다. 큼! 즉 그렇다면 그런 학문이 그런 본인의 죽음 뒤 이 세상에서 어떻게 쓰여지는가? 그건 즉 그런 본인이 이 세상에 내 놓은 학문이 있다면, 여기서 그런 본인의 죽음 뒤 후세의 사람들이, 즉 그런 그가 남긴 학문을, 두고 두고 읽고, 공부를 한다 이거죠. 큼! 여기서 그런 학문을 이 세상에 못 남겨 놓고 떠나간 분들 각자는 즉 그 후세의 사람들이 그런 본인들을 모르겠죠? 즉 여기서 사람이 이 세상에 남겨 놓고 간 그런 학문을, 잘 한 것이냐, 못 한 것이냐, 즉 그것의 차이가 큽니다. 큼! 즉 여기서 이 세상에 이름을 남겨 놓고 떠나간 사람들이 왜? 그렇게 됐느냐면, 즉 그런 그들 각자는 이 세상에 학문을 남겨 놓고 죽었기 때문입니다. 또 학문을 하셨던 그런 분들은, 대부분 경제적 가난에 시달렸다고 합니다. 여기서 본인의 재물을 이 세상에 남겨 놓는 것은, 즉 죽은 그 사람에겐 전혀 필요가 없습니다. 그리고 즉 개인의 역사를 글로써 후세에 남겨 놓은 것, 즉 이도 죽은 그 사람에겐 필요 없습니다. 즉 이는 왜냐면? 그 죽은 사람은 곧 영혼이 되어서, 이 세상 사람이 아니게 되고, 또 그 영혼에게는, 그 당일날 중으로 천국과 지옥 중, 어느 1곳으로 보내 지는데, 여기서 그 어느 1곳으로 가진 그 영혼은, 이 지구와 영원히 이별을 하니까, 그런 것이죠. 여기서 이 세상에 본인의 자식 1명 이상을 남겨 놓고 죽을 수 도 있습니다. 큼! 그런데 그 일도 본인 것이 될 수 없는데, 이는 왜냐면? 큼! 즉 그런 본인의 사후에 그런 본인의 영혼이 천국, 지옥, 그 2곳 중, 어느 1곳으로 가 버리고 나면, 여기서 그 본인의 영혼과 이 세상에 남은 그런 자식과는, 영원히 못 만나서 그런 겁니다. 큼! 그리고 명예란 어떤 것인가? 그건 즉 남들의 입에 오르내리는 본인의 대한 평판이 본인의 칭찬꺼리가 되는 것입니다. 즉 여기서 사람이 이 세상을 살아가는데 있어서, 그런 명예가 있는 분일 수 록, 그런 그는 이 세상을 살아가기에 좋게 됩니다. 그런데 사람들 각자의 그런 좋은 평판이란 것은, 즉 그것도 그런 그가 살아있을 때 필요한 것이지, 그런 그가 죽은 뒤엔 아무 필요가 없습니다. 또 이 세상에 학문을 남기고 죽은 그 일도, 큼! 죽은 그 사람에겐 아무 필요가 없습니다. 즉 이는 그런 본인이 죽고 난 뒤 이 지구에 남아 있는 그 모든 사람들에게 봉사 활동만 해 주고 떠나 간 것이되죠. 큼! 이 다음 본인의 불명예를 본다면, 즉 그런 본인의 대한 남들의 평가가 나쁜 겁니다. 큼! 또 그런 불명예를 가지신 분들은, 즉 그런 그것에 의해 그가 이 세상을 살아가는데 있어, 뭔가가 안 좋습니다. 큼! 즉 여기서 이 세상에 있는 것들 중, 그 본인이 죽어서 영혼이 되어도 가져 갈 수 있는 것은, 즉 유일하게 큼! 하나님 믿음 그것만 입니다. 즉 이는 왜냐면? 즉 그런 본인이 하나님을 믿고 돌아 가신다면 그 날 중으로 그런 본인의 영혼은 영원한 천국에 가니까요. 큼! 그리고 막상 몸 있는 생명체에게, 그 죽음이 곧 왔다면, 여기서 그런 그에겐 그의 죽음이 겁이 안 나고, 그 죽음을 받아 들여지게 된다고 합니다. 즉 여기서 그 천국으로 가는데 있어서 중요한 점은 무엇인가? 큼! 그건 즉 그 본인의 성실한 하나님 믿음입니다. 큼! 즉 여기서 그러던 어느날 그런 본인에게도 예기치 않은 죽음이 찾아 왔을 때,

"너는 하나님을 믿고 있었느냐?"

천국과 지옥의 심판관.

"예, 저는 오늘도 하나님을 믿고 있었습니다!"

그 영혼.

"아, 그러냐? 그러면 너도 천국이구나!"

천국과 지옥의 심판관.

즉 그런 본인이 죽어서 영혼이 된 그곳 어딘가에 있는, 그 천국과 지옥의 심판대에서입니다. 즉 여기서 이 이론은, 즉 그런 본인이 곧 죽을지를 알고 죽은, 그런 죽음에서만 가능합니다. 즉 여기서 그런 본인이, 곧 죽는단 걸 모르고 죽은 죽음에서는, 즉 방금의 그런 일이 안 생기겠죠? 여기서 사람이 모르고 죽는 그런 경우를 봐 본다면? 즉 사람이 아주 늙어져 그로 그런 본인이 주무시던 어느날 새벽에, 그런 본인도 모르게 돌아가신 그런 죽음이 있고. 큼! 또는 그런 본인이 어떤 암 수술이나, 큼! 아니면 어떤 대수술을 받던 중, 그런 본인이 모르게 죽는 그런 경우, 그 외에, 등 등이 있습니다. 큼! 즉 여기서 죽음에는 이 2가지로 나눌 수 있겠습니다. 그건 즉

1. 본인이 죽을지 알고 죽은 죽음.
2. 본인이 죽을질 모르고 죽은 죽음. 큼!

즉 여기서 본인이 죽을지 알고 죽은 죽음에서는, 즉 그런 본인이 큼! 하나님을 믿고 죽는다, 안 믿고 죽는다가 되는데요. 그런데 본인이 죽을지 모르고 죽는 죽음에서는, 그런 본인이 큼! 하나님을 믿고 죽는다, 안 믿고 죽는다, 그것이 안 됩니다. 큼! 그리고 그 영혼이 사람으로써, 이 지구에서 있을 때의 일들을 기억 한다고 합니다. 이는 왜 그런가면? 즉 큼! 어느 메스컴에 나온 기독교 간증자분들 중, 즉 어느 분들이 천국과 지옥을 각 각 다녀와 봤다고 하는데, 큼! 여기서 그 각 각들을 가 보니, 앞에 그 지구에서 알던 사람 몇 분을 그곳에서 만났고, 여기서 상대 분들도 그런 본인을 알아 보더랍니다. 큼! 그리고 이 기독교에선, 즉 사람이 이 세상에서, 꼭 해야 될 일이 전도라고 합니다. 즉 하나님을 큼! 이 세상에 전해서, 그로 이 세상에 있는 쓸떼 없는 마귀들을 멸하게 하는

일입니다. 즉 여기서 하나님께선, 그 인류 각자에만, 그 천국과 지옥의 갈림 길을 주셨고, 여기서 그 갈림길의 답은, 즉 인류 각자가 돌아가시는 그날 그런 본인이, 예수를 믿고 돌아가셨나, 안 믿고 돌아가셨나? 여기에 즉 본인이 예수를 믿고 돌아가셨다면, 그런 그의 영혼이 그날 중으로, 천국으로 가고, 반면 그런 본인이 예수를 안 믿고 돌아가셨다면, 그런 그의 영혼이 그날 중으로 지옥으로 떨어지는 것입니다. 큼! 즉 여기서 사람이 돌아가시는 그날, 그런 본인의 의식이 없는 상태에서 돌아가시는 일도 있습니다. 즉 여기서 그런 본인은 예수를 믿고 돌아가시는 것이 안 되고, 반면 큼! 안 믿고 돌아가시는 것도 안 됩니다. 그러면 큼! 그런 그 영혼은 영원한 천국으로 가는가, 지옥으로 가는가? 이는 그런 본인의 맨 마지막으로 의식이 있던 그날, 그런 본인이 예수를 믿고 있었다면, 큼! 그런 그의 영혼은 천국으로 가고, 반면 큼! 그 때 그 본인이 예수를 안 믿고 있었다면, 그런 그의 영혼은 영원한 지옥으로 떨어지는 것입니다. 그래서 큼! 누구나 그런 본인이 그 지옥에 안 가려면, 매일 예수를 믿어야 됩니다. 큼! 그리고 요즘 2019년 이 아주 오래 전에 큰 물의 심판이 있었다고 합니다. 여기서 앞으로 언제인진 모르나? 즉 이 지구상에, 또 그런 심판이 온다는데, 큼! 즉 그 심판은 불이라 합니다. 즉 여기서 그 심판날에, 즉 사람들의 영혼은, 그 천국과 지옥, 그 각 각의 해당되는 쪽으로 보내지고, 큼! 그 다음 인류 외에 일체의 몸 있는 생명체, 즉 그 영혼들은 그 천국도, 지옥도 아닌, 다른 어딘가로 보내짐니다. 큼! 그리고 마귀들은, 다 지옥으로 보낸다고 합니다. 큼! 그리고 지옥의 고통 수위가, 높은 곳과 낮은 곳으로 나뉘는 모양입니다. 즉 여기서 지옥 갈 그 영혼의 죄가 무거우면, 큼! 그 중 고통이 심한 지옥으로 보내지고, 큼! 반면 그 중 죄가 가벼운 영혼들은, 그 중 고통이 약한 지옥으로 보내짐니다. 즉 여기서 사람이 100년을 산다하면 몇 일을 사는가? 그건 즉 3만 6천 5백일 삽니다. 그리고 사람이, 딱 70을 산다면 몇 일을 사는가?

그건 즉 2만 5천 5백 5십일 삽니다. 그렇다면 사람이, 딱 80을 산다면 몇 일을 사는가? 그건 즉 큼! 2만 9천 2백일 삽니다. 여기서 3만일을 못 넘김니다. 즉 여기서 80대 중반 부터 그 3만일을 넘길 것 같습니다. 큼! 즉 사람이 이 세상에 태어나, 제 아무리 오래 살아도 3만일 정도 삽니다. 그리고 인류와, 또 그 외에 몸이 있는 일체의 생명체들, 즉 그런 생명체들의 그 죽음에 대한 공통분모는 무엇인가? 그건 즉 그 생명체들 각 각은 큼! 그가 죽기를 무서워하고 싫어한단 것입니다.

꾹!

폴짝! 바 바 바 바 바 ― !

그 개미는, 깜 짝! 놀라며 무조건 도망을 갑니다.

'어, 이놈도 살꺼라고? 그럼 또!'

꾹!

폴짝! 바 바 바 바 바 ― !

'어, 그럼 또!'

꾹!

폴짝, 바 바 바 바 바 ― !

때는 어느 여름철, 어느 한 사람이 나무 그늘 밑에 앉아 쉬는 중, 그런 본인의 밑을 보니, 그 흙 바닦에 큰 개미 때가 각기 바쁘게 움직이고 있습니다. 큼!

'큼!'

방금 그 분은 별생각 없이, 그 개미들 중, 1마리를 죽일꺼라고 그의 엄지손가락 지문 부분으로 그 개미를 향해 찍어 눌러 본 겁니다. 큼!

방금 그 개미를 보면, 그 개미는 죽기를 아주 무서워 하고, 싫어했습니다. 큼! 즉 여기서 방금 그 개미를 죽이려 한 그 사람은, 그 개미 보다 더 죽음을 무서워 하고, 겁을 냄니다. 즉 여기서 자살한 사람들과, 남을 위해 희생해 죽은 사람들, 즉 이들 중, 먼저 자살을 본다면, 큼! 즉 자살

엔 2가지가 있습니다. 큼! 그건 즉

   1. 우울증에 의한 자살.

   2. 안락사.

큼! 여기서 앞의 1번의 경우, 즉 이는, 그 우울증에 걸려 있던 그 본인이, 그 우울증과의 힘의 대결에서 그런 본인이 그 우울증에게 진겁니다. 즉 앞에 그런 본인이, 큼! 그 우울증을 이기려고 아무리 했었지만. 큼! 여기서 그런 본인이 그 우울증에게서 도망을 간다고 죽은 겁니다. 큼! 그리고 그 우울증에 걸린 사람들이, 큼! 자살을 안 하려면, 그런 본인에게서 붙어먹고 있는 그 우울 마귀들에게 피하기만 큼! 하면 안 되고, 즉 어떻게든 그 우울 마귀들을 싸워 이겨 내야 되겠죠? 큼!

'어!'

죽음의 공포 마귀.

그리고 안락사는, 즉 그런 본인의 코 앞으로 다가올 그 죽음의 공포와 고통에서 도망을 가서 큼! 죽는 죽음입니다. 큼! 여기서 그 죽음의 공포 마귀들이, 그 안락사로 죽은 그 분의 영혼도, 그냥 보낼 리가 없습니다. 큼! 즉 여기서 어떤 죽음의 공포 마귀 하나가, 그 안락사로 죽은 그 영혼 앞을 어느새 가로 막아 서 있습니다. 큼! 그리고 그 마귀의 오른손엔 검한 자루를 쥐고 있습니다. 큼! 즉 여기서 그 영혼은, 저 마귀와 싸워 이겨야 천국에 갈 수 있습니다. 그리고 그 영혼은, 죽던 그 당일, 예수를 믿고 었었느냐, 안 믿고 었었느냐? 즉 여기서 예수를 믿고 죽었어야, 그 영혼은 하나님의 도움을 받아, 저 마귀를 이기고 천국에 갈 수 있습니다. 큼! 즉 여기서 아무리 강한 영혼이라도, 1대1로는, 아무리 약한 마귀 하나를 못 이깁니다. 큼! 즉 여기서 저 죽음의 공포 마귀에게 패한다면, 그런 그 영혼은, 저 마귀의 손에 의해, 영원한 지옥으로 보내 집니다. 그리고 그런 본인이 소속 된, 어떤 개인이나, 단체를 위해 죽은 그 죽음은, 즉 본인의 희생에 의해서입니다. 즉 그렇게 죽은 본인은, 그 본인의 우울증에게서 도망가 죽은 것이 아니고, 또 외부적인 어떤 힘의 의해 죽은 것도 아닙니다. 즉 그런 죽음은, 저 죽음의 공포 마귀에게, 정면으로 도전장을 내민 것입니다. 큼!

"어이, 니가 죽음의 공포 마귀라매?"

남을 위해 희생으로 돌아가신 그 영.

"?"

어떤 죽음의 공포 마귀.

"큼! 맞으면 나와 한번 붙어보자!"

방금 그 영.

"!"

씩!

그 마귀는 그 영을 보고 웃습니다.

즉 여기서 그 도전장을 받은 놈이 바로 저 지옥의 죽음의 공포 마귀들 중 1놈입니다.

여기서 그 영이 예수를 안 믿고 죽었다면, 그 하나님과 연합이 되는 걸 못 받아, 저 마귀와 1대1로 싸워야 되기 때문에, 그리곤 저 피할 수 없는 죽음의 공포 마귀를 못 이깁니다.

방금 그 마귀는 그 놈이 서 있던 자리에서, 몇 발 거리에 놓여져 있는 그의 그 검을 주우러 갑니다.

스렁 — 딱!

그 마귀는 그의 오른손으로 그 검의 손잡이를 쥐고, 그리고 그의 왼손으론 그 검의 검집을 잡아 빼서 버립니다. 그 상대의 검은 회색이고, 그 길이는, 1m 50cm입니다.

"!"

순간!

그 영의 피부와 내장 안이, 싸늘 — 해져 옴을 느낍니다.

'ㅇㅇ님, ㅇㅇ님, ㅇㅇ님!'

그 영은, 그가 사람이었을 때 믿고 따르던 그 종교의 신에게, 아주 간절히 의지하며, 그 신의 이름을 반복해 외웁니다.

'제발 저 놈을 이기고, 저를, 꼭 천국에 데려다 주세요!'

'!'

큼!

순간! 그 영혼도 어떤 무기 하나가 있어야겠단 생각이 듭니다. 급히 주위를 둘러 보니, 검집이 없는 검 한 자루가 보입니다. 가서 그 검을 주워 듭니다.

'아, 저 놈에게 지면 어떻게 될까?'

그 영은, 아주 불안합니다.

'아, 내가 믿는 신은, 나에게 아무런 도움이 안 되는구나!'

"너는 왜? 나와 싸우려 드느냐, 나는 너와 싸울 아무런 이유가 없다. 너는 ㅇㅇ신을 아느냐?"

"하!"

순간! 상대의 검이 그 영의 왼쪽 대각선으로 빠르게 그어 옵니다.

'!'

순간!

본 영의 몸을 급히 뒤로 뺍니다.

"자, 잠깐, 얘기 좀 하지 왜?"

"하!"

상대의 검이 이번엔, 그 영의 오른쪽 대각선으로 빠르게 그어 옵니다.

'!'

순간!

그 영의 왼팔 부위에 강한 통증이 옵니다.

'!'

그 영은 불안한 마음으로, 그 통증 부위를 보니, 역시 그의 왼팔이 잘려나가 있습니다.

쨍!

떨 썩!

"제발, 목숨만 살려 주십시요!"

그 영은 그의 검을 버리고, 그 마귀에게 무릎을 꿇고, 그 영의 목숨을 구걸합니다.

상대는 그 영 앞으로, 큼! 천천히 다가 옵니다.

'!'

그 영.

어느세 그 영 앞으로 다가온 그 마귀는, 그의 오른손에 쥐어진 그 검 자루에, 그의 양손을 옮겨 말아 쥐고, 큼! 그리고 그 검을 일자로 치켜 듭니다.

"제발, 살"

싹!

댕 강!

툭!

떼굴!

그 마귀의 단칼에 그 영의 목이 잘려 나갔습니다.

큼!

그 잘려 나간 목은, 바닦에서 한 두 바퀴 구르더니 멈춥니다.

'음, 이놈도 예수를 안 믿고 죽었구나! 하나님과 연합이 된 놈들은, 도저히 못 이기겠단 말이야!'

그 마귀.

'니가 모시던 그 신은, 벌써 지옥에 떨어져 있다!'

그 마귀는, 떨어져 나간 그 영의 목을 보며, 냉소를 지으며.

큼!
곧 그 마귀는 그 영의 떨어진 그 목을 주우러 갑니다. 큼! 그리고 그 영의 목을 주워 들고, 그 자리에서 100m 정도의 거리에 있는 큰 우물가로 걸어 갑니다.
스 으 웅, 콰, 광!
그곳 어딘가에 있는 버튼을 누르니, 큼! 그 우물 가운데 양쪽으로 1자로 굳게 닫혀져 있던 갈색의 쇠문 2개가, 각 각 양옆으로 서서히 같은 속도로 벌어 집니다.
구 우 웅, 콰, 광!
곧 그 문이 다 열렸습니다.
확, 확!
"앗, 뜨거!"
그 마귀.
"하나님 살려 주세요! 하나님!"
그 우물 안에서.
그 우물 안에서는 화기가 올라오고 있고, 또 그 속에서, 처절한 비명 소리들이 들립니다.
'내가 주워 넣고도, 이 안에 있는 놈들이, 어떻게 있는질 모르겠네?'
그 마귀.
'야, 너도 들어가라!'
그 마귀가, 그 영체의 목을 그 우물 안으로 던져 넣으며.
큼!
"하나님 살려 주세요! 하나님!"
계속 그 우물 안에서, 처절한 비명 소리들이 들립니다.
다시 그 마귀는 목이 없는, 그 영의 몸을 주으러 갑니다. 그리고 곧 그 마귀는, 그 영의 몸을 그 우물가로 가져 왔습니다.

"웃 샤!"

그 마귀는 그 영의 몸을 그 우물 안으로 밀어 넣었습니다.

"아이고 힘들어!"

그 마귀.

탁!

스 우 우 웅, 콰 광!

그 마귀는 그 우물 근처 어딘가로 가서, 어떤 버튼을 누르니, 앞에 그 우물 문이 열릴 때 와 같은 식에, 이번엔 그 반대 방향으로, 서서히 문이 좁혀지다가, 곧 그 문이 다 닫혔습니다.

* * *

큼!

요즘이 2019년도 초입니다. 즉 요즘 이 시대에서 상상을 초월할 그런 아주 오래 전, 하나님께서, 즉 혼자 지내 시기가 큼! 너무 외롭고 심심해서, 그로 심한 우울증이 올 것 같으니, 그로 우주 어딘가에 천국과 지옥을 만들어 놓으셨고, 큼! 그 다음 이 지구라는 곳을 만들어 놓으셨습니다. 큼! 그리고 이 지구라는 곳은, 그 천국과 지옥으로 각 각 보낼 큼! 그 영혼들을 시험하기 위한 장소로 쓰기 위함입니다. 여기서 하나님께서 태초의 인류, 아담과 하와를 만드셨을 때, 큼! 그 인류의 형상을 하나님과 같은 형상으로 만드셨고, 그리고 그 인류들만이 큼! 이 세상을 살아가기엔, 그런 그들이 너무 심심할 것 같으니, 그로 그들과 같이 지내라고, 그 인류 외에, 여러 종류의 몸 있는 생체들을, 이 지구 안에다 만들어 놓으셨습니다. 큼!

큼!

* * *

"저 독자님들, 저와 예기 좀 합시다! 업무상. 데이트는 아니고. 큼!"

공작가가 모든 독자님들에게.

"무슨 일이 십니까? 나는 바쁜데!"
어느 여자 독자님께서.
큼!
"다름이 아니라, 죽는 것이, 좋습니까, 싫습니까?"
공작가.
"큼! 당연히 죽는 건 싫죠!"
방금 그 독자님께서.
"그러면 왜? 죽는 것이 싫습니까. 큼!"
공작가.
"즉 사람이 끝없이 살고 싶지, 그래서 죽기 싫죠!"
방금 그 독자님께서.
"큼! 그렇다면 사람의 죽음 다음에 있다는,, 영혼의 세계를 믿으십니까?"
공작가.
"그건 모르겠습니다? 큼!"
앞에 그 독자님께서.
"독자님들은, 본인이 죽는 것이 좋다고 생각하시는지, 싫다고 생각하시는지, 이 점에 대해 어떻게 생각들 하시는지?"
공작가가 모든 독자님들에게.
. . . .
다들 침묵.
"죽는건 당연 싫죠!"
잠시의 침묵을 깨고, 앞에와 다른 어느 독자님께서.
"큼! 그렇다면 왜? 그렇게 생각하십니까."
공작가.
"그야 사람도 끝없이 안 죽을려는 그 습성에 따라, 사람들 각자들도 끝없이 안 죽고 살려는 것이죠."
방금 그 독자님께서.
* * *
큼!
여기서 그런 본인에게도 드디어 죽음이 다가왔을 때, 그런 본인에게, 이 세상의 후회와 미련이 남는 그 이유는 무엇인가? 그건 즉 그런 본인의 못 다 이룬 일들이 많을 수 록, 그렇게된다고 합니다. 큼! 여기서 제가 아는 어느 목사님의 말씀으론, 즉 기독교에서 사람의 죽음을 어떻게 표현하느냐면? 즉 죽음은, 사람이 잠을 자는 것과도 같다고 합니다. 큼! 즉 사람이 죽는 것과 잠을 자는 것이 같다는 뜻이죠? 큼! 즉 우리가 잠을 잘 때 고통스럽지가 않죠. 편안하죠. 그렇듯이, 즉 사람이 힘겹게 살아온 분일 수 록, 더 편안하게 죽을 것 같습니다. 즉 이는 마치, 피곤한 몸을 가진 사람이 잠을 더 달게 자듯이. 큼!
* * *
큼!
"이 동산 안에 있는 무엇이든 다 먹어도 되는데, 단 선 악을 알게 하는, 이 선 악과 나무 열매만은 먹지 마라!"
"예!"
아담과 하와가 그 하나님 말씀에. 큼!
"만약 이 열매를 먹은 그런 너희들에겐, 정녕 죽음이 따르리라!"
하나님께서 그 아담과 하와 모두에게.
큼!
즉 여기 까지는 이 지구상에 있는 일체의 몸 있는 생명체의 몸의 죽음이 없었다고 합니다.
"안 녕?"
그러던 어느날 뱀이 그런 하와에게 다가와 친절히 말을 겁니다.

"그래 안녕!"

하와.

"그런데 하와야!"

"!"

하와.

"하나님께서 너희들 보고, 저 선 악과 나무 열매만은 따먹지 마라고 하시더냐?"

"응!"

하와가 뱀의 말에.

여기서 뱀은, 하와가 저 선 악과 나무 열매를 따 먹으면, 그런 하와는 하나님께 벌을 받는단 걸 잘 알고 있었습니다. 큼! 그런데 그 일을 모른 체 하며, 그 하와에게 접근을 한 겁니다. 큼! 여기서 그 뱀의 목적은, 그 하와가 저 선 악과 나무 열매를 따 먹고, 그 다음 하와가 하나님께 벌을 받는 것입니다. 큼!

"너희들이 저 나무의 열매를 따 먹으면, 그런 너희들도 그 하나님 처럼 전지전능한 능력을 가지게 되니까, 그래서 그런 능력을 그 하나님만 가지기 위해, 그 하나님께선 그런 너희들 보고, 저 나무 열매를 못 따 먹게 하신거야! 그리고 하나님께선 그런 너희들이 저 나무 열매를 따 먹는 걸 겁을 내셔, 왜냐면? 그런 너희들이 저 나무 열매를 따 먹음으로, 그런 너희들도, 그 하나님과 같은 능력을 가지게 되고, 또 그런 너희들이 점 점 발전을 해, 그런 너희들이 그 하나님 보다 더 한 능력을 가지게 되고, 여기서 그런 너희들이, 그 하나님을 배신하고 떠나 갈까봐? 그래서 그 하나님께서는 그런 너희들을 겁을 내시고 그러는 거야!"

"큼! 우리도 그 하나님과 같은 능력을 가지게 된다고?"

하와가 뱀의 말에.

"이건 나만 이렇게 아는게 아니라, 너희들만 빼고 다른 생명체, 다들

이렇게 알고 있어!"

'우리가 하나님에게 속고 있었나?'

하와가 뱀의 말에.

"그런데 나는 그런 너희들이 잘 못 되는 걸 못 보니까, 그래서 그런 너희들이 잘 되게 해 주려고, 이렇게 일러주는 거야! 큼! 또 저 나무 열매가 얼마나 맛있게 생겼냐?"

그 하와가 그 나무 열매를 보니, 진짜 맛있게 생겼고, 또 그 열매엔 향긋한 과일 냄새가 납니다. 큼!

'흠, 아무래도 하나님과 같은 능력이 생긴다니까?'

하와.

. . . .

잠시 후.

하와는 그 나무 열매를 따 먹을 결심을 합니다.

툭!

곧 그 선 악과 나무 곁으로 다가간 하와는, 큼! 그 나뭇가지에 메달려 있는 열매들 중, 빨갛게 잘 익은 것 1개를 골라, 그것을 땄습니다.

'그래, 바로 이거야!'

뱀.

큼!

그 뱀은 그 하와가 그 열맬 먹길 바라며, 그걸 먹으려는 하와의 마음이 변하지 않게, 그런 하와를 말없이 가만히 지켜만 봅니다.

하와는 그녀의 오른손에 들고 있는 그 열매를 바라 봅니다. 그리고 그것을 자신의 입으로 가져갑니다.

아삭!

'!'

그 열매가 그 뱀의 말대로, 진짜 맛이 달고 좋습니다.

큼!

'음, 맛있네!'

아삭, 아삭!

'그래, 이제 끝난 거야!'

뱀.

'!'

마침 하와의 근처를 지나가던 아담이, 그런 하와의 모습을 발견하고, 크게 놀라, 급히 그 하와의 곁으로 갑니다.

"아니, 하나님께서 따 먹지 마라고 하신, 그 열매를 따 먹으면 어떻해?"

아담.

큼!

"이 열매를 먹으면, 하나님과 같은 능력이 생긴데, 그런데 그 하나님께서는, 그런 우리들이 그런 하나님을 배신하고 떠 나갈까봐? 그래서 그런 우리들 보고, 이 열매를 못 따먹게 하신거야! 이 뱀이 그 사실을 나에게 알려 줬어! 그리고 이 열매가 진짜 맛있어. 이 뱀의 말대로."

"?"

아담.

"그래, 하와의 말대로, 이 열매가 맛이 있단 것 부터가 사실이쟎아? 그러니 너도 한번 먹어봐라!"

그 뱀은, 그 하와가 그 아담에게 하는 말을, 옆에서 도우면서, 그 아담도 그 열매를 먹게 합니다. 큼!

'음, 저걸 먹으면, 나도 하나님과 같은 능력을 가지게 된다고? 저걸 하와는 벌써 먹었는데, 이거 어떻할까?'

아담은 갈등을 합니다.

잠시 후.

'!'

'그래 먹자!'

아담.

"그걸 줘 봐!"

큼!

아담은 하와에게 하와가 들고 있는 그 열매를, 달라고 합니다. 큼!

곧 그 하와가 먹던 열매를 손에서 손으로 받아 쥔 아담은, 그 열매를 한 입 베어 뭅니다.

아 삭!

'!'

'아! 진짜 맛이 달고 좋구나!'

그 열매가, 하와와 그 뱀의 말대로, 진짜 맛이 달고 좋습니다. 큼!

"아니, 하나님께서는, 이 좋은 걸 왜? 우리들에겐 못 먹게 하셨을까."

아담이 하와에게.

큼!

여기서 아담과 하와 그들에겐, 하나님에 대한 안 좋은 감정이 생깁니다. 이는 왜냐면? 즉 먹으니 이렇게 맛이 있고, 또 먹고 나선, 그 하나님과 같은 능력이 생겨진다는 이 열매를 그들에게 못 먹게 하신 하나님이라서.

큼!

투 둑, 투 둑!

큼!

곧 아담과 하와 그들 각자는, 그 선 악과 나뭇가지에 메달려 있는 열매들 중, 빨갛게 잘 익은 것 몇 갤 골라 따서, 그것들로 각자 자신들의 배를 채웁니다. 큼!

아삭 아삭, 우걱 우걱!

"쩝, 맛있게 드세요!"

큼!

뱀은 그런 아담과 하와에게.

여기서 그 뱀의 문제는? 즉 그 아담과 하와를 벌 받게 한 그도, 그 하나님에게 벌을 받을까봐? 그것이 아주 겁이 납니다. 큼!

'!'

갑자기 그들의 위에 있던 하늘이, 어두워 집니다.

큼!

"아담아, 하와야!"

어디에선가? 하나님의 음성이 들려 옵니다.

여기서 아담과 하와, 그런 그들에겐, 방금 그 열매를 따먹기 전과 달라진 것이, 즉 그 하나님의 음성 앞에서 그들 각자가 옷을 안 입고 있단 걸 알았습니다.

'아! 이것이 저 하나님과 같아진 능력인가?'

아담.

여기서 하와는, 그런 하나님의 음성 앞에서 그런 자신의 알몸을, 그 근처 나무 뒤로 가립니다. 여기서 그런 하와의 옆에 있던 아담은, 그런 하와를 보고, 그도 하와처럼 자신의 알몸을, 그 근처 나무 뒤로 가립니다.

큼!

"아담아, 하와야!"

다시 그 하나님께서 그들을 부릅니다.

"예, 하나님!"

하와가 그 하나님의 음성에.

큼!

"하와야! 너는 왜? 내가 따 먹지 마라고 한 것을 따 먹었느냐?"

"그, 그건, 이 뱀이, 저 열매를 따 먹으면, 저도 하나님과 같은 능력을 가진다 해서, 먹었습니다."

하와.

큼!

"아담아! 너는 왜? 내가 따 먹지 마라고 한 것을 따 먹었느냐?"

"저, 저는, 하와와 뱀이, 저 열매를 먹으면, 그런 저도 하나님과 같은 능력이 생긴다 해서, 먹었습니다!"

아담.

큼!

"뱀아! 너는 왜? 하와와 아담이, 저 열매를 먹게 했느냐?"

'올 것이 왔구나!'

뱀.

. . . .

뱀은, 그 하나님의 질문에 대답을 못 합니다. 이는 왜냐면? 즉 그 뱀이 생각해도, 그의 죄가, 너무 크기 때문입니다.

* * *

한 땐 제가 불교를 믿었었는데요. 큼! 그 때 어느 스님이 내신 책을 읽어 보니, 즉 그 내용 중, 즉 기독교의 말이 안 되는 점들 중 하나가, 즉 왜? 하나님께서 태초에 에덴 동산에, 그 아담과 하와와 함께, 그 선 악과 나무도 놔두고, 아담과 하와, 그들 보고 그 나무 열매를 못 따 먹게 하셨는가? 즉 처음부터 그 동산에 그 나무를 안 갖다 놓으면, 그들이 그 나무 열매를 따 먹는 일이 없었을 것인데,

"나의 사랑하는 아들 딸 들아, 이 집 어느 곳에, 독약을 갖다 놓는데, 그걸 먹으면 너희들은 죽으니, 그러니 그 독약만은 먹지마라!"

즉 이런 집이 없지 않는가? 그래서 그 태초 때의 그 부분 부터가 말이 안 된다, 이거죠. 큼!

죽음은 뭔가

* * *

"아, 하나님 잘 못 했습니다. 한번만 용서해 주십시요!"
아담과 하와와 뱀이, 그 하나님께 간절히 용서를 빕니다. 큼!
. . . .
잠시 후.
"이 시간 이후로 아담과 하와 너희들은 물론이고, 또 몸을 가진 일체의 생명체, 그들도 그 몸이 흙으로 돌아가지는, 몸의 죽음이 있을 것이다!"
이 일 이후로 이 지구상에 있는 일체의 몸 있는 생명체, 그들에게 몸의 죽음이 있게 됐습니다. 큼!
"이 부분에서 질문이 있습니다!"
어느 독자님께서.
"큼! 무슨 질문이십니까?"
공작가.
"큼! 그렇다면 그 하나님께서는, 그 하나님의 법을 어긴, 그 아담과 하와, 그들의 몸만 그 몸의 죽음을 주시면 되지, 왜? 그들과 아무 상관 없는, 우리들 까지도 그런 벌을 주셨습니까?"
방금 그 독자님께서.
'흠?'
공작가.
. . . .
잠시 후.
"그 문제는 모르겠습니다?"
공작가.
큼!
* * *

"다음은 하와, 하와 너는, 그런 너와 성이 같은 자손들 모두, 이 뱀과 또 이 뱀의 종족 그들 모두와, 원수가 될 것이다! 또 그런 너희들 모두는, 새끼를 낳는 출산의 고통이 있을 것이다! 큼! 그리고 그런 각자 모두는, 그와 관계를 한 수컷의 지배를 받게 될 것이다! 큼! 그리고 아담, 아담 너는, 그런 너와, 또 너와 성이 같은 종족들 모두, 일을 해서 그 댓가로 살아가야 하는 고통이 주어질 것이다! 또 그들 각자와 관계를 한 그 암컷과, 또 그들 사이에서 나온 새끼들의 삶을 책임 져야 되는, 고통이 주어질 것이다! 그리고 뱀, 뱀 너는, 너와 너의 종족 모두, 사람인 모든 암컷과, 원수가 될것이다! 또 그런 너희들은 평생 흙만 먹고 살 것이다! 또 그런 너희들 모두는, 팔과 다리가 없이, 평생 배로만 기어 다닐 것이다!"

삭—!

'!'

순간!

뱀에겐, 이상한 느낌이 듭니다.

"하나님 잘 못 했습니다. 한번만 용서해 주십시요!"

날름 날름!

'!'

그 뱀의 입 속에, 끝이 2갈래로 갈라진, 혀가 날름거려 집니다.

'!'

이상한 느낌이 든 뱀은, 그런 자신의 몸을 천천히 보니, 방금 그 하나님 말씀대로, 그의 팔과 다리가 없어져 있고, 또 그의 몸은, 막대 모양으로, 아주 징그럽게 되 있습니다. 여기서 그 형상은, 요즘 흔히 볼 수 있는 일반적인 뱀의 형상입니다. 여기서 앞의 그 뱀의 형상은, 어떤 모습이었을까를? 상상해 본다면, 즉 그런 그의 몸은, 사람처럼 팔과 다리가 각 각 1쌍씩 붙어있고, 그리고 그의 머리 생김새는, 사람의 형상이 아닌, 즉 말, 소, 사지 머리, 등 등, 즉 그런 형상들 중 어느 것 일 것 같습니다. 큼!

"아!"

날름!

그 뱀은, 그런 그의 처지와 모습이, 너무 싫고 징그러워, 비명을 지르는데, 그의 비명은 안 나오고, 또 끝이 2갈래로 갈라진 혀가, 날름거려 집니다.

* * *

"큼! 여기서 독자님들께 질문을 받아 봐야 겠습니다. 큼! 즉 저에게 기독교적인 궁금한 점이 있으시다면, 질문을 주십시오! 큼!"

공작가가 모든 독자님들에게.

. . . . .

조용.

"큼! 마귀는 뭡니까?"

어느 독자님께서.

"큼! 마귀란, 즉 이 세상에 있는 사람들 1명씩의 영혼을 예수 안 믿고 죽게해, 영원한 지옥으로 보내는 귀신인데, 큼! 즉 여기서 그런 마귀 1놈 이상에 들린 그런 사람에겐, 환각 현상이 나타남니다. 또"

"그렇다면 원수는 무엇입니까?"

방금 그 독자님께서, 공작가의 말을 끊고, 다른 질문을 하십니다.

큼!

"즉 그건 마귀들과 손잡은 사람이겠죠?"

공작가.

"큼! 그렇다면 그 하나님 믿어 가는 건 뭡니까?"

앞에 그 독자님께서.

"흠, 즉 그건 삶에서는 예수를 믿어 가며, 마귀들을 이기고, 그렇게 성실히 하다가, 나중 예수를 믿고 죽어, 천국으로 갈 수 있는, 유일한 방법입니다. 큼!"

공작가.

"음, 그렇다면 천국으로 갈 수 있는 방법은 뭡니까? 큼!"

방금 그 독자님께서.

큼!

"그건 즉, 그런 본인이 돌아가시는 걸 알고 돌아가실 때에는, 예수를 믿고 돌아가시면, 본인의 영혼이 그 날 중으로 천국에 가고, 큼! 반면 그런 본인이 모르고 돌아가실 땐, 그런 본인이 돌아가시기 그 최근 전 날, 의식이 있을 때, 그 때 본인이 예수를 믿고 있었으면, 그 분 사후 그의 영혼이 감니다. 큼!"

공작가.

큼!

"그렇다면 왜? 우리들이 삶니까."

2번째 독자님께서.

"흠, 그건 즉, 성실히 하나님을 믿어 가며, 천국에 가기 위해 삶니다!"

공작가.

"흠, 그렇다면 그 기독교 외에 타 종교들이나, 아니면 일부 사람들이, 기독교가 말이 안 된다던데, 그건 왜? 그렇습니까."

방금 그 독자님께서. 큼!

"큼! 즉 제 경우는, 불교를 믿다가, 대순진리교를 믿다가, 최종적으로 기독교를 믿는데, 큼! 그래서 이 기독교 외에 타 종교들도 잘 앎니다. 큼! 즉 여기서 앞에 믿었던 그 종교들은, 결국 마귀들과 섞이는 식이던데, 그런데 현제 믿고 있는 이 기독교는, 그런 마귀들을 쫓아 내는 식입니다. 큼!"

공작가.

"큼! 그렇다면 우리들이 죽고 나서, 이 세상에서 가져 갈 수 있는 것들은, 무엇 무엇이 있습니까?"

방금 그 독자님께서.

"흠, 즉 이 세상에 있는 것들 중, 가져 갈 수 있는 것들은, 아무것도 없는데, 그런데 하나님을 믿고 죽어, 천국에 갈 순 있습니다. 큼!"

공작가.

"큼! 그렇다면 그 하나님은 누구십니까?"

3번째 독자님께서.

"즉 우리들의 주인이십니다."

공작가.

"큼! 그렇다면, 우리가 그 하나님의 종이란 말입니까? 기분 나쁘게!"

방금 그 독자님께서.

"흠, 기분이 안 좋은 건 사실이지만, 그래도 그걸, 인정할 수 밖에 없죠."

큼! 공작가.

"흠, 그렇다면 예수는 누구입니까?"

방금 그 독자님께서.

"그 분은 하나님의 친아들이죠."

공작가.

"그렇다면 왜? 예수님께선, 십자가에 못 박혀져 돌아 가셨습니까. 큼!"

방금 그 독자님께서.

"흠, 그건 즉, 하나님께서 인류를 구원 하시기 위해, 예수님을 희생시킨, 것입니다. 큼!"

공작가.

"그렇다면 삶이란 무엇이고, 죽음이란 무엇입니까?"

방금 그 독자님께서.

큼!

"즉 인간의 삶이란 것은? 즉 본인의 영혼이 천국으로 가기 위해, 성실히 하나님을 믿어 가는 것이고, 그리고 죽음이란 것은? 즉 본인의 사후, 본인의 영혼이, 천국으로 가기 위해, 예수를 믿고 죽는 것입니다. 큼!"

공작가.

"흠, 그렇다면, 천국은 무엇이고, 지옥은 무엇입니까?"

방금 그 독자님께서.

큼!

"흠, 즉 천국, 거기 간 영혼들은, 하나님과 천사들과 영원히 사는 곳이고, 반면 지옥, 거기 간 영혼들은, 마귀들과 영원히 죽는 곳입니다."

공작가.

"저는 미래 사회의, 그 과학의 발달에서 오는, 대재앙에 대해 물어 보겠습니다! 즉 미래엔, 심한 과학의 발달로 인해, 이 지구가 멸망한다던데, 이 점에 대해, 어떻게 생각 하십니까? 큼!"

4번째 독자님께서.

"큼! 즉 요즘이 18년도인데, 그런데 이 앞으로 11년 정도만 더 가도, 즉 그 때 부터, 사람처럼 생각하는 인공지능 로봇들이 나올 거라고 합니다. 큼! 즉 여기서 과거 인류가, 큼! 마약을 개발해 놔서, 그로 18년 요즘 까지, 그 마약이 인류의 골칫거리듯이, 즉 미래의 그 인류가 개발해 놓은, 그런 인공지능 로봇들이, 결국 그들과 전쟁을 해야 되는, 그런 인류의 큰 재앙 거리가 될 수 있습니다. 큼! 즉 이는 아주 오래 전, 어떤 혜성 하나가, 이 지구에 충돌을 해, 그 때 지구상에 살고 있었던 공룡들이, 다 멸망 했듯이, 이 미래의 과학의 발달로, 인류가 그 과학으로, 멸망을 하는 것이, 즉 하나님께서 미래에, 불로써 심판 하신다는, 그 불의 심판인지도 모르죠? 큼!"

공작가.

"흠, 그렇다면 그 미래 사회에서의 또 다른 문젯점은 뭡니까?"

방금 그 독자님께서.

"흠, 제 주위 어떤 교수 분께서 하신 말씀이, 큼! 즉 그 미래 사회에서는, 아주 심한 빈부격차가 있을 것이라고 합니다. 즉 그 때의 부자들은, 그 과학의 발달을, 그런 본인의 돈으로 사서, 아주 편안하게 살아가고, 반면 그 때의 가난한 자들은, 즉 그 과학의 발달을 그런 본인 돈으로 못 사서, 그로 아주 힘들게 살아간다고 합니다. 즉 여기서 그 때 그들의 힘든 생활이란, 즉 18년 요즘의 시대의 사람들에게서, 함부러 다뤄지는, 그런 개, 돼지들 보다도 못 한, 그런 삶을 하루 하루 살아간다고 합니다. 큼!"

공작가.

"큼! 그렇다면, 그 일에 대한 대책은, 뭐라 생각 하십니까?"

방금 그 독자님께서.

"여기서 앞에 설명 드린 그 교수 분이, 그 문제에 대한 대책을 주신 말씀이, 즉 18년도인 요즘부터, 그 일에 대빌 해야 된다는데, 그 방법은, 즉 요즘의 가난한 자들 각자에게, 매달 50만원 정도 씩, 연금을 지급하자 이검니다. 이에 아주 부자들에겐, 세금을 많이 물려서 그 비용을 충당 하고, 즉 그렇게 된다면, 즉 그런 가난한 분들 중, 즉 본인의 자아 실현을 위해서라도, 그런 본인이 노력을 하여, 그로 그런 본인이 조금씩 발전해 가다가, 그로 나중엔 그도 부자가 될 수 있다 이것이죠. 즉 그래서 그런 미래 사회에서, 방금 설명드린 그런 식으로, 부자가 된 분들로 인해, 그런 미래 사회에서의 가난한 분들이, 적어질 것이란 이론이죠. 큼!"

공작가.

"흠! 그렇다면, 그런 미래의 사회에서, 우리의 가족, 친척들, 주의의 분들이, 다들 잘 살아 갈 수 있는 방법은 뭡니까? 큼!"
방금 그 독자님께서.
"흠, 요즘 이 앞으로, 큼! 11년만 더 가더라도, 그 때는 사람처럼 생각을 하는, 인공 지능 로봇이 나와 있는 건 물론이고, 또 컴퓨터 칩을 이용해, 즉 사람의 수명을, 천년 이상 살게 할 수 있다고 합니다. 큼! 즉 여기서 그런 물질들도, 돈을 주고 사서 쓰는데, 여기서 돈이 있는 사람들은, 그 물질들을 사서 이용을 하는데, 여기서 돈이 없는 사람들, 그런 물질들을 못 사니까, 이에 본인들 각자의 수명대로 살다가 죽는데, 여기서 그렇게 살아가는 것도, 아주 힘들게 살아 간다고 합니다. 큼! 즉 여기서 그런 부자들이, 그런 가난한 자들에게, 그들 각자의 돈을, 좀 나눠 주며 살면, 그런 빈부 격차가 조금은 덜해질 것인데, 그런데 그런 그들은, 본인들 것만 챙길 것입니다. 큼! 즉 여기서 그런 세상은, 즉 사람의 가치보다, 물질적 가치가 더 인정받게 되겠죠? 큼! 즉 여기서 그런 시대엔, 기술자가 유용하게 쓰인 답니다. 큼! 즉 여기서 그건 어떤 건가면? 즉 어느 한 단체 내에 있던 그곳의 주인인 물주가, 그 단체 내에 없게 된다면, 여기서 그 물주가 가지고 있던 돈은, 다른 곳에서 구해 쓰던가, 아니면 그런 돈이 아예 없더라도, 즉 그 단체 내에 있던 사람들이, 죽지는 않지는 않는데, 큼! 그런데 그 단체 내에서 유용하게 쓰던 기술자가 없게 된다면, 즉 여기서 그 사람이 가지고 있던 기술은, 다른 어느 곳에 가도, 도저히 구할 수 가 없는 겁니다. 즉 여기서 그 단체 내에 있던 그런 기술자들이, 1명씩, 1명씩 해서, 나중엔 다 없어져 버렸다면, 즉 여기서 그런 단체는 망하는 현상이 나타난다는 겁니다. 큼! 즉 방금 앞에서 말씀드린 그런 망했다는 단체가, 아주 큰 단체인 큰 나라라도 그런 식으로 된다고 합니다. 큼!"
공작가.

"그렇다면 각 각의 그런 단체가 안 망하려면, 쓸만한 기술자들을 많이 데리고 있을 수 록, 좋겠군요?"

앞에 그 독자님께서.

"그렇습니다. 즉 그래서 요즘 18년도 사람들이, 그런 미래 세상을 대비해서, 즉 본인이 원하는 어떤 기술 1가지씩을 습득해 가는 것이 좋겠죠? 큼! 여기서 앞에 그 학설을 누가 발표를 했느냐면? 즉 미래학자 앨빈 토플러란 분이 했는데, 큼! 즉 여기서 그분의 그 발표는, 1900년 후반에 있었고, 현제 그분께선, 돌아가셨습니다. 큼! 즉 여기서 그 학설을 자세히 보자면? 즉 문명이 생긴 이래로 요즘과 또 그 다음 시대의 그 시대적 흐름을, 4단계로 구분해 놓았습니다. 큼! 즉 여기서 그건 즉, 제 1의 물결 농업의 시대, 즉 그 땐 무력이 쓰였겠죠? 큼! 제 2의 물결 상업의 시대, 즉 그 땐 돈이 쓰였습니다. 큼! 제 3의 물결 지식과 정보의 시대, 즉 이 시대가 기술자의 기술이 유용하게 쓰이는 검니다. 큼! 제 4의 물결 인간 진화와 우주 항공 시대. 큼! 즉 요즘의 이 앞으로 세월이 가면 갈 수 록, 그 세상에 있는 그 과학의 발달이, 즉 인류 각자에게 편리함을 주는 건 사실이겠지만, 큼! 그런데 그 반면, 즉 그런 과학의 발달이, 그 인류의 생존을 위협하는 그런 무서움으로 다가 오다가, 결국 그 인류가 그 과학의 발달로 멸망을 합니다. 큼!"

공작가. 큼!

"즉 불교에선, 큼! 이 세상 믿을 수 있는 건, 자기 자신 밖에 없다고 하던데, 그 말이 맞습니까?"

큼!

앞에 그 독자님께서.

"그 말은 틀렸습니다. 큼! 즉 기독교에선, 하나님 외에 그 무엇도 믿을 수 없다고 합니다. 큼! 그리고 즉 어떤 사람이 남을 살인을 한다면, 여기서 그런 본인에겐 본인의 양심에 걸리는데, 큼! 그런데 인공 지능 로봇이 어떤 사람을 살인 한다면, 여기서 그 인공 지능 로봇은, 그의 양심의 가책을 안 받습니다. 이는 왜냐면? 즉 그런 기계는, 사람처럼 영혼이 없고, 즉 그 기계에 입력된 프로그램대로 일을 한 것이니까요. 큼! 그리고 즉 앞에 큼! 말씀드린, 그 미래 사회에서의 부자들 각자는, 즉 그들의 돈으로 편안하게 살아갈 것이고, 또 기술자들 각자는, 즉 그가 할 줄 아는 일로 해서, 안 죽고 살아가겠죠? 큼! 그런데 앞에 그런 그들 외의 나머지 분들은, 진짜 가진 것이 없는 가난한 분들입니다."

공작가.

"흠, 그렇다면 우리들이 그런 미래를 어떻게 대비하는 것이 좋겠습니까? 큼!"

앞에 그 독자님께서.

"큼! 즉 요즘 정부에서 그 문제에 대한 법을 잘 설정 해야 된다고 합니다. 큼!"

공작가. 큼!

미래의 인류가 기계들에게 안 당하기 기도문

．
．
．

"미래 때 마다, 인류가 그들이 개발해 낸 그 과학 품들에 의해 1차 적으로, 그들의 생존의 위협을 안 받고, 큼! 그리고 세월이 더 흐른 2차적으로, 그들의 멸망의 위협을 안 받고, 그리고 세월이 더 흐른 3차적으로, 그들이 그 기계들에게 멸망 안 당하게 해 주세요!"

공작가.

"큼! 니가 말하는 그 기계들이, 즉 핵미사일, 인공 지능 로봇, 그런 것 들이냐?"

하나님께서. 큼!

"예!"

공작가.

"그런데 공작가, 큼! 즉 너의 그 바램대로, 큼! 그런 일이 안 일어 나게 된다면, 큼! 내가 계획하고 있던, 미래 때의 불의 심판을 줄 수 가 없는데, 그러면 그 문젠 어떻 할 것이냐? 큼!"

"그렇쿤요! 즉 2000년 경, 그 당시에 생존 중이었던 영국의 이론 과학자 스티븐 호킹 박사, 즉 그 분이 예언 하시길, 즉 2000년 그 이후 부터 1000년 까지의 인류는, 너무 심한 과학의 발달로 인해, 그들이 멸망을 당한다 더라구요. 큼! 특히 그것들의 주범이, 인공 지능 로봇들 이람니다. 즉 여기서 하나님께서 그 불의 심판을 안 주시면 안 됩니까? 하나님께서는, 그 때의 인류 모두도, 사랑하실 꺼니까요. 큼!"

* * *

그 일이 있고 3일 후, 여기는 부산, 또 그 내에 있는 어느 항구의 그 바닷가 근처. 큼!

'아, 저짓구나!'

공작가는 어느 길가에 있는 전봇대에다, 뭘 붙이고 있습니다.

"뭐 하냐?"

하나님께서 그런 공작가에게 다가가 묻습니다.

"퇴마일기 전단지 광고 붙이고 있습니다!"

'전부 무료, 읽어보시요! 누니 세 개.'

"큼!"

하나님께서, 그 전단지 광고 문구를 읽어 보시고. 큼!

"전단지 광고 문구가 뭐 이러냐? 에이, 그런데 큼! 공작가, 1가지 물어볼게 있어 왔다!"

"뭡니까?"

공작가.

"즉 이 앞에 니가 말한 것을, 내가 왜? 들어 줘야 되냐."

하나님께서.

"하나님께선 언제나 인류 모두를, 사랑 하시니까요!"

"그렇다면 그걸 들어 줄께!"

하나님께서.

모든 생명체들이 탈 없이 죽는 기도문

·
·
·

"큼! 몸 있는 생명체 모두는, 반드시 죽는데, 여기서 그런 그들은, 늙어져 새벽녘 자는 잠에 죽길 바라니까, 그로 그들 바램대로 되게, 해 주세요! 큼!"

"큼!"

하나님께서 공작가의 말을 듣고.

* * *

그 일이 있은 몇 일 후, 여기는 부산, 때는 오전 중.

'아, 저깃 구나!'

큼!

공작가는 그 지역 어느 동네에 있는, 어느 교회, 그 곳 대강당 어느 한 곳에 혼자 앉아서, 그 교회 목사님께서 설교를 하시는, 그 말씀을 듣고 있습니다. 큼!

'아, 오늘이 마침 주일이었구나!'

하나님.

"뭐 하냐?"

하나님께선, 그런 공작가의 오른쪽 옆에, 다가가 앉으시며, 그에게 묻습니다. 큼!

"예배에 참석하고 있습니다!"

공작가.

'큼! 이 믿음들이, 죽을 때까지 성실히 해 가야 될 텐데!'
하나님께서 그 강당 주월 둘러보시며.
큼!
즉 하나님 보시기에, 그 예배당 안에 있는 사람들 각자의 영혼들 모두는, 그날만은, 꼭 천국에 갈 수 있을 것 같습니다. 큼!
'!'
"아, 공작가, 큼! 니가 앞에 말한 그런 너의 바램을, 내가 왜? 들어 줘야 되냐."
잠시 넋을 놓고 계시던 하나님께서, 어느새 정신을 차리시고, 미리 준비해 오신 질문을 하십니다. 큼!
"하나님께선 그들 모두를, 사랑 하시니까요!"
"그렇다면 그걸 들어 줄께!"
하나님께서 공작가의 말에.

죽음
·
·
·

즉 몸이 있는 일체의 생명체, 그런 그들은, 다 죽습니다. 큼! 여기서 그들 각자, 각기의 그 몸에 깃들어 있던 영혼들은, 다 어떻게 되지는가? 그건 즉 그들 영혼 모두들도, 즉 하나님, 마귀들의 영들처럼, 영원히 삽니다. 큼! 즉 여기서 사람이 죽고 난 뒤의 영혼들, 즉 그들 각 각은, 그 당일 날 중으로, 영원한 지옥으로 보내지느냐, 천국으로 보내지느냐? 큼! 그 2중 하나입니다. 큼! 즉 여기서 천국 그곳은, 하나님의 나라라고 합니다. 즉 여기서 그곳에선, 하나님과 천사들과 영원히 함께 산다고 합니다. 큼! 이 반면 지옥, 그곳은 마귀들의 나라라고 하는데, 큼! 여기서 그곳에선 그 마귀들과 같이 영원히 죽는다고 합니다. 큼! 즉 여기서 인류 외에 일체의 몸이 있는 생명체의 영혼들, 즉 그들은 다 어떻게 되지는가? 그건 즉 천국과 지옥 외에, 다른 어딘가로 보내짐니다. 즉 이는 왜냐면? 즉 그런 그들 모두는, 언어가 없기 때문에, 그로 그들 모두는, 하나님을 모르며 살아가다가, 또 그 하나님을 못 믿고 죽기 때문에, 여기서 그들에게 그 천국과 지옥의 심판을 적용 시킨다면, 여기서 그들은 다 지옥으로 떨어져야 되기 때문입니다. 큼! 즉 여기서 모든 몸 있는 생명체들 중, 자살로 죽는 것은 인류 밖에 없습니다. 즉 여기서 인류와 모든 몸 있는 생명체, 즉 그들은 늙어져 새벽녘 자는 잠에 죽길 바람니다. 큼! 그리고 하나님께서, 이 지구 안에서 살아갈 각 각의 여러 종족의 몸 있는 생명체, 그들을 만들어 놓으셨을 때, 즉 그 때 그들은 다 영원히 살았다고 합니다. 큼! 그런데 최초의 인간이었던 아담과 하와, 즉 그런 그들을 시험해 보시기 위해, 그들이 살고있던 그 에덴 동산 어느 곳에, 향긋한 과일 냄새가 나고, 먹음직스럽게 보이는 열매들이 주렁 주렁 메달려 있는, 그 나무 1그루를 심어 놓으셨습니다. 그리고 그들 보고 그 나무 열매를 따 먹지 마라 하셨고, 그리고 그들이 그 말을 지키나, 안 지키나? 매일 그들을 지켜보셨습니다. 큼! 그런데 그들은 뱀에게 속아, 결국 그 나무 열매를 따 먹었습니다. 큼! 즉 이에 하나님께서는 그들에게 실망을 하시고, 그리고 그들에게 하신 경고대로, 그들과 또 모든 몸 있는 일체의 생명체에게도, 몸의 죽음을 주셨습니다. 큼! 즉 여기서 그 때 그들이 그 하나님께서 하신 말씀을 끝까지 지켰다면, 아마도 그들은 그 하나님께서 계획하신, 어떤 상을 받았겠죠? 또 그들 외에 일체의 몸이 있는 생명체, 그들도 어떤 상을 받았겠죠?

"큼! 그렇다면, 그 하와와 아담을 속여, 그 선 악과를 따 먹게 한, 그 뱀에겐, 하나님께서 어떤 벌을 내리셨습니까?"

어느 독자님께서.

"큼! 즉 그 뱀에겐, 그 하와와 또 그 하와와 성이 같은 종족인 사람들 모두와 그 뱀과 또 그 뱀의 자자 손손 대대로, 서로 원수가 되게 했습니다. 또 그런 뱀들은 흙만 먹고 살고, 또 팔과 다리가 없이, 배로만 기어다니게 했습니다. 여기서 그 뱀의 형상은, 요즘 흔히 볼 수 있는 그런 일반적인 뱀입니다. 또 그 벌 받기 전의 뱀의 형상을 상상해 보면, 즉 사람처럼 팔, 다리가 있고, 그리고 머리 모양은, 즉 사자, 호랑이, 개, 소, 등등의, 즉 그런 형상들 중, 어느 1가지일 것 같습니다. 큼!"

공작가.

"그렇다면 큼! 그 아담과 하와, 그들은 앞에 하나님에게 받은 그 벌 외에, 다른 벌은 어떤걸 받았습니까?"

앞에 그 독자님께서.

"흠, 즉 먼저 하와에겐, 즉 그런 그녀와 또 그와 성이 같은 모든 종족의 암컷들, 그들 모두와 뱀과 그 뱀의 자자손손 대대로, 서로 원수가 되게 했고, 또 그와 그의 자자손손 대대로, 아이를 잉태해 낳는 출산의 고통을 주셨고, 또 그들 모두는, 그와 관계를 한 수컷의 지배를 받는 고통도 주셨습니다. 큼! 또 그 아담에겐, 즉 그런 그와 또 그와 성이 같은 모든 종족의 수컷들, 즉 그들 각 각에게, 즉 그가 일을 해서 얻은, 그 재물로 먹고 살아가야 하는 고통을 주셨고, 또 그런 그와 관계를 한, 그 암컷과, 또 그들 사이에서 나온 그들의 자식들 모두를, 책임져야 하는, 고통도 주셨습니다."

공작가.

천국

⋮

　본인이 돌아가시는 당일날, 아니면 본인이 돌아가시기 전 마지막 의식이 있던 날, 예수를 믿었었으면, 즉 그런 그분의 영혼이 천국으로 갑니다. 큼!
　'천국은 있을 것이다. 그리고 무서운 지옥도 있을 것이다!'
　즉 천국과 지옥이 있다고 생각을 하시는 분들도 계시고. 큼!
　'천국과 지옥 그런 것들은, 다 종교 단체들에서, 신도들 끌어 들일려고, 만들어낸 예기야!'
　그리고 그 천국과 지옥이 없다고, 생각을 하시는 분들도 계십니다.
　"저는 그 천국과 지옥을, 직접 갔다 와 봤습니다!"
　큼! 드물게는, 그 천국과 지옥을 각 각 갔다 와 보셨단 분들도 계십니다. 큼! 즉 여기서 그 각 각의 종교 단체들, 어떤 책, 어떤 TV 방송프로, 등 등, 즉 우리들이 살아가는 곳 어디에서나, 그 천국과 지옥에 대한 말이 많습니다. 큼! 즉 여기서 그 천국에 대한 그들의 공통분모는 무엇인가? 그건 즉, 그 천국은, 우리들이 상상하고 있는 그 모습보다 더 좋은 곳이라고 합니다. 큼! 즉 여기서 그곳의 풍경은, 아주 보기가 좋다고 합니다. 즉 이는, 이 지구상 있는 그 어느 나라에 있다는, 그런 이름난 관광 명소들과는 비교가 안 된다고 합니다. 큼! 또 거기엔, 성경에 나오는 유명한 큼! 하나님의 종들도 가 있다고 합니다. 즉 여기서 그런 그들은, 즉 바울, 다윗, 요셉, 등, 등. 또 거기엔, 거기 있는 영혼들과 꽃들이 말을 한다고 합니다. 또 그곳에 있는 영혼들도, 춤과 노래와 음악을 즐긴다고 합니다. 즉 이 지구에 있는 사람들처럼. 그리고 그곳에서도 이 지구에서처럼 셀 수 없이 많은 그런 춤과 노래와 음악들이 있습니다. 그리고 거기서 자체 제작해 낸 그런 것들도 있고, 큼! 또 이 지구에 있는 쓸만한 그런 것들을 그곳에서 가져다 씁니다. 큼! 즉 여기서 2000년 정도 때 돌아가신 마이클 잭슨, 그분의 영혼은 지옥에 떨어졌다고 합니다. 즉 여기서 그분이 그렇게 된 이유는, 큼! 즉 앞에 그분의 춤과 노래가 전세계적으로 크게 뜬 이유가, 즉 그분이 마귀들과 손을 잡고 그 일이 되게 해서였다고 합니다. 큼! 즉 여기서 사람들 각자의 영혼 모두는, 잠시도 죽길 싫어하고, 영원히 삶을 원합니다. 큼! 즉 여기서 그런 영혼들을 지배 할 수 있는 힘이 2가지가 있는데, 큼! 그건 즉 하나님, 마귀들. 즉 여기서 사람의 영혼들이 영원히 사는 길은, 하나님을 쫓는 길이고, 반면 큼! 그 영혼들이 영원히 죽는 길은, 마귀들을 쫓는 길입니다. 큼! 즉 여기서 사람의 몸의 감각과 영혼의 감각은 같습니다. 그리고 사람의 만족은 어디에서 오는가, 그건 즉 그런 본인이 좋은 곳에 소속이 되 있다는, 그 소속감에서 옵니다. 큼! 즉 여기서 하나님은 모든 인류를 사랑하시기 때문에, 그로 하나님께선, 그 인류 각자가, 싫어하는 일은 안 하십니다. 즉 그래서 하나님께선, 그런 하나님을 원하지 않는 분에겐 임하시지 않는 겁니다. 즉 여기서 마귀들은, 즉 사람들 각자의 영혼을 끌어들이는 것이, 즉 속임수, 강제적인 힘, 등 등, 즉 그런 것들의 의해서 입니다. 큼! 즉 여기서 마귀들은 다 때가 되면, 영원한 지옥으로 보내지게 됩니다. 큼! 여기서 그런 그들은, 시간이 흘러 갈 수 록 불안한 것입니다.

또 결혼 예기

　결혼이란, 따로 되 있는 남 녀, 그런 그들의 합의 하에, 즉 그런 그들 각자 서로가 하나가 되어 사는, 그런 그들의 삶을, 결혼이라 할 것 입니다. 큼! 즉 여기서 그런 그들 사이에서는, 그들의 자녀 1분 이상 나와서, 그런 그들의 보호 아래 커갑니다. 큼! 즉 여기서 그런 그들의 결혼을 시작 하려면, 먼저 그 일에 자금과 돈 줄이 있어야 되는 모양입니다. 그리고 그 과정을 통과한 그런 그들이 결혼했다면, 큼! 즉 그런 그들 사이에서 돈이 유지가 되야 되겠죠? 큼! 즉 여기서 남 녀 노 소 그런 각자 누구나는, 즉 그런 본인이 그런 본인의 그 결혼 일에, 어떤 상대 이성 1분을 건들면, 즉 여기서 그런 본인은 그 상대 이성분에게, 짝사랑이 되는 경우가 많습니다. 큼! 즉 여기서 짝사랑은 안 이루어 진다는 속설이 있습니다.

　＊ ＊ ＊

　큼!
　"먼저 독자님들께서는, 짝사랑이 뭐라고 생각하십니까?"
　공작가가 모든 독자님들에게.
　"즉 남 녀 그들 중, 어떤 이성분이, 그 상대 이성분과의 결혼을 이루려 하는데, 여기서 청혼받는 그 이성분이 청혼하는 그 이성 분과의 결혼을 원치 않는 것이, 짝사랑이겠죠? 큼!"
　어느 독자님께서.

"큼! 그렇다면 그런 그들의 결혼은, 이루어 짐니까?"
공작가.
"그 일은 안 이루어 짐니다."
방금 그 독자님께서.
"그건 왜? 그렇습니까."
공작가.
"즉 속담에, 어느 누구에게나, 즉 아무리 높은 벼슬자리를 준데도, 그 상대가 그걸 안 받겠다면, 그런 본인에겐 그런 자리를 못 준단 것입니다. 그렇듯이 즉 아무리 잘난 사람이, 그분의 상대 이성 분과의 결혼을 하자고 하는데, 여기서 큼! 그 상대 이성분이 그런 본인과 결혼을 안 하겠다고 한다면, 여기서 그 상대와의 결혼은 안 이루어 진단 것입니다. 큼!"
방금 그 독자님께서.

* * *

'이런 속았구나! 이젠 법적으로 결혼이 됐는데, 큰 일이네!'
결혼한 남 녀 그들 중. 큼!
즉 여기서 결혼한 그 상대 이성이, 즉 애가 딸려있다던지, 여기서 딸린 그 애가 크면 클 수 록, 그런 그들 결혼 생활의 어려운 문제가 더 크겠죠? 큼! 그 외에 정신 장애가 있는 분이라던지, 마약에 중독이 된 분이라든지, 에이즈에 걸린 분이라든지, 아주 큰 빚이 있는 분이라든지, 살인 전과자이고, 그래서 그런가? 그분의 성질이, 아주 포악 하다던지, 여기서 남자분 경우는, 즉 그분의 성기가 정상적이지 않다는 문제도 있죠? 큼! 즉 여기서 그 문제들 보다 덜 심각한 문제들은, 즉 그런 그분이 큼! 당뇨, 고혈압, 간염, 등, 등의, 즉 그런 몸의 지병들 중, 어느 1가지 이상이 있다던지, 큼! 즉 여기서 그 상대방의 외관상으로 드러나는 문젯점들은, 즉 그런 그가 담배를 피우신다던지, 술은 드신다던지, 그분의 신체 일부가 없다던지, 그분의 신체는 다 있지만, 그분의 그 신체 어느 일부를 못 쓴다던지, 등 등. 즉 여기서 이미 결혼을 한 그 상대방에게, 방금 그런 크고, 작은 문젯점들이, 발견이 될 수 있습니다. 큼!

"○○씨 아시죠?"

"예!"

결혼할 남 녀 그들 중, 그의 상대 이성 분이 의심스러워? 그로 그 분 몰래, 그분의 주윗 분들에게 가서, 그분의 그 의심스러운 점을 물어 봅니다.

"그 분이?"

즉 결혼할 그분의 의심스러운 점을 묻습니다. 큼!

"아, 그분요? 그분은 큰 애가 군대에 갔다 왔어요!"

'!'

또는

"아, 그분요? 그분 요즘 마약을 한다던데!"

'!'

또는

"아, 그분요? 그분은 에이즈에 걸렸단 말이 있던데!"

'!'

또는

"아, 그분요? 그분이 그런 재산이 없어요. 그분은 파산자예요!"

'!'

또는

"아, 그분요? 그분은 얼마 전, 교도소 갔다 나왔는데."

"무슨 죄로?"

"살인죄로."

'!'

즉 그런 본인과 결혼을 할 그 상대의 의심스러운 점을, 그분 몰래 그 주윗 분들에게 가서 물어 보니, 즉 그런 의심한 대로, 즉 그런 그분의 심각한 문제가, 1가지 이상 발견이 될 수 있습니다. 그래서 의심이 가는 그 결혼 상대방을, 100%믿고 그 결혼에 들어가지 말고, 즉 그런 그분의 뒷조사는, 해 봐야 되겠죠? 그리고 결혼을 할 그 상대방이, 구지 의심이 안 가더라도, 기본적으로 그런 상대방의 뒷조사는, 어느 정도는 있어야 되겠죠? 큼! 즉 여기서 여자분들 경우는 모르는데, 남자분들 경우는 종종, 그분의 성기가 정상적이지 않은 분도 계십니다. 그래서 그런가? 이혼 사유들 중, 결혼한 남자분이, 그 상대 여자분에게, 성적인 만족을 못시켜 줘서라는 것도 있다고 하더라구요. 큼! 즉 그래서 그 상대방과 결혼할 형편이 되고, 또 그런 그와의 결혼을 결심을 했다면, 큼! 여기서 마지막으로 그 상대방의 그 성적인 알몸 큼! 검사를 해 보는 것도, 나쁘진 않겠죠? 즉 여기서 나이 차이가 나는, 그런 커플 일 수 록, 그런 그들의 애정이, 약화 되는 것 같더라구요. 큼!

"요즘은 결혼이 너무 쉽게 이루어지죠!"

2018년 어느날 어느 때 어느 자리에서, 어떤 결혼한 남자분께서. 큼!

여기서 요즘 장가를 가신 남자분들의 공통분모는 무엇인가? 그건 즉 본인이 생각하기에 그런 본인의 결혼이, 의외로 쉽게 이루어 졌단 것입니다. 큼! 즉 이 현상은, 남자분이 여자분을 벌여 먹여 살릴 능력만 된다면, 즉 여기서 여자분들이 앞을 다투어 서로 그 남자분에게 시집을 가련다는 것입니다. 큼! 즉 이 반면에, 앞에 그런 능력이 안 되는 남자 분에겐, 큼! 신기하게도 그 수많은 여자분들 중, 1분도 안 온단 것입니다. 큼! 즉 그리고 요즘의 결혼은, 즉 여자분이 여러 남자분들 중, 1분을 골라, 그들의 결혼이 이루어 진다고 합니다. 큼!

"동정은 동정으로 끝내야지, 그것이 결혼으로 이어지면 안 된다!"

결혼에 목숨을 걸어라 본문 중.

즉 2000년 정도 때 무료로 출판된, 이주용 저. 즉 여기서 그 저자분은, 즉 결혼 생활에서의 고민 문제를 전화로 상담하는 일을 오래 해 오신 분이라고 합니다. 큼! 즉 여기서 그 책에서는, 즉 여러 가지 안 해야 될 결혼들 중, 동정 결혼이 있다고 합니다. 큼! 즉 그렇다면 그것은 무엇인가? 그건 즉 상대방의 경제적 궁핍, 신체적 장애, 정신적 장애, 등 등, 즉 그런 것들 중, 어느 1가지 이상을 도와주는 그 과정에서, 그런 그것이 그 상대방에 대한 애정으로 변하고, 그로 그들이 눈이 맞아 한 것이 동정 결혼이라고 합니다. 큼! 즉 여기서 그 결혼의 특징은? 즉 처음 한 동안은 그런 그들 나름데로 그 생활이 아름답다고 합니다. 큼! 그런데 그 시기가 어느 정도 지나면, 그 다음 단계가, 즉 그 결혼의 대상자가 가지고 있던 그 결점이 고쳐지지 않는 경우가 많고, 그래서 그런가? 그 결혼 대상자는 폭력적으로 변하는 경우가 많다고 합니다. 큼! 즉 여기서 그 폭력이란? 즉 처음엔 잔소릴 하다가, 그 다음 단계로, 언어와 신체적 폭력을 가한다고 합니다. 큼! 즉 여기서 그런 폭력을, 1, 2번 쓰다 보면, 그것이 상습이 되고, 그 다음 단계로 살인으로 이어질 수 있습니다. 큼!

'내가 저런 불쌍한 사람을 두고, 어떻게 떠나 가겠는가?'

또 방금 그런 경우는, 이혼이 잘 안 된다고 합니다. 큼! 즉 이는 왜냐면? 그 결혼 해 준 그 분이 그 결혼 대상자분에게 계속 동정을 해 줘서라고 합니다. 즉 여기서 사람에 따라서, 동정을 줄 수 있는 사람이 있고, 반면 줄 수 없는 사람이 있습니다. 즉 여기서 그 동정을 줄 수 있는 사람은 누구들인가? 그건 즉 이 사회를 살아가는데 있어서, 어려움이 많은 분들입니다. 큼! 즉 여기서 그 동정을 받는 그런 각자들은, 즉 그런 본인에게 만족을 못 합니다. 이 반면 즉 비동정의 대상자는 누구들인가? 그건 즉 이 사회를 살아가는데 있어서, 어려움이 없는 분들일 수 록 일입니다. 여기서 그분들 각자는, 그런 본인 자신에게 만족해 하십니다. 큼! 즉 여기서 그 동정을 줘야 될 상대 일 수 록, 더 사랑 스럽게 보이는데,

즉 이는 왜냐면? 즉 사람의 심리 중, 그 상대방의 결점을 장점으로 만들어 주고픈 것이 있습니다.

* * *

"여기서 결혼을 하려는 목적은 뭡니까?"

공작가가 모든 독자님들에게.

"섹스 하려고요!"

어느 독자님께서.

"맞습니다. 어찌 보면 섹스를 하려고 결혼을 하죠. 큼! 그런데 그 상대와 결혼하려는 다른 이유는, 즉 본인과 그 상대방이 다 잘 되자는 것입니다. 큼! 그런데 기독교에서는, 즉 사람이 사람을 잘 되게 못 한다고 합니다. 큼! 그리고 또 사람이 사람을 믿질 못 한다고 합니다. 큼! 즉 여기서 사람을 잘 되게 할 수 있고, 믿을 수 있는 건, 오직 하나님 한분 뿐입니다. 즉 여기서 그 상대방과의 결혼을 하려는데서, 즉 그런 그 상대방의 결점이 있는 분일 수 록, 더 사랑스럽게 보여집니다. 큼! 그 반면 그 상대방이 결점이 없는 분일 수 록, 덜 사랑스럽게 보입니다. 큼! 즉 여기서 만족한다는 그 힘의 정체는 무엇입니까? 독자님들!"

공작가가 모든 독자님들에게.

다들 침묵.

. . . .

잠시 후.

"그건 즉 본인의 몸 안에 들어와 있는 하나님의 힘이 강한 분일 수 록입니다. 큼!"

다른 어느 독자님께서.

"여기서 불만족의 힘의 정체는 무엇입니까?"

공작가가 방금 그 독자님에게.

"마귀 하나 이상이 그 사람 몸 안에 들어와 있는 힘이, 강한 분일 수 록 입니다!"

"그렇죠! 큼!"

공작가가 방금 그 독자님의 말에.

* * *

큼! 여기서 그 동정 대상자들이, 즉 마귀 하나 이상이 그런 그 분의 몸 안에 들어와 세력을 펼치는 그런 분일 수 록 이고, 큼! 반면 비동정 대상자들은, 즉 그런 본인의 몸 안에 들어와 있는 큼! 하나님의 힘이 강한 분일 수 록 입니다. 큼!

"하나만 낳아 잘 키우자!"

즉 70년 어느 때엔, 즉 인구가 너무 많아서, 방금 그런 문구의 켐페인 광고를 했었습니다. 큼! 즉 그 땐, 남 녀 사이에 서로 예기 몇 마디 나눠 보고, 결혼들을 했다 더라구요. 큼! 그리고 90년대 까지는, 즉 30대 까지 결혼을 못 한 남 녀 분들은, 즉 노총각, 노처녀란 말을 들었었는데, 그런데 요즘 2018년도 때엔, 즉 40대의 미혼자 부터 노총각, 노처녀란 말을 듣게 됩니다. 큼! 또 속담에, 즉 여자가 시집을 못가, 그로 이성과 성관계를 못하면 그럴 수 록, 이상한 행동들을 한다고 합니다. 큼! 즉 여기서 그런 여자분들만 그런게 아니라, 그런 남자분들도 마찬가지겠죠? 큼! 즉 여기서 10대 때 그런 그들은, 즉 육체적으로 결혼을 하고픈 욕망이 최고로 강합니다. 큼! 즉 그 때의 정자, 난자 수가 각 각 최고로 많이 나오고, 건강합니다. 큼! 또 그 다음 20대 부터 결혼을 할 수 있으니, 그래서 그런 이유와 또 그 땐 어리기 때문에, 그래서 그 땐 그런 본인의 결혼할 기회가 최고로 많습니다. 큼! 그런데 일찍 결혼을 하고, 또 쉽게 결혼을 한 분일 수 록, 큼! 즉 그런 그들은, 그렇지 않은 분들에 비해, 못 산다고 합니다. 즉 그리고 그 다음 30대 부터는, 즉 그런 본인의 결혼 문제에 대해, 진지하게 생각한다고 합니다. 큼! 그 다음 40대 부터는, 즉 그런 본인의 결혼 못 한 나이에, 본격적으로 쫒깁니다. 큼!

'에이, 그냥 이데로 살다 죽지! 뭐.'

그 다음 50대 부터는, 즉 결혼을 하고픈 욕구가 줄어들 것 같습니다. 큼! 그 다음은, 즉 세대를 가면 갈 수 록, 그런 각자 본인은, 그런 본인의 결혼 문제 보다, 그런 본인의 죽음의 문제가 더 신경 쓰일 것 같습니다. 큼! 속담에, 즉 결혼할 상대자로, 남자는 가문이 있고, 지식이 많은 분이, 반면 여자는, 가난하고, 지식이 많은 분이 좋다고 합니다. 큼! 또 속담에, 즉 특히 결혼에서는, 남 녀 서로가 분수에 맞는 것이 좋다고 합니다. 큼! 또 속담에, 즉 누구나 그런 본인에게 최고로 편한 것은, 즉 본인의 분수에 맞는 것이라고 합니다. 큼! 즉 여기서 결혼한 남 녀 그들의 좋은 점의 공통분모는 무엇인가? 그건 즉

1. 남 녀 각자의 지식이 많다는 것. 큼!
2. 남 녀 그들 끼리 서로 분수가 맞다는 것. 큼!

여기서 그런 그들 끼리 다른 점은 무엇인가? 그건 즉

3. 남자는 가문이 있다는 것.
4. 여자는 가난하다는 것.

즉 여기서 1번, 지식이 많은 그런 분들일 수 록, 어떤 기술 1가지를 가진 분입니다. 큼! 또 그런 분은, 즉 그 일만 잘하는 게 아니라, 다른 일들도 잘 합니다. 큼! 또 여기서 그런 그들은 왜? 그렇게 됐는가면, 즉 그런 그들 각자는, 과거 성실히 일을 해 왔고, 여기서 그 일이 오래된 분일 수 록, 그 일이 그들 각자의 몸에 베여서 그런 겁니다. 큼! 또 그런 각자 분들은, 매일 그 일을 하기 때문에, 그로 그런 분 주윗 분들도, 즉 그런 그분의 영향을 받아서, 그분의 기술을 어느 정돈 할 줄 알게도 됩니다. 큼! 즉 그런 식으로, 어떤 가정을 보면, 즉 그 집의 부모들 중, 어느 한 분이 어떤 일을 잘 하면, 여기서 그들의 딸린 자녀 한 분 이상이, 다들 그 일을 잘 하는 경우가 있습니다. 큼! 또 2번 경우, 큼! 그런 그들의, 나이, 학력, 지식수준, 자라 온 환경, 등, 등, 즉 그런 것들이, 서로 비슷

한 것이 좋단 것이죠. 즉 여기서 무슨 물건이든지, 그 쓰는 물건이 싼 것이라도, 큼! 즉 그것이 그런 본인의 분수에 맞다면, 즉 그것을 사용하는 그런 본인은 편안 합니다. 즉 그로 그 물건의 가치를 가격으로 먹인다면, 큼! 그 물건 값은 비쌀 것입니다. 이 반면, 즉 그 쓰는 물건이 아무리 비싼 것이라도, 즉 그걸 쓰는 그런 본인의 분수에 안 맞는다면, 여기서 그걸 사용하는 그런 본인은 불편합니다. 큼! 즉 그로 그것을 구지 가격으로 먹인다면, 큼! 그런 물건 값은 싸구리가 되는 겁니다. 즉 여기서 결혼을 한 그들 남 녀 각자가, 수준이 다릅니다. 즉 이를 수학 공부에 비유를 해 본다면, 즉 남자분은 고등 1학년까지 안다, 그완 달리 여자분은 중학 2학년 까지 안다, 큼! 즉 여기서 그런 그들의 수준 차이가 크게 날 수 도 있고, 작게 날 수 도 있는데, 즉 여기서 그런 그들 각자의 수준 차이가, 아예 안 날 순 없을 겁니다. 큼! 여기서 분명한 건, 즉 앞에 그분이, 어떤 일을 해 왔던지 간에, 즉 그 하는 일에서의 시작 점은, 맨 처음부터 해야 된단 것 입니다. 큼! 즉 여기서 성질 급하게 그 처음을 무시하고, 그 일 중간부터 시작을 했다면, 나중 결국 첨부터 그 일을 시작해야 되는데, 이 비유가, 즉 수학을 공부함에, 초등 1학년 1학기, 맨 첨부터 시작을 해서 위로 1단계씩 알아 올라 가야 되듯이, 즉 우리들 일상에서 만나지는 문젯거리들 중, 어느 1가지 예를 들자면, 즉

'요즘 그들이 어떻게 되 있을까?'

여기서 1억, 몇 억짜리, 복권에 당첨된 그런 분들을, 그 일 이후 1, 2년이 되면, 그런 그들이 어떻게 되있나? 싶어 그런 그들 각자를 찾아 가 본답니다. 즉 여기서 그들 각자는 엉망이 되었다고 합니다. 즉 여기서 심하게 된 분은, 자살을 했다고 합니다. 큼! 즉 여기서 그들은 왜? 그렇게 됬는가, 그건 즉 그런 그들 각자는, 그런 본인의 분수에 안 맞는 돈이 갑자기 생겼고, 즉 여기서 그들 각자는, 그 분수 없는 돈을 정신없이 쓰다가, 결국 그 돈에 패한 것이죠. 큼! 그 다음 4번, 즉 여자분께선 가난

한 분이 더 좋단 것은, 즉 밑바닦의 일들을 아는, 그런 단수가 높은 분을 말하는 것입니다.

'아, 저 분의 좋이 점이 나에겐 없는데, 그래서 저분을 꼭 갖고 싶다!'
여기서 사람이 사람에게, 왜? 호감을 느끼느냐, 그건 즉 그 상대방과 본인과 다름에서 느끼는 것이라고 합니다. 큼! 또 사람에 따라, 즉 어떤 분이 어떤 분을 싫어하는 경우가 있습니다. 큼! 즉 여기서 그건 왜? 그런가, 그건 즉 그들 서로가 같아서 그렇습니다. 즉 저 상대방의 장점을, 그런 본인도 가지고 있는 겁니다. 즉 여기서 그런 상대방이 있어도 살고, 없어도 사니까, 그래서 그런 본인은, 그런 상대방은 필요가 없는 겁니다. 큼! 즉 여기서 사람이 사람을 좋아하고, 싫어하는 건, 그 중간이 없다고 합니다. 그래서 좋아하는 사람은 아주 좋아하고, 싫어하는 사람은 아주 싫어 합니다. 큼! 그리고 사람의 성적 자극은, 구지 그런 본인이 좋아하는 이성, 싫어하는 이성을 떠나서, 자연적으로 생깁니다. 즉 이는 사람의 3대 욕망 중 하나가 성욕이라 그렇거든요. 큼! 그리고 속담에, 즉 사람의 아름다움이란, 즉 꾸밈에서 오는 게 아니라, 일을 잘 함에서 온다고 합니다. 큼! 즉 여기서 일, 꾸밈, 그 둘 중, 즉 일은 안 하고 꾸미기만 한다면, 그런 그의 성적 매력은 추하게 보일 것입니다. 이는 왜냐면? 즉 그런 그는 일을 안 하기 때문에, 큼! 그로 그런 그는 못 살아 갈 것이니 그렇습니다. 큼! 이 반면, 즉 꾸밈은 안 하고 일만 한다면, 그런 그의 성적 매력은 있을 것입니다. 이는 왜냐면? 즉 그런 그는 일을 하기 때문에, 그로 그런 그는 살아갈 수 가 있으니까요. 큼! 즉 여기서 사람이 일을 해 가다 보면, 즉 꾸밈이 그 일에서 따라오는 것이지, 여기서 꾸미기만 한다고, 일이 그 꾸밈에서 따라 온다는 건 말이 안됩니다. 큼! 즉 여기서 어떤 학자의 말이, 즉 사람의 최고 만족도는, 70% 까지의 채움에서 온다고 합니다. 그리고 사람들 각자에겐, 즉 좋은 습관과, 나쁜 습관들이 각 각 있는데, 즉 여기서 사람의 좋은 습관들이란, 즉 구지 그 사람이 어떤 좋은 일 1가지 이상을 함에서 오는 게 아니라, 즉 그런 그가 어떤 나쁜 일 1가지 이상을 안 함에서 오는 것입니다. 큼! 즉 이 예로, 흡연자와 비흡연자를 예로 들자면, 즉 먼저 흡연은 나쁜 습관입니다. 그리고 그 흡연자가, 그 나쁜 습관을 가진 것은, 즉 그런 그가 계속 담배를 피우니까 그렇습니다. 큼! 즉 물론 그 흡연은, 그 담배의 니코틴 중독 때문이지, 그 분의 잘 못이 아닙니다. 큼! 즉 여기서 상대적으로, 비흡연자의 비흡연은, 방금 그 흡연자에 비하면, 좋은 습관을 가진 것이 됩니다. 즉 여기서 방금 그 흡연자와 비흡연자, 그런 그들 각 각의 그 좋은 습관과 나쁜 습관 가진 것을, 서로 비교를 해 본다면, 즉 그 좋고, 나쁨의 차이는 큽니다. 즉 여기서 그 흡연자가, 계속 담배를 피움으로써, 그 나쁜 습관을 계속 가지고 있으니, 그래서 나쁜 습관을 가지고 있다는 것은, 즉 그걸 가진 그 사람이, 어떤 안 좋은 일을 구지 함에서 온다는 것이란 말이 되죠? 큼! 즉 여기서, 그 좋은 습관과, 나쁜 습관들 각 각은, 어떤 것들인가? 여기서 좋은 습관들부터 말씀을 드리자면, 즉 담배, 술, 인터넷 게임, 인터넷 도박 안 하기, 등 등, 즉 여기서 좋은 일을 구지 함은, 즉 그것이 그런 본인의 좋은 습관이라기 보다, 즉 그것은 그런 본인의 어떤 직업적인 그런 본인의 발전적인 일이라고 볼 수 있겠습니다. 큼! 그리고 나쁜 습관들이란, 즉 술, 담배, 인터넷 게임, 노름 하기, 등 등, 큼! 즉 여기서 좋은 습관과 나쁜 습관의 군대가 각 각 서로 한 사람이란 땅을 다 차지 하기 위해, 전쟁을 벌이는데, 여기서 그 사람에게, 나쁜 습관들이 많다면, 그에 반대 되는 좋은 습관들은 적게 있고, 그 반면 그 사람이 좋은 습관을 많이 가졌다면, 그에 반대되는 나쁜 습관들이, 그런 그에겐 적습니다. 큼!

"결혼한 남 녀는, 서로 사랑만으론 먹고 살지 못 한다. 그들도 역시 밥을 먹어야 산다."

또는

"결혼을 하고 나면, 모든 일들이 잘 풀리겠지? 즉 방금 그런 식의 생각에 결혼을 하려 한다면, 그런 결혼은 안 하는 게 낫다!"

큼!

또는

"결혼한 남 녀 그런 그들의 주윗 사람들은, 그런 그들의 은밀한 성생활을 관섭 안 하는데, 단 그런 그들의 경제적 능력이 안 된다면, 이 세상의 냉정한 현실 앞에서, 가슴을 치게 될 것이다!"

결혼에 목숨을 걸어라 내용들 중.

큼!

즉 앞에 그 책의 내용들이, 즉 결혼 생활은 돈 전쟁터와 같다더라구요. 큼! 즉 여기서 결혼한 그들의 경제적 망함의 그 비참 함이란, 즉 그런 그들 각자가 미혼 일 때 보다, 훨씬 더 하다고 합니다. 큼! 즉 여기서 이 세상의 냉정 함이, 그런 그들 앞에 모습을 드러내며, 그놈들의 습성대로, 그들에게 잔인하게 합니다. 즉 여기서 그들의 앞에 놓인 그 현실은, 평소 그들이 생각해 온 그 때의 세상 보다 더 하다고 합니다. 큼! 즉 여기서 그런 그들의 자식이 딸려 있을 수 록, 그들의 비참함은 더 합니다. 큼!

"마음에 드는 이성이 있는가? 그러면 내일로 미루지 말고, 오늘 고백하라!"

결혼에 목숨을 걸어라 본문 중.

즉 여기서 그 상대방은, 그런 본인과의 결혼을 생각해 본다고 합니다. 큼! 그런데 그 청혼받은 분이, 그 상대의 청을 거부 한다면, 여기서 그 일을 바로 그쳐야지, 그걸 무시하고 계속 하면, 스토커 강간죄가 됩니다. 큼! 즉 그래서 그 일은, 아무리 해도 안 되며, 오히려 봉변을 당합니다. 큼!

"청혼받은 그분이, 그 상대와 결혼할 뜻이 있다면, 이에 그 상대에게,

본인의 주가만을 올리지 말고, 그런 그 상대에게, 그런 본인의 뜻을 전함이 낮다!"

큼! 결혼에 목숨을 걸어라 본문 중.

즉 여기서 큼! 남 녀 분들 중, 그런 본인에게서 어떤 이성이, 결혼을 하자고 나온다면, 큼! 즉 여기서 그런 본인은, 즉 앞에 하던 일이 있을 것입니다. 큼! 즉 여기서 이 3가지 길 중, 어느 1가지 일 것입니다. 큼! 그건 즉

1. 본인이 하던 그 일과, 그 상대방과의 결혼을 다 잡는 것.
2. 본인이 하던 일은 놔두고, 큼! 그 상대방과 결혼을 하는 것. 큼!
3. 그 상대방은 흘려보내고, 본인의 하던 일을 계속 하는 것.

여기서 속담에, 즉 남 녀 그들 각자는, 어느 이성 분과 결혼을 했느냐에 따라서, 그의 인생이 크게 달라진다고 합니다. 큼! 즉 여기서 청혼을 하는 그 상대와의 결혼을,

1. 한다.
2. 안 한다.
3. 보류.

이 3가지 중, 어느 1가지입니다. 즉 여기서 그 상대방과의 결혼을 한다 부터 본다면, 즉 그런 그들의 경제적 능력이 되고 나서일 것입니다. 큼! 즉 여기서 남자분은, 경제적 능력을 요구받는데, 이 반면 여자분께서는, 그런 능력을 요구 안 받습니다. 큼! 즉 이는 왜냐면? 즉 남자분께선, 그들의 처, 자식들을 벌여 먹여 살려야 되는데. 큼! 여기서 속담에, 즉 여자분께서 밖에서 벌어 오는 돈은, 그 가계에 큰 도움이 안 된다고 합니다. 큼! 또 속담에, 즉 결혼을 한 여자 분께서 밖에 벌이하러 안 다니고, 본인 집에서 살림만 하는 것이, 여자로서는 가장 편한 팔자라고 합니다. 즉 여기서 방금 그런 식으로 되려면, 그 남편분의 경제적 능력이 되어야 됩니다. 큼! 또 속담에, 즉 사기 그릇과 여자는, 밖에 나돌게

되면 깨지기 쉽다고, 즉 결혼한 여자분이 밖에 나돌아 다니면, 바람나기가 쉽다고 합니다. 큼! 이 다음 2번째, 즉 그런 그들의 결혼을 안 한다를 본다면, 즉 그런 그 상대방에겐, 본인의 남은 인생을 안 맡긴단 것입니다. 여기서 그 상대방이 재산이 있는 분이든, 경제력이 있는 분이든, 즉 그런 문제완 상관이 없겠죠? 큼! 즉 여기서 그 거절 이유는? 큼! 그 상대방이, 정신병, 에이즈, 암, 백혈병, 마약 중독, 대마 중독, 본드 중독, 가스 중독, 억대의 빚이 있다던지, 또는 본인과 성격이 너무 안 맞다던지, 또는 본인과의 나이 차이가 아래, 위로, 20살 이상 차이가 난다던지, 큼! 또는 본인과의 종교가 다르다던지, 또 여기서 여자분은 모르는데? 그 상대 남자분과의 성생활이 너무 만족이 안 된다던지, 등 등. 큼! 다음 3번째 보류를 본다면, 즉

"남자가 여자를 보는 눈 보다, 여자가 남자를 보는 눈이, 더 정확해!"

전에 한번은 제 주위에 어떤 아줌마분께서, 저에게 하신 결혼에 대한 조언이었습니다. 큼! 즉 이는 그들 두 분이, 결혼할 뜻이 있는데, 여기서 그 두 분 다 경제적 능력이 안 되는 겁니다.

'일단 결혼을 하고 나서 그 다음 살아갈 궁리를 해 보자!'

여기서 남자분 경우는, 즉 낭장 그런 그들의 경제적 능력이 안 되더라도, 일단 그 상대 이성과의 결혼을, 이루고 싶어 하는 경우가 많습니다. 큼! 즉 여기서 그 상대는, 왠지? 그런 상대 분과의 결혼을 안 하려고 합니다. 즉 이는 왜냐면? 큼! 그 상대 여자 분은, 당장에나, 미래에나, 즉 그런 그들의 경제적인 면을 보는 모양입니다. 큼!

'이 이성이 더 나을까, 아니면 저 이성이 더 나을까?'

여기서 속담에, 즉 어느 한 사람이 무엇을 얻을 수 있는 곳이, 여러 곳이 있다면, 즉 여기서 그런 본인은, 그 얻을 수 있는 여러 곳들 중, 어느 1곳 에서도, 그런 본인이 얻으려는 그것을 못 얻는다고 합니다. 큼! 즉 이는 왜 그런가면? 즉 그 각 각의 그 줄 수 있는 곳들마다, 즉 그런 그가

다른 어느 1곳 이상에서 그것을 얻어 갈지 알고, 그로 그 각 각의 줄 수 있는 곳들마다에서 그 사람이 얻어갈 그것을 안 준다고 합니다. 큼! 즉 이렇듯이, 그 상대방과의 사귐이 되려면, 즉 1대 1이 되어야 됩니다. 큼! 즉 여기서 그런 본인이 그 상대방을 포함해서, 이성 1분 이상이 더 있다면, 즉 여기서 그 상대 이성들이 그런 본인을 다 안 받아 주는 현상으로, 즉 여기서 그 상대방들과 그런 본인의 사귐이 안 이루어 집니다. 큼! 즉 여기서 그런 현상은, 그 여러 이성들 중, 어느 한 이성을 고르고 있는 중이라고, 볼 수 있겠습니다. 큼! 즉 여기서 그런 그들 모두는 흐지 브지 헤어질 것입니다. 큼!

　팍!

　"으!"

　어느 남자 분이, 갑자기 상대 여자 분의 얼굴에, 염산을 부었습니다. 큼! 즉 어느날 하루는 TV 뉴스에 보도가 된 사건 내용들 중 1 가지인데, 즉 여기서 그 내용은, 즉 앞에 남 녀 관계로 있던 그분들 중, 여자 분이 그 상대 남자 분에게, 헤어지쟌 요청을 했고, 큼! 이에 그 상대는, 그 여자 분에게 어느날 밤 어느 주차장 안에서 만나쟌 요청을 했고, 이에 그 남자분을 만나러 간 그 여자분은 갑자기 그런 봉변을 당한 것입니다. 큼! 즉 여기서 남 녀 관계로 있던 그들 중, 그 상대와 헤어지자는 그 요청에, 이에 보내지는 상대방이 격분을 하여, 그 상대방의 신체 주요 부위를 못 쓰게 해 놓는 다던지, 폭행을 가한 다던지, 살인을 한다 던지, 등 등, 즉 여기서 보내지는 그 분이, 그 일을 침착히 생각을 해 큼! 본다면, 즉 여기서 떠나가는 그 상대방이 그럴 만한 이유가 있다면, 여기서 그런 그 분을 안 보내 줄 이유가 없죠? 그리고 이 세상엔, 100%의 좋은 사람이 없습니다. 그리고 100%의 싫은 사람도 없습니다. 큼! 즉 여기서 속담에, 무엇을 너무 고르면, 오히려 뱀을 고른다고, 큼! 즉 이 뜻은, 그런 본인이 무엇을 고르는데 있어서, 그것을 너무 고르다 보면, 나중엔 그런 본인의 처음 뜻관 달리, 누가 봐도 안 좋은 것을, 그런 본인은 좋은 것이라며, 그것을 고른단 것입니다. 큼! 그렇다면 그걸 어떻게 골라야 잘 고를 수 있는가? 그건 즉 앞에 그런 본인이 생각해 온 그 선택 선에서 선택을 한 것입니다. 큼! 즉 그러니까 5번 정도 까지 고르다 실패한 그 경험은, 오히려 그 일 성공의 기초가 되는데, 여기서 그 5번 초과 부턴 점 점 더 안 좋을 것을 그런 본인은 좋은 거라고 착각을 하고 고른단 것입니다. 큼! 즉 여기서 그런 그 무엇의 장점률과, 단점률은, 각 각 100%에서 70%정도의 선일 것입니다. 큼! 그리고 사람도 고르는 것에 포함이 되니까, 여기서 그들 각자의 잘나고, 못 나고의 차이가 있는데, 즉 여기서 큼! 사람의 장점률 70%에서 30%, 즉 여기서 그 장점률 %가 높은 분일 수 록, 잘난 분이고, 반면 그 장점률이 낮은 분일 수 록, 못난 분입니다. 큼! 또 사람은 심리적으로, 끝임없이 그런 본인의 장점을 100%까지 올리려고 합니다. 큼! 즉 그런데 그런 본인의 남은 일생을 다 바쳐, 그런 본인이 그 무엇을 100%까지의 장점이 있게 만드는 그 일은, 안 이루어 짐니다. 그런데 70%의 선까지의 그 일은 가능합니다. 큼! 그리고 사람이 왜? 결혼을 좋은 사람과만 하려느냐, 그건 즉 사람들은 각자 70%에서 30%까지 다르게 장점을 가지고 있습니다. 그리고 그런 그 상대방의 장점과 그런 본인의 장점을 합쳐서 100%까지 만드려는 그런 심리로 결혼을 하는데, 즉 여기서 그런 그 상대방과 그런 본인이 합쳐질 수 있는 조건은 뭔가? 그건 즉 그런 그 상대방의 장점과 그런 본인의 장점이 다름에서 가능한 것입니다. 이는 왜인가? 즉 그런 본인에게 어떤 장점이 있고, 그 반면 그 상대방에겐, 그런 본인에겐 없는, 그 어떤 장점이 있다면, 즉 여기서 그런 본인에게 없는 그 장점이 그 상대방에겐 있고, 그리고 그런 본인은 그런 그 상대방의 장점을 쓸 수 가 있으니까, 그래서 그런 그들 서로가 서로를 필요로 할 수 있는 것이죠. 큼! 그리고 그 반면, 그런 본인에게 어떤 장점이 있는데, 여기서 그런 그 상대방도 그런 본인에게 있는 그 장점이 있다면, 여기서 그런 그들 서로는, 즉 그 상대방이 필요가 없는 검니다. 이는 왜냐면? 즉 그런 본인에게 어떤 장점이 60%가 있고, 여기서 그 상대방에겐 50%의 어떤 장점이 있다면, 즉 여기서 그런 본인에게 있는 그 장점과, 그 상대방에게 있는 그 장점이 같다면, 여기서 그런 그 상대방의 장점을, 그런 본인이 쓸 수 없으니까, 그리고 여기서 그런 그 상대방이 가진 그 50%의 장점을, 즉 그런 본인의 60%장점에 더 추가를 못 시켜서 그런 것이죠. 큼! 즉 여기서 왜? 사람은 끝없이 본인이나, 아니면 그 무엇 하나 이상을, 100%의 장점이 있게 만드려 하는가? 그건 즉 사람이 사람의 장점으로 가는 길은 삶의 길이고, 반면 단점으로 가는 길은 죽는 길이니까. 그리고 즉 사람들 각자의 그 장점률과, 단점률은, 서로 밀어 내기 싸움을 합니다. 큼! 즉 그래서 어느 사람이, 그런 그의 장점률이 단점률 보다 많다면, 여기서 그런 그의 삶의 만족도는 높고, 그 반면 그런 그의 단점률이 장점률 보다 많다면, 그런 그의 삶의 만족도는 낮은 검니다. 큼! 즉 여기서 그런 그들 각자 중, 즉 어느 한 분의 장점률이 70%라면, 여기서 그런 본인에게 부족한 그 30%의 장점이 있는 그런 분을 배우자로 찾고 싶을 것이고, 그 반면 어느 한 분의 장점률이 30%라면, 즉 그런 본인에게 부족한 그 70%의 장점이 있는 배우자를 찾고 싶으실 검니다. 큼! 즉 여기서 그런 배우자와 그런 본인의 합쳐진 그 장점이 100%까지 된단 것은 있을 수가 없고, 즉 여기서 그런 그들의 합쳐진 그 장점이 아무리 많아 봐야, 70% 정도 선에서 그쳐야 될 것 같습니다. 즉 이는 왜냐면? 즉 사람의 최고 만족도는 70% 까지의 채움에서 온다는 어느 학자의 말이 있듯이.

'아, 이 분은 이런 점이 좋구나!'

또는

'아, 저 분은 저런 점이 좋구나!'

또는

'아, 그 아무개 저 분과, 같이 살고 싶다!'

큼! 즉 미혼 남 녀 노 소의 분들 중, 즉 그런 본인과 결혼을 할 상대 이성분을 찾는데서, 여기서 그들 중, 어느 한분을 목표로 한다면, 즉 여기서 그분은, 그 상대 되는 이성분을 사적으로 건드려야 됩니다. 큼! 즉 여기서 그런 그들 서로가, 그 사적의 건듦의 주거니 받거니 하다가, 그런 그들 중,

'아, 이 분은 결혼할 상대로는 안 되겠구나! 내가 사람을 잘 못 봤구나!'

즉 앞에 그 결혼 상대자 그 분은 왜? 그런 본인과의 결혼에서 짤렸는가, 큼! 그건 즉 그 상대 이성 분과 서로 사귀어 가다 보니까, 그 이성 분의 단점이, 하나씩 보입니다. 즉 여기서 그런 그 상대방과 결혼을 한다면, 그런 본인은 고생할 것이 뻔한 것입니다. 큼! 즉 여기서 그 상대방의 1가지 이상의 단점들은 무엇인가? 그건 즉 큼! 그 상대방의 정신병적 증상이 보인다던지, 그런 본인에게 폭언과 폭행을 가했다던지, 음주 하는 모습이 자주 보였다 던지, 그의 불성실하고 게으른 모습들이 자주 보였다 던지, 등 등입니다. 그리고 사람이, 즉 본인의 맘에 드는 사람을 가진단 것은, 아주 어려운 일입니다. 큼! 그리고 사람의 습성이, 즉 끝없이 좋은 쪽으로만 가려고 합니다. 큼! 그래서 그런 본인의 일에 도움이 안 되는 사람은, 그런 본인의 선에서 짜릅니다. 여기서 사람은 두 종류의 사람으로도 분류가 됩니다. 그건 즉

1. 잘난 사람.
2. 못 난 사람.

여기서 잘난 사람은, 즉 50% 이상의 장점이 있는 분입니다. 큼! 그 반면 못 난 사람은, 즉 50% 미만의 장점이 있는 분입니다. 큼! 즉 속담에, 하늘은 크게 쓸 자에겐, 먼저 고생부터 시킨다고 합니다. 큼! 여기서 앞에 1번에 잘난 분들, 즉 그런 분들 중, 크게 쓰일 분이 있고, 작게 쓰일

분이 있는데, 여기서 크게 쓰일 분들은 어떤 분들인가? 그건 즉 과거에 활동을 쭉 해온 분들 중, 고생을 해 온 분일 수 록 입니다. 큼! 그렇다면 작게 쓰일 분들은 어떤 분들인가? 그건 즉 과거에 활동을 쭉 해오신 분들 중, 고생을 안 해 오신 분일 수 록 입니다. 즉 여기서 2번, 못 난 분들 중, 잘난 분들은 어떤 분들인가? 그건 즉 과거에 활동을 안 해오신 분들 중, 고생을 해오신 분일 수 록 이고, 큼! 그리고 그 중 못난 분들은, 즉 과거에 활동을 안 해오신 분들 중, 고생을 안 해오신 분들 일 수 록 입니다. 큼! 여기서 10년 공부 대성이란 속담이 있습니다. 그 반면 10년 무 활동에 폐인이 된다는 속담이 있습니다. 큼! 즉 여기서 10년 공부 대성 한다는 그 말은, 즉 꼭 공부가 아니더라도, 어떤 1가지 분야의 일을 10년 이상하면 성공을 해도 크게 한단 말입니다. 그리고 10년 무활동에 폐인이 된단 뜻은? 즉 어느 누구든지 10년이란 긴 세월 동안, 아무 일 안 하고 세월만 보냈다면, 즉 그런 그를 하나님만 빼고는 다 버립니다. 큼! 즉 여기서 무의미 하게 하루 하루 노는 분들도, 활동을 하려고 하십니다. 큼! 즉 그래서 꾸준히 활동을 해 오신 분들은, 즉 놀고 먹질 못 하니까, 그래서 놀고먹는 그 일이, 활동을 하는 그 일 보다 더 어렵고, 더 고생스럽습니다. 큼! 즉 여기서 어떤 글이고, 소설이고 간에, 즉 그 글의 재밋는 부분은, 고생을 한 부분입니다. 큼! 그리고 그 문젤 해결 했을 때, 더 재미가 있습니다. 큼! 즉 여기서 그런 그것을 사람의 인생에 비교를 해 본다면, 즉 이는 어떤 부분과 같은가? 그건 즉 사람이 살다가 고생할 때이고, 또 그 문젤 풀었을 때입니다. 큼! 즉 여기서 사람이 평탄하게만 살아 온 분일 수 록, 즉 그런 그의 인생 이야기는 재미가 없습니다. 이는 왜냐면? 즉 쉽고, 어려운 문젤 푼 일이 없었으니까요. 큼!

"노총각, 노처녀, 이 분들이 이렇게 된 이유는, 뭔가 부족 해서가 아니라, 본인에게 온 기회들을 많이 놓치신 분들이예요!"

즉 어느 메스컴에, 즉 중매 결혼 전문가라는, 즉 중년에서 좀 더 되신,

어느 여성분의 인터뷰 말씀이었습니다. 큼!

　즉 이를 보면, 결혼을 성공시킴에서는, 무엇 보다 기회 포착이 중요한 것 같습니다. 큼! 여기서 제갈공명, 그는 특히 군사를 잘 부린 이유가? 즉 도망 가기를 잘 해서 였다고 합니다. 큼! 그렇다면 그것은 어떤 것인가? 그건 즉 그는 상대군과 전쟁에서 이기면, 그대로 밀고 나갔고, 그 반면 질 것 같으면, 급히 군사를 빼서 도망을 가는 겁니다. 큼! 즉 이문열 삼국지, 그 책에서의 그 공명의 대한 평가는? 즉 그런 그는 다 좋은데, 너무 계산 데로만 하다가, 결정적인 기회를 몇 번 놓쳤고, 그로 위, 촉, 오, 삼국 중, 촉나라가 제일 작았다고 합니다. 큼! 즉 여기서 공명, 그가 큰 기휠 놓친 예 1가지는, 즉 적벽 대전 때 크게 패한 조조는, 그를 따르는 주요 모사꾼, 장수들, 또 그 외에 약간의 군사들, 즉 그들과 도망 가기 바쁩니다. 즉 여기서 여러 번의 매복 군사가, 조조 무리를 불시에 덮쳤고, 그리고 그들은 매번 이를 겨우 빠져 나왔고, 큼! 그리고 그런 식으로 될 때 마다, 그 조조는 피곤해 있고, 또 그를 따르던 무리들 중, 그들의 수는 적어지고, 상해 있고, 피곤해 있습니다.

　와ー와ー!

　'!'

　조조와 그의 무리들 모두.

　또 갑자기 매복 군사가, 조조의 군사를 덮칩니다.

　'아, 이젠, 진짜 죽었구나! 어, 저건 가만 보니 운장 이구나!'

　조조.

　여기서 공명은, 앞에 조조에게 큰 은혜를 입었던 운장에게, 약간의 군사를 딸려, 조조를 죽이라고 보냈습니다. 큼!

　"운장은 앞에 승상에게, 큰 은혜를 입었으니, 이로 그를 잘 구슬려 보시면, 우릴 살려 보낼 것입니다!"

　'음!'

조조가 그 모사꾼의 말을 듣고.
"귀공은 그간 안녕하시었소?"
조조는 운장에게, 깍듯이 예의를 차리며 말합니다,
'!'
운장은 그런 조조를 보고 말에서 내려 와 예의를 차립니다.
여기서 조조는, 앞에 운장에게 베푼 그 은혜를 섞어서, 그와 그의 무리를, 그냥 보내 달라고 말합니다.
"흠, 그렇다면 그냥 돌아 가십시오!"
운장.
이 운장의 마지막 매복 군사를 뒤로 하고, 조조와 그의 남은 무리들은, 다들 그들 나라로 돌아 갔습니다. 여기서 그 삼국지 작가의 말이, 즉 공명이 조조의 별자릴 보니, 아직 그가 죽을 때가 안 되서, 그로 조조를 살려 줬더란 것입니다. 큼! 즉 여기서 공명이, 그 조조의 그 별자리 계산을 무시하고, 바로 조조를 죽였다면, 아마도 그 위 나라는, 망하지 않았을까? 도 싶습니다. 큼! 즉 이를 보면 본인에게 어떤 기회다 싶은 것이 오면, 앞에 그런 본인이 해 왔던 계산들은, 다 내려놓고, 일단 그 기회부터 잡고 봐야 겠죠? 큼! 즉 여기서 속담에, 기회를 만났다면, 그것을 잡으려는 노력이 있어야, 그 기회를 안 놓친다고 합니다. 큼!
'에이, 이걸 잡아 봐야, 뭐 가치가 있겠나?'
이는 그렇치가 않습니다. 큼!
'그것을 다음날 이후에, 천천히 잡지! 뭐.'
그 다음날로 넘어가면, 그 기회는 없어 졌습니다. 큼! 즉 그래서 기회란, 만난 그날 중으로 잡아야 됩니다. 큼! 여기서 갑자기 만난 그 기회란 것을, 당장 잡으려면 번거롭고 귀찮고 한데, 그래도 그걸 잡아 놓으면, 그것이 다른데로 안 가고, 또 그런 그것이 그런 본인의 생각보다, 더 크게 본인에게 도움이 됩니다. 큼! 그리고 그 기회 보다, 하나님 말씀이 먼

집니다. 그래서 일의 순서가? 즉

　1. 하나님의 말씀.

　2. 기회.

　3. 계산.

입니다. 큼! 그리고 본인 누구나 그 상대방에게서 이 3부류의 사람들이 있습니다. 그건 즉

　1. 본인에게 친절한 분.

　2. 본인에게 무관심한 분.

　3. 본인을 미워 하는 분.

여기서 이 각 각의 사람들 모두는, 즉 그런 본인에게 무엇을 가르쳐 주는데, 여기서 본인에게 친절한 분은, 그런 본인에겐 온순함을 가르치고, 본인에게 무관심한 분은, 그런 본인에게 자립심을 가르치고, 본인을 미워하는 분은, 그런 본인에게 조심성을 가르친다고 합니다. 큼!

"남자하고 관곌 안 했는데, 임신이 되 있더라구요!"

즉 어느 메스켐에, 어느 중년 여인의, 기독교 간증 내용 중. 큼!

즉 이는 그런 본인이 청소년기 때, 어느 외국에 있던 중, 그런 본인이 가출을 했고, 그런 와중에 숙식을 어디서 해결을 했고, 큼! 그러던 어느 날 된 일이고 합니다. 큼! 그리고 그런 본인의 애를 곧바로 낙태를 했다고 합니다. 큼! 즉 이를 보면, 여자 분들의 임신이, 생각보다 쉽게 되는 모양입니다. 큼! 즉 이는 남자분의 정액이 그 여자분의 자궁벽 안에 묻어 버리면, 그 직통으로 그 분의 몸 안엔, 새생명이 자라기 시작하는 모양입니다. 큼! 그리고 불교의 태고종 빼고는 일체의 스님들은 결혼 금진데, 즉 여기서 그런 분들 외엔, 결혼을 안 할 이유가 없습니다. 큼!

'살려 주세요!'

사람들 무리 속에 있는 어느 처녀분.

즉 여기서 그 속에서 맘에 드는 총각분이 있다면, 그 분이 그 여자분

을 구해 줄 수 있는 유일한 사람입니다. 즉 여기서 남 녀 노 소 미혼자 누구나, 즉 그런 본인의 인생에서, 단 한번뿐인 결혼에서 본인의 맘에 드는 배우자와의 결혼을 원합니다. 큼! 즉 여기서 그 여자분은 그 남자분 작업을 성공하려면, 먼저 그 남자분을 따로 만나는 수 밖에 없습니다. 큼! 그리고 속담에, 즉 사람이 어디 선가에서 부당히 쫒겨 났다면, 그 다음 그런 본인에겐 어떤 더 좋은 수 가 생긴다고 합니다. 큼! 즉 이는 그 상대 이성 분과의 결혼 일을 보다가 큼! 그 상대 분에게 차였다면, 여기서 어디에선가 앞에 그 이성분 보다 더 좋은 결혼 상대자를 만나게 된다는 예기가 됩니다. 큼! 그리고 여기서 그런 본인이 자멸을 하기도 합니다. 즉 술을 마신다던지, 처음 마약을 경험 해 본다던지, 등 등의. 큼!

* * *

큼!

여기는 그 총각분의 집, 그리고 그의 방 안.

"저와 결혼해 주세요! 제발."

여기서 만난 그 총각분이, 찾아 온 그 처녀분을 안 받아 준다면, 여기서 그들의 결혼은 안 이루어 집니다.

"그래!"

여기서 그 총각분은 그 처녀의 청을 받습니다. 큼!

그리고 그 총각분은 그 처녀분의 입술에 그 총각분의 입술을 맞추려고 다가 갑니다. 큼! 그리고 그 처녀분은 그 총각분의 입술을 받습니다.

'!'

그 총각, 처녀분 모두.

'아!'

그 총각분.

띵!

그 총각분은 그의 방문을 잠굽니다. 그리고 그들은 하던 키스를 계속 합니다. 큼!

* * *

여기서 1990년대 미만 땐, 즉 남자분이 여자분을 먼저 건드려, 그들의 결혼이 이루어 졌는데, 그런데 2000년 그 이후 부터 바뀐 결혼이, 즉 여자분이 남자분을 먼저 건드려, 그들의 결혼이 이루어 집니다. 큼! 요즘 2018년도 때의 결혼률, 출산률은, 세계 최저 수준입니다. 큼! 즉 여기서 그런 요즘의 자살률도 세계 1위입니다. 큼! 그리고 앞으로 이런 추세로 20년간 더 간 2038년도 때의 대한민국의 인구분포도는, 즉 30대 까지의 분들이 드물게 있고, 그리고 외국 분들이 그 자리를 차지해 있을 것이라고 합니다. 큼! 그리고 대한민국의 국기는, 즉 세계에서 유일하게 남과 여를 상징합니다. 큼! 그렇다면 그건 뭔가? 그건 즉 태극기의 태극 그림이, 즉 음과 양을 상징하는데, 그 음과 양이 남과 여 입니다. 큼! 즉 이를 보면 대한민국 국민 각자가, 즉 남 녀 관계를 잘 푼다면, 여기서 그런 그들의 다른 일들도 다 잘 풀려지는 것이 아닌가? 싶기도 합니다. 큼! 그리고 그 태극기를 처음 누가 만들었는가면? 그건 즉 일제시대 좀 전 때에, 통신사 박영효라는 분이, 일본의 문물을 조사하러 그 일본으로 가던 배 안에서 만들었습니다. 큼! 그리고 이슬람 국가들의 결혼제도는, 즉 일부다처제라 해서, 즉 남자 한 분 당, 첩 한 분 이상을 둬도 되는 모양입니다. 큼! 그리고 그 나라들은, 즉 강간죄는 사형에 처한다고 합니다. 큼! 또 7, 80년 때의 미국 사회에서는, 즉 남자 한 분이 첩 한 분 이상을 데리고 사는, 그런 가정이 종 종 있었다고 합니다. 큼! 그리고 본인이 그런 본인의 2세를 이 세상에 남겨 놓고 돌아가실 수 있고, 못 남겨 놓고 돌아가실 수 있는데, 큼! 여기서 왜? 누구는 본인의 2세를 이 세상에 남겨 놓았고, 반면 누구는 그렇치 못 한가? 그건 즉 본인이 총각, 처녀 때, 그 본인의 결혼을 이루련 노력을 한 사람들은, 본인의 2

세를 이 세상에 남겨 놓았고, 반면 그렇지 않은 사람들은, 결혼을 이루런 노력을 안 했던 것입니다 큼! 그리고 6. 25 전쟁 때 종 종 있었던 일이 라던데, 그건 즉 미국인가, 러시아 여자분? 몇 분이 모여, 즉 어떤 한국 남자 한 분을 상대로, 강제적 단체 성관곌 했다고 합니다. 큼! 즉 여기서 그런 그녀들에게 강간 죄가 성립이 되는가? 즉 여기서 그 여자분 각자의 몸엔, 그 남자분의 애가 들어 섭니다. 큼! 그로 그런 그들 각자는 그 남자분에게 메입니다. 큼! 그리고 그 여자분들 각자는 그 남자분에게서 떠나 갈 수 없으니, 여기서 그들 각자에겐, 강간죄를 물을 수 가 없겠죠? 큼! 그 반면 그 남자분은 그런 각자의 여자분들을 떠나 갈 수 있는데, 여기서 그 남자분이 그런 행동을 한다면, 여기서 그 남자분에겐 강간죄가 성립이 되겠죠? 큼! 또 미국에서는 성인이 아동과 성관곌 하면, 아동 강간죄로 무기 징역형에 처해 진다고 합니다. 큼! 즉 여기서 그런 성관곌 본다면, 즉 본인의 애를 키울 능력이 안 되는 어린이와 그 성인 분이 결혼이 안 되니까, 그로 그들의 성관계는 큼! 모순인 모양입니다. 큼!

"우린 서로 사랑해서 관계를 했어요!"

아동 남자 분과 성관계를 했다는, 어느 성인 여자분의 인터뷰.

하루는 라디오 뉴스에서, 즉 서부 경남 어느 지역, 어느 초등학교, 거기에 있는 여교사가, 그 학교의 고학년 남자 어린이와 따로 만나, 본인의 차 안에서 10여 차례의 성관계를 가졌다고 합니다. 큼! 즉 여기서 그 여교사의 아들이 있다는데, 그 아들의 나이가 그 본인과 성관계를 한 그 남자아이와 같다고 합니다. 큼! 즉 여기서 맨 처음 그 여교사는 그 어린이에게, 뭘 이것 저것을 사 주면서 접근을 했고, 그 다음 그들 각자의 스마트 폰으로 서로 문잘 주고 받은 모양이고, 큼! 그 다음 성관곌 가졌다고 합니다. 큼! 즉 여기서 법에서 보면, 즉 성인이 아동과 성관곌 가지면, 무조건 강간죄가 성립이 된다고 합니다. 큼! 즉 여기서 그 여자분은,

그 남자의 아이를 가질 수 있는데, 여기서 그 여자분은 그 남자의 아이를 임신하고 교도소로 골인이 되는 검니다. 큼! 그리고 남 녀 그들의 1 대 1 만남과 헤어짐은, 국가에서 모르는데, 그 반면 그런 그들의 결혼은, 국가에서 앎니다. 즉 여기서 결혼의 의미는, 즉 국가에서 남 녀 그런 그들의 만남을, 관섭하는데서 달려있는 것도 같습니다. 큼!

'아, 왜? 나만 이성이 없을까.'

이성과의 1대 1만남이 없는 어느 분.

방금 그 분에겐 보이는 이성들 마다, 그분과의 1대 1 만남의 후보자가 될 것입니다. 큼! 즉 여기서 그런 본인이, 한 이성을 정해, 그 상대와의 1대 1 만남을 성공 했다면, 큼! 즉 여기서 그런 본인, 그 상대방, 그 어느 한쪽이, 그 상대방을 먼저 놔두고 간다는 건, 있을 수 없는 일입니다. 큼! 즉 여기서 그 일의 가해자와 피해쟌 누구인가? 그건 즉 그 가해자는 남자분이고, 그 피해자는 여자분입니다. 이는 왜냐면? 즉 남 녀가 1대 1 만남을 가졌다면, 여기서 그들 사이에선 아기가 나옵니다. 큼! 그리고 남자분은 그 여자분과, 또 그들의 자녀 한 분 이상을 먹여 살리는 책임을 져야 됩니다. 큼! 즉 여기서 그 남자분과 그 여자분의 헤어짐은, 즉 그 남자분이 그 여자분과 또 그들의 자녀 한 분 이상을 무책임히 놔두고 떠나 간 것이 됩니다. 큼! 즉 여기서 그 남자분에겐 죄가 성립 되는데, 여기서 그 죄는, 즉 미혼자에겐 강간죄, 기혼자에게는 이혼 죄가 성립 됩니다. 큼! 즉 여기서 상대적인 그 여자 분 입장엔, 그 남자분이란 본인의 의지처를 잃은 것이 되는데, 여기서 그것이 본인의 죄라고 볼 순 없겠고, 또 그들 사이에서 나온 자녀 한 분 이상도, 즉 그들 각자의 부친이라는 그 의지처를 잃었단 것이, 즉 그런 그들 각자의 죄라고 볼 순 없겠죠? 큼! 즉 여기서 이혼 죄의 경우는 즉 그 상대 여자분에게 수 천만원의 위자료를 물려 줘야 됩니다. 큼! 여기서 미혼자에겐 강간죄가 성립 되고, 그 죄는 3년 이상의 징역에 처해 집니다. 큼! 또 몽골은 한국과 같은 언어 계통인 알타이어를 쓰는데, 그래서 그런가? 그 나라 사람들과 한국 사람들의 얼굴 생김새는 세계에서 최고로 비슷합니다. 여기서 몽골은 장가를 갈 남자들이 그런 그에게 시집을 오는 여자 분을, 즉 사람 대 사람으로 보기 보다는, 즉 그런 그가 살아 가는데서 쓰이는 생활의 도구로 본다고 합니다. 큼! 즉 여기서 몽골의 결혼 제도를 본다면, 즉 신랑이 신부를 돈을 주고 사 간다고 합니다. 큼! 즉 여기서 그 신부의 가격은 그 나라 돈으로 일천만원 이상 일 것입니다. 큼! 즉 여기서 그 나라의 남자 청소년들 각자는, 즉 그런 그의 나이 20대가 된 이후 장가를 가기 위해 그 신부를 사 갈 돈을 미리 마련을 해 놓는다고 합니다. 큼! 그리고 속담에, 즉 본인의 여자와, 본인의 남자가, 아무리 늙고 못 났더라도, 즉 그런 본인의 여자가 최고고, 또 그런 본인의 남자가 최고라고 합니다.

"그렇다면 기혼자는 누구라도, 구지 바람을 피울 필요가 없겠군요?"
어느 독자님께서.
"그렇죠! 큼!"
공작가.
* * *
큼! 즉 여기서 성적인 만족이, 다른 이성분들 보다, 즉 본인과 결혼을 한 그 상대 배우자가 최고 좋단 말이겠죠? 큼!

그리고 결혼의 골인, 노골의 차이는 어디서 나는가? 그건 즉 남 녀가 각자 그 일을, 아느냐, 모르느냐? 에 달렸는데, 큼! 즉 그렇다면 그 일을 아는 분, 모르는 분은, 각 각 어떤 분들인가? 즉 그걸 아는 분들은, 즉 남 녀 그 일에서, 실패 한 경험이 많은 분일 수 록 이고, 큼! 반면 그 일을 모르는 분들은, 남 녀 그 일에서 실패 경험이 없는 분일 수 록 입니다. 큼!

'아, 왜? 나만 이성이 없을까, 나도 결혼을 해야 되는데!'

즉 남 녀 1대 1이 안 된 분들은 다 이런 식으로 생각을 합니다. 큼! 그런데 그 일이, 불가능한 것만이 아닌 것이, 즉 그런 본인들 각자의 바램을 하나님께서 안 들어 주실 리가 없거든요. 큼! 그리고 즉 삼국지에 나오는 오나라의 손권, 즉 그분이 그의 나라를 잘 지킨 이유가? 즉 그런 그는 신하들의 말을 잘 들었기 때문입니다. 큼! 또 몽골의 징기스칸, 즉 그 분이 세계 정복 전쟁을 일으킨 그 개기가, 즉 아율아해라는 그 모사꾼의 말을 들었기 때문입니다. 큼! 그리고 삼국지에 나오는 주요 인물들 중 제갈 공명, 즉 그 분은 남의 일은 잘 보는데, 정작 본인의 일은 못 봐서, 그로 오나라에 크게 속아, 그로 그들 나라의 큰 손해가 온 적이 있었습니다.

* * *

"자네의 사람 누구가, 우리 측에게 잡혀 목숨을 잃게 되는데, 이에 형주 땅을 우리에게 준다면, 그 분은 무사할 것이네!"

제갈근.

"아, 그렇다면 그 형주 땅을 다 드릴 테니, 제발 그 분의 목숨 만은, 뺏지 말아 주십시요!"

공명.

이 사실을 유비가 알고, 그런 공명을 말리며,

"그럼 그 형주 땅, 반을 주면 안 되겠는가?"

이에 공명은 이 뜻에 동의를 하여, 그 형주 땅 1/2을 손권에게 주었다고 합니다. 큼! 즉 이 일은, 오나라의 왕인 손권, 즉 그 분이 촉나라가 차지하고 있던 형주 땅을 차지하는 그 일에 실패에 실패를 거듭하다가, 그들이 낸 꾀가, 즉 그들 측에 있는 공명의 친형인 제갈근을 공명에게 보내, 거짓으로 공명의 인질극을 벌인 것입니다. 즉 이에 공명은 속아 넘어간 것이죠. 즉 여기서 제 아무리 똑똑한 사람도, 즉 본인의 일은, 본인이 모릅니다. 즉 그래서 본인의 옆에서 본인의 일에 대해 가르쳐 주는 분이 있다면, 즉 그분의 말을 듣고 봐야겠죠? 큼! 즉 여기서 그 상대방이 본인의 적이라면 문제가 크게 달라지겠지만. 큼! 그리고 남자들은 그들 끼리의 세계를 잘 앎니다. 그러나 그 반면 여자 분들의 세곌 모릅니다. 큼! 그 반면 여자 분들은 그들끼리의 세곌 잘 아는데, 반면 남자들의 세곌 모릅니다. 즉 이런 식으로 남자가 남자를 보는 눈이 더 정확하고, 반면 여자가 여자를 보는 눈이 더 정확합니다. 그리고 즉 방금 그 뜻을 속담에 입각 해 보면, 즉 사람이 적이 아닌 아군의 말을 들으면, 결코 손해를 보는 일은 없다고 합니다. 큼! 그리고 또 속담에, 즉 자식이 부모의 말을 들으면, 자다가도 떡이 생긴다는 말도 있습니다. 큼! 즉 그래서 본인의 그 결혼 상대자를, 그런 본인 당사자가 보는 눈 보다, 그런 본인의 옆에 있는 본인의 제 3자가 보는 눈이 더 정확하고, 그리고 그런 그들 중, 본인의 부모가 보는 눈이 더 정확합니다.

"제가 고정적으로 듣는 라디오 체널이 있는데요."

'!'

공작가가 그 독자님을 보고.

"즉 그 방송 DJ 분 경우는, 즉 와이프와 서로 사이가 안 좋은 중, 그 부부 서로가 안 싸우고 잘 지내는 방법을, 종 종 말씀 하시더라구요. 큼! 그리고 방금 그 일을 잊을 만 하던 어느날,

* * *

"결혼이란, 빨리, 쉽게 이루어진 분일 수 록 못 살고, 반면 어렵게, 늦게 이루어진 분일 수 록, 잘 삶니다!"

그 DJ 분의 말씀.

큼!

* * *

즉 앞의 그 분이 하신 말씀이, 즉 그 분은 연애를 한 번도 안 해 보고, 중매 1번에 결혼을 했다 하더라구요. 큼! 그런데 그렇게 만난 그 배우자

와 같이 살아 보니까, 이것 저것 그런 본인과 안 맞는 부분들이 많더 람니다. 큼! 그리고 그분이 하시는 말씀이, 즉 연애 결혼이 중매 결혼 보다 잘 살고, 그리고 그 연애 결혼도, 앞에 그 일에 실패한 경험이 많은 분일 수록, 더 잘 산다고 합니다. 큼! 또 중매 결혼도, 즉 앞에 그 일에 실패한 경험이 많은 분일 수록, 잘 살겠죠? 큼! 그리고 그분은, 그런 본인의 자식 한 분 이상에게 가르치길, 즉 연애를 많이 해 보고, 또 그 일에 실패를 많이 해 보라고 가르친답니다. 큼! 즉 그래야 나중에 그런 본인이, 결혼을 잘 할 수 있으니까요."

방금 그 독자님께서.

"그렇쿤요! 큼!"

공작가.

* * *

여기서 연애 결혼을 한 분들 끼리는 잘 살고, 반면 중매 결혼을 한 분들끼리는 왜? 못 사는가, 그건 즉 연애 결혼 경우는, 그 결혼 당사자 두 분이 1대 1로, 그들의 만남에서 부터 결혼까지, 즉 그런 그들 서로가 알아 가면서, 그로 그들 서로 간의 좋은 점도, 나쁜 점도 알고, 그러다가 그런 그들끼리 결혼이 된 깃이고, 큼! 반면 중매 결혼은, 즉 결혼 당사자 두 분 서로가 모르는 상태에서, 그들 서로를 소개시켜 준, 그 중매인을 알고 한 것 입니다. 큼! 즉 그래도 그들 각자는, 그 상대방의 정보를, 어느 정돈 알아야 되니까, 그로 그런 정보는, 그 중매인을 통해서 서로 교환을 하는 모양입니다. 큼! 즉 여기서 그런 정보들은 어떤 내용들인가? 그건 즉 사적인 내용들 보단 공적인 내용들일 것 같은데, 여기서 그건 즉, 주로 나이, 학력, 직업, 가족 관계, 병력, 등, 등의. 큼!

'아, 이분이 이런 단점이 있었구나!'

중매 결혼을 한 분들 중, 어느 한 분이 그 상대 이성을 보고. 큼!

* * *

그리고 유유상종이란 고사성어에서, 즉 사람은 그들과 비슷한 사람들 끼리 모인다고 합니다. 그리고 속담에, 즉 결혼에서 그 사람 본인이 잘난 분이어야, 그 상대방을 잘난 분으로 고를 수 있답니다. 즉 여기서 방금 그 뜻을 보면, 즉 결혼에서 못 난 분은, 잘난 상대방을 고를 수 없단 예기가 됩니다. 그리고 잘난 분이 못난 분을 골라 결혼을 가려는 그 일도 잘 안 이루어질 것 같습니다. 큼! 즉 그래서 잘난 분들은 그분들끼리, 또 못 난 분들은 그분들 끼리, 자연스럽게 만나지게 되고, 또 결혼도 그렇게 되는 모양입니다. 큼! 그리고 하나님께선 사람들 각자에게, 질투를 잘 느끼신다고 합니다. 큼! 그래서 그 하나님께서 남 녀 1쌍 씩에겐 질투를 느끼시는 것 같습니다. 큼! 즉 그래서 결혼 일이, 즉 남 녀 개개인이 아무리 본인의 맘에 드는 이성과 결혼을 원해도, 여기서 그 일이 잘 안 이루어지는 이유가? 즉 그 일은 하나님께서 그런 그들의 짝을 특별히 맺어 주셔야 되는 것 같습니다. 큼! 그리고 노처녀, 노총각 분들이 주의할 점이, 즉 그런 분들께선, 즉 본인의 나이에 쫒겨, 그로 아무에게나 결혼을 가려는 것이 있습니다. 큼! 그런데 그런 분들이, 즉 나이에 쫒겨 급하다고 큼! 아무에게나 가서, 그로 잘 못 된 사람을 만나, 고생을 하는 경우가 많다고 합니다. 큼! 여기서 그럴 때는, 즉 그분들도 젊은 분들처럼 큼! 그 결혼에 대한 충분한 시간을 두고, 그리고 그 상대에 대해 알아 볼 건 충분히 알아보고, 큼! 그리고 본인도 준비 할 건 하고, 그리고 나서 결혼을 하라고 합니다. 큼! 즉 이는 왜냐면? 즉 그런 그분들 각자는, 즉 어디에선가 그런 본인에게 맞는 이성이 반드시 있고, 큼! 또 그런 그를 만나게 된다고 합니다. 큼!

"20대 때, 모범생 같은 남자분을 알았는데,"

어느 인터넷 방송 이야기 손님으로 출연한, 20대 정도의 여자분.

즉 본인의 과거 어느 남자분의 예길 그 방송 진행자에게 하는데, 그 예기는? 즉 과거 그분이 앞에 그런 남자분을 알았고, 큼! 그리고 그분과

사귀어 가다가, 그 여자분이 그 남자분을 잘 해 주고픈 마음에 큰 맘 먹고, 본인의 몸을 그 남자에게 허락했다고 합니다. 큼!

* * *

여기는 그들이 성관계 하는, 그들만의 은밀한 공간 안.

"야, 이년아!"

그 남자 분.

"왜? 이러세요!"

그 여자 분.

* * *

"여기서 그 남자에게 쓰던 밤말이, 존댓말로 나와지더 라구요!"

방금 그 방송에 출연한 여자분.

여기서 그 여자분은, 그 남자분의 성행윌 다 받아 주고, 큼! 그 다음 그 남자분에게서 도망 치듯, 그 남자분 곁을, 아예 떠나 갔다고 합니다. 큼! 즉 여기서 그 여자분은, 다른 어느 남자분에게 가서 성관곌 해도, 앞에 그 남자분과 크게 다를 게 없을 겁니다. 큼! 즉 여기서 그 남자분은 왜? 그 여자분에게 그런 성관곌 했는가, 그건 즉 평소 그 남자분은, 어느 여자 분과의 성관곌 못 해 오고 자위만 해 오다가, 그로 그 여자분과의 성관계 하는 그 일이 너무 서툴러, 그로 그 여자분에게 실수를 한 것 같습니다. 큼! 그렇다면 그 실수는 무엇인가? 그건 즉 본인의 그 성적 쾌감을 그 상대 여자분에게 강하게 푼 것 같습니다. 큼! 즉 여기서 그런 표현이, 그 여성에게 학대 성관계로 나온 것입니다. 큼! 즉 그래서 그런 그 남자분에게서의 학대 성관계, 그것 한 가지만 보고, 그 남자분 전체를 평가 내린 것은, 그 여자분의 잘 못 된 판단이었겠죠? 큼! 즉 여기서 그 여자분은 그 남자분을 쉽게 떠나 간 것이고, 그리고 그 여자분의 입장엔, 즉 원래 여자분은 어느 남자분과의 첫 성관계에서, 그런 상대 남자 분을 겁을 내는데, 즉 여기서 그런 그 상대 남자분에게도, 즉 방금 그런 식으로 겁을 낸 것 같습니다. 큼! 즉 그 상대 남자분과의 피부 접촉, 그리고 그 남자분이 내 뱉는 말, 즉 그런 것들이 다 겁이 나겠죠? 큼! 즉 여기서 그 남자분은 그 여자분과의 피부 접촉은 어쩔 수 없지만, 그러나 그 남자분이 그 여자분에게 금언은 할 수 있으니까, 그로 그 남자분은 그 성관계 첨부터 끝까지 금언을 함이 좋을 것 같습니다. 큼! 즉 이는 왜 냐면? 그 여자분은 그 남자분의 피부접촉, 말, 그런 것들을 다 겁 낼 것이니까, 그로 그 여자분의 불안감을 최소화 시켜 주는 것이죠. 큼! 즉 여기서 그 여자분과의 그런 내적 관계가 되풀이 되면 될 수 록, 앞에 그 남자분의 그런 반응은 점점 잠잠해 질 것이고, 반면 그 여자분의 그 남자분에 대한 불안감은, 차차 줄어들 것이고, 큼! 그리고 그런 그 남자분의 반대로 그 여자분은, 즉 그 남자분에게서의 그 성적인 대응이 적극적으로 나올 것 같니다. 큼! 즉 여기서 미혼 남 녀 관계란, 즉 큼! 여자분은 빈집이고, 반면 남자분은, 즉 집이 없이 거리에 돌아 다니는 노숙자와도 같습니다. 큼! 즉 여기서 그 여자분은 그 본인의 집에 들어 가서 살 집주인을 구하러 다니는 것이고, 반면 그 남자분의 입장은, 즉 본인이 거주할 그 집을 찾아, 떠돌아다니는 것과도 같습니다. 큼! 즉 여기서 남 녀가 결혼을 한다는 것은, 즉 어느 주인이 없는 빈집에 집 주인이 들어가서 살게 된 집과도 같습니다. 큼! 그리고 상대의 청혼을 받은 분은, 이 3가지의 반응을 보입니다. 큼! 그건 즉 그 상대방과의 결혼을,

1. 한다.
2. 안 한다.
3. 보류.

큼!

즉 여기서 먼저 요즘 결혼은, 즉 남자가 여자를 먼저 건들면, 그 일이 안 이루어지고, 반면 여자가 남잘 먼저 건들면, 그 일이 이루어 진단 말이 있습니다. 큼! 즉 여기서 남자가 여자를 먼저 건들면, 그 여자 분은,

처음 한동안은 그 남자분을 친절히 받아 주다가,

'아, 이분이, 아직 안 갔구나!'

그런 다음 상대가 그런 본인을 거부를 하면, 거기서 계속하면 스토커 강간죄가 되니, 이에 그걸 그쳐야 됩니다. 즉 여기서 그걸 무시를 하고 계속 하면, 그 상대에게 그런 죄로 봉변을 당합니다. 큼! 요즘은 남자가 여자를 무서워 해서, 먼저 여자를 잘 안 건든다고 합니다. 큼! 즉 그래서 그런 남잔 할 수 없이, 그 어느 여자분이 먼저 찾아오길 바라는 수 밖에 없죠. 큼! 그리고 본인이 어느 누구와도 결혼을 안 하겠다면, 큼! 여기서 그 본인의 의지대로, 즉 그런 본인의 인생에서 평생 결혼 일은 없을 것 같습니다. 큼! 또 요즘의 결혼 일에서는, 즉 여자가 남자에게, 즉 노는용, 결혼용을, 따로 둔다고 하는데, 이는 왜냐면? 즉 결혼용 남자가 본인에게 계속 스토커 하는 남자고, 노는용 그 남자는 그 결혼용 남자를 막는 자입니다. 즉 여기서 여자분이 먼저 건든 남자 분에겐, 즉 본인의 성을 열어 줍니다. 큼! 이는 왜냐면? 즉 먼저 본인이 건든 남자라, 그로 그 남자의 말을 안 들을 수 가 없는 것이죠. 큼! 그리고 그 남자와의 성적인 그것을 하고, 그 다음 단계로 그런 그들의 결혼이 이루어지는 것이죠. 큼! 그리고 요즘의 결혼 특징이, 즉 남 녀 그들의 결혼이 잡히게 되면, 여기서 주로 여자분이 그 상대 남자와의 성관곌 요구를 한다고 합니다. 큼! 즉 여기서 그 여자분이 그 남자분의 물건을 확인 해 본단 명분이겠죠? 큼! 그리고 속담에, 즉 아무리 못난 남자라도, 본인의 밥벌이와 여자는, 반드시 거른다고 합니다. 큼! 그렇다면 그 뜻은 무엇인가? 그건 즉 남자가 벌이만 된다면, 어디선가 여자가 온단 뜻입니다. 큼! 그리고 사람이 외롭지 않으려면 이 3가지가 되어야 됩니다. 그건 즉

1. 무슨 일을 해내 겠단, 본인의 의지가 있는 것.
2. 본인의 하는 일이 있는 것.
3. 본인의 사람이 있는 것.

모든 커플들 결혼 잘 되기 기도문

•
•
•

하나님, 큼! 미혼의 남 녀 그런 그들 각자, 그 결혼 상대방을 잘 만나게 해 주세요! 그리고 그런 그들 각 각 서로가, 그 상대방을 놓치지 않게 해 주세요! 그리고 그들 각 각 결혼이 잘 이뤄지게 해 주세요! 그리고 그들 각 각 그 결혼을 하고 나서, 다들 평생토록 잘 살아가게 해 주세요! 예수님의 이름으로 기도 드립니다! 아멘.

(끝)

후기

.
.
.

"퇴마일기가 책으로 언제 출판 됩니까?"
어느 독자님께서.
"그건 모르겠습니다."
공작가.
"큼! 공부는 언제부터 시작하셨습니까?"
다른 독자님께서.
"정확히 제 나이, 28살 여름부터 시작을 했고, 큼! 그 이후 성실히 한 것이, 15년 이상이 된 것 같습니다."
큼! 공작가.
"처음 공부를 시작하게 된 동기는 무엇입니까?"
큼!
또 다른 독자님께서.
"예, 그건 즉 저는 10대 후반에 마귀들에 들렸었는데, 여기서 그 땐 그 사실을 전혀 몰라, 그로 이 세상이 이상했고, 그로 그 병을 이 사회에 있는 정신병원에 가서 치료 받고 나오면 그 병이 고쳐져 나도 정상적인 사회인이 되는 줄만 알았습니다. 큼! 그리고 그런 내 얘길 책으로 내면 좋겠다! 이런 생각도 종 종 했었고, 큼! 그리고 그 정신병원엘, 아무리 입원해 보려 해도, 도저히 안 됐었습니다. 큼! 그로 정신없이 엉망으로 살아가다가 20대 초반, 환청이 들리기 시작했고, 여기서 그 소리는, 즉 남자들, 여자들 목소리이고, 큼! 그리고 그것이 지금 까지고. 큼! 여기서 그 땐 그 소리가 환청인줄 모르고, 그로 그것을 이상히 생각을 했었고, 그로 이 세상이 이상한지만 알았죠. 큼! 그러다가 20대 중반, 어느 직계 가족들의 의해, 정신병원에 강제 입원이 됐습니다. 큼!

'이왕 여기 들어 와 볼라 했는데, 마침 잘 됐다!'

그리고 거기서 하룻밤 자고 나서,

'아, 이곳은, 사람의 이상해진 정신을 고쳐 주는 곳이 아니다!'

즉 그곳은 그곳에 갖혀 있는 환자들에게, 강제로 정신과 약을 먹여 가며, 그냥 가둬만 두는, 그런 포로수용소 였습니다. 큼! 즉 그곳의 겉은 명색이 정신을 고쳐 준단 병원이긴 하였지만. 큼! 그리고 그곳을 3년 만에 겨우 어느 직계 가족에 의해 퇴원을 했고, 큼! 그리고 다른 어느 친 가족들 집에 얹혀 지냈고, 그러던 어느날,

'?'

여기서 그 병원 있기 얼마 전, 교도소 안에서의 일들은 기억 나는데, 그 병원 안에 있었던 일들은 기억이 잘 안 납니다. 큼!

'아, 그 병원 안에서 계속 먹었던 그 정신과 약 때문인 모양이다! 아, 이젠 믿을 데가 종교 밖에 없구나! 어떤 종교를 믿을까?'

여기서 불교를 믿었습니다. 그리고 매일 일기를 써가며, 성실히 공부했습니다. 큼!" 공작가.

"그런데 왜? 하필 불교를 믿었습니까."

이 앞에와 다 다른 어느 독자님께서. 큼!

"예, 그건 즉 기독교가 이 세상에 없는 하나님을 믿는 말이 안 되는 종교라 봤고, 그 반면 불교가 현실적인 말이 되는 종교라 보고 믿었습니다."

공작가.

"그 기독교 외에, 다른 종교들은 각 각 뭘 어떻게 믿었습니까?"

후기   287

또 다른 어느 독자님께서.

"예, 즉 불교를 10년 믿어 가다가, 누군가의 의해 대순진리교로 바꿔 몇 달 믿고, 그리고 없던 중, 누군가의 도움으로, 기독교로 바꿔 믿었습니다. 큼!"

공작가.

"퇴마일기를 어디서 썻는지요? 큼!"

또 다른 어느 독자님께서.

"예, 초반엔 통영 고향 집에서 쓰다가, 그 다음 이사 간 부산 어느 집에서 쓰다가, 그리고 그 집에서 이상히 인터넷이 안 되는 바람에 할 수 없이, 큼! 그 동네 구청 손님용 컴퓨터에서 했습니다. 큼!"

공작가.

"큼! 작가님께선 요즘도 처음 하던 식으로 공부를 계속해 가고 있습니까?"

또 다른 어느 독자님께서.

"예, 그렇습니다! 큼!"

공작가.

"큼! 그렇다면 그 퇴마일기를 어떻게 만들어 인터넷에 내 놓으셨습니까?"

방금 그 독자님께서.

"예, 그건 즉 이 퇴마일기는 말 그대로 일기입니다. 그리고 그 글은, 1가지 주제에 육하 원칙에 맞춰 씁니다. 즉 여기서 2가지 이상의 주제로 글을 씀은, 즉 2가지 이상의 이야기를 한꺼번에 하는 것과 같은 식으로 글이 안 나옵니다. 큼! 즉 그리고 그 육하원칙에 맞춰 쓴 일기 글 모음으로, 즉 평론, 소설도 만듭니다. 큼! 여기서 초보자들은, 그 쓴 일 깃 글을 4번까지 반복 정리 함이 좋습니다. 그러면 그건 무엇인가? 그건 즉 1, 2번째 까진, 그 쓴 글을 첨부터 끝까지 훑어 읽으며, 수정 보완할 부분들을 연필로 체크 해 가며, 그 일을 하고, 그 다음 3, 4번째 까진, 즉 앞에 정리한 그 글을, 또 첨부터 끝까지 점들을 찍어 가며, 그 글을 읽기 좋게 합니다. 큼! 그리고 추가 사항들이, 즉

  1. 나는, 오늘, 이 두 단어는 되도록 안 씀이 좋습니다.

  2. 그리고 일은 일어 난 그 순서대로 씀이 좋습니다. 큼!

  3. 그리고 쓰다 보면은, 즉 누구와의 서로 대화할 장면이나, 아니면 어느 누가 혼자서 생각하는 부분이 나옵니다. 즉 여기서 그 부분들을 잘 써내는 것이 좋은데, 그러나 그런 부분들이라 해서 무조건 다 써내야 되는 건 아닙니다. 큼!"

공작가.

"그런데 왜? 글에다 큼! 을 하십니까."

방금 그 독자님께서.

"흠, 그건 즉 글엔 3단계 수준이 있습니다. 그러면 그건 무엇인가? 그건 즉 하수, 중수, 고수입니다. 큼! 즉 여기서

  1. 하수란, 보통의 평범한 글입니다.

  2. 중수란, 글의 개성이 나타나면, 무조건 중수 이상입니다. 큼! 여기서 요즘 유행하는 개성적인 글이, 힐 ~ 입니다. 큼! 즉 이런 식의 글에는, 고정 독자님들이 많습니다. 큼!

  3. 고수란, 즉 먼저 앞에 2단계가 되는 분에게만 그 3단계가 나타나는데, 여기서 그것은 즉 이 세상의 일정한 글의 틀을 깨고, 어떤 새로운 글을 내 놓은 것입니다. 큼!"

공작가.

"국가에선, 마귀 들린 그런 분들을 정신 장애자라 인정을 하고, 그로 그런 분들은 나라에서 보호해 드리는데, 여기서 작가님에겐 마귀들이 직통으로 붙어 있어서, 그로 그놈들이 작가님을 영원한 지옥에 보내려고, 갖은 저줄 하는 것 같은데, 큼! 여기서 작가님께선 그놈들 때문에,

보통 분들 보다 고생이 많으실 것 같은데, 그건 어떻습니까?"
　방금 그 독자님께서.
　"예 그건 즉 그래도 할 수 없이, 그걸 이겨내 가며, 성실히 세상을 살아갑니다. 큼!"
　공작가. 큼!
　방금 그 독자님께선, 공작가의 그 마귀들 들린 사정을 대충 알겠단 듯이, 그런 공작가를 가만히 바라봅니다.
　'큼!'
　공작가.
　"이 퇴마일기 다음 작품은 뭡니까? 큼!"
　또 앞에와 다 다른 어느 독자님께서.
　"예, 그건 말씀 안 드리겠습니다!"
　공작가.

(끝)

수고했습니다!

퇴마일기 2

2025년 8월 5일 인쇄
2025년 8월 8일 발행

지은이 | 공 구
펴낸이 | 박중열
펴낸곳 | 다솜출판사
　　　　부산광역시 중구 대청로 135번길 10-1
　　　　TEL.(051)462-7207~8 FAX. 465-0646
등록번호　1994년 4월 22일 제325-2001-000001호

정가 22,000원

* 저자와 협의에 의해 인지를 생략합니다.

ISBN 978-89-5562-820-3 04810
ISBN 978-89-5562-818-0 04810 (세트)